PROJETO MÚLTIPLO

CIÊNCIAS DA NATUREZA
e suas Tecnologias

Eduardo Mortimer
Licenciado e bacharel em Química pela Universidade Federal de Minas Gerais (UFMG)
Mestre em Educação pela UFMG
Doutor em Educação pela Universidade de São Paulo (USP)
Professor titular aposentado da Faculdade de Educação da UFMG
Pesquisador convidado do Centre National de la Recherche Scientifique (CNRS) e do Institut National de Recherche Pedagogique (INRP), na École Normale Supérieure Lettres et Sciences Humaines de Lyon, França
Pesquisador do CNPq na área de Educação em Ciências

Andréa Horta
Licenciada e bacharela em Química pela Universidade Federal de Minas Gerais (UFMG)
Mestra e doutora em Educação – Metodologia de Ensino de Química – pela Universidade Estadual de Campinas (Unicamp-SP)
Professora titular da UFMG em exercício no Colégio Técnico da UFMG

Alfredo Mateus
Bacharel e mestre em Química pela Universidade de São Paulo (USP)
Doutor em Química pela University of Florida (UF), Estados Unidos
Professor de Química do Colégio Técnico da Universidade Federal de Minas Gerais (UFMG)

Arjuna Panzera
Licenciado em Física pela Universidade Federal de Minas Gerais (UFMG)
Mestre em Educação pela UFMG
Ex-professor de Física na rede particular de ensino, do Departamento de Física e do Colégio Técnico da UFMG

Esdras Garcia
Licenciado em Física pela Universidade Federal de Minas Gerais (UFMG)
Mestre e doutor em Educação pela UFMG
Ex-professor de Física na rede particular de ensino
Professor de Física do Instituto Federal de Minas Gerais (IFMG)

Marcos Pimenta
Bacharel em Física pela Universidade Federal de Minas Gerais (UFMG)
Mestre em Física pela UFMG
Doutor em Ciências pela Université d'Órleans, França
Professor titular do Departamento de Física da UFMG
Pesquisador do CNPq na área de Física

Danusa Munford
Bacharela e licenciada em Ciências Biológicas pela Universidade de São Paulo (USP)
Mestra em Biologia pela USP
Doutora em Educação pela Pennsylvania State University, Estados Unidos
Professora titular do Centro de Ciências Humanas e Naturais da Universidade Federal do ABC (UFABC)

Luiz Franco
Licenciado em Ciências Biológicas pela Universidade Federal de Minas Gerais (UFMG)
Mestre e doutor em Educação pela UFMG
Professor da Faculdade de Educação da UFMG

Santer Matos
Licenciado em Ciências pelas Faculdades Metodistas Integradas Izabela Hendrix
Mestre em Ensino de Ciências e Matemática pela Pontifícia Universidade Católica de Minas Gerais (PUC-MG)
Doutor em Educação pela Universidade Federal de Minas Gerais (UFMG)
Ex-professor de Ciências e Biologia na rede particular de ensino
Professor de Ciências do Centro Pedagógico da UFMG

ENSINO MÉDIO   **VOLUME ÚNICO | PARTE A**

Origens: o Universo, a Terra e a vida

editora ática

Presidência: Mario Ghio Júnior
Vice-presidência de educação digital: Camila Montero Vaz Cardoso
Direção editorial: Lidiane Vivaldini Olo
Gerência editorial: Julio Cesar Augustus de Paula Santos
Coordenação e edição: Mariangela Secco Dall Olio
Edição: Laura A. de Paula
Aprendizagem digital: Renata Galdino (ger.), Beatriz de Almeida Pinto Rodrigues da Costa (coord. Experiência de Aprendizagem), Carla Isabel Ferreira Reis (coord. Produção Multimídia), Daniella dos Santos Di Nubila (coord. Produção Digital), Rogerio Fabio Alves (coord. Publicação), Vanessa Tavares Menezes de Souza (coord. Design Digital)
Planejamento, controle de produção e indicadores: Flávio Matuguma (ger.), Juliana Batista (coord.) e Jayne Ruas (analista)
Revisão: Letícia Pieroni (coord.), Aline Cristina Vieira, Anna Clara Razvickas, Carla Bertinato, Daniela Lima, Danielle Modesto, Diego Carbone, Elane Vicente, Kátia S. Lopes Godoi, Lilian M. Kumai, Malvina Tomáz, Marília H. Lima, Patrícia Rocco S. Renda, Paula Freire, Paula Rubia Baltazar, Paula Teixeira, Raquel A. Taveira, Ricardo Miyake, Shirley Figueiredo Ayres, Tayra Alfonso e Thaise Rodrigues
Arte: Fernanda Costa da Silva (ger.), Catherine Saori Ishihara (coord.) e Daiane Alves Ramos (edição de arte)
Diagramação e Edição de arte: WYM Design
Iconografia e tratamento de imagens: Roberta Siqueira Ribeiro Bento (ger.), Mariana de Souza Valeiro, Roberta Freire (pesquisa iconográfica) e Fernanda Crevin (tratamento de imagens)
Licenciamento de conteúdos de terceiros: Roberta Bento (ger.), Jenis Oh (coord.), Liliane Rodrigues, Raísa Maris Reina e Sueli Ferreira (analistas de licenciamento)
Ilustrações: Ericson Guilherme Luciano, R2 Editorial, Tiago Donizete Leme e WYM Design
Cartografia: Eric Fuzii (coord.) e Robson Rosendo da Rocha
Design: Erik Taketa (coord.) e Talita Guedes da Silva (proj. gráfico)
Design (capa): Erik Taketa (coord.) e Gustavo Vanini (proj. gráfico)
Foto de capa: Ljupco Smokovski/Shutterstock
Composição de imagens de abertura: Erik Taketa (coord.) e Gustavo Vanini (proj. gráfico)
Logotipo: Saulo Dorico

Todos os direitos reservados por Somos Sistemas de Ensino S.A.
Avenida Paulista, 901, 6º andar – Bela Vista
São Paulo – SP – CEP 01310-200
http://www.somoseducacao.com.br

Dados Internacionais de Catalogação na Publicação (CIP)

```
    Projeto Múltiplo : Ciências da Natureza e suas
Tecnologias / Eduardo Mortimer...[et al]. -- São Paulo :
Ática, 2023.

    Outros autores: Andréa Horta, Alfredo Mateus, Arjuna
Panzera, Esdras Garcia, Marcos Pimenta, Danusa Munford, Luiz
Franco, Santer Matos
    ISBN 978-85-0819-795-8 (aluno)
    ISBN 978-85-0819-790-3 (professor)

    1. Ensino médio 2. Biologia (Ensino Médio)3. Física (Ensino
Médio) 3. Química (Ensino Médio) I. Mortimer, Eduardo

22-0171                                          CDD 373
```

Angélica Ilacqua – Bibliotecária – CRB-8/7057

2023
1ª edição
1ª impressão
De acordo com a BNCC.

Impressão e acabamento HRosa Gráfica e Editora

Apresentação

Prezado estudante,

Este livro oferece a você atividades e textos destinados ao estudo introdutório das Ciências da Natureza e suas Tecnologias para o Ensino Médio, bem como à compreensão de fenômenos, dispositivos e práticas que envolvem articulações interdisciplinares dessas ciências entre si e com as demais áreas do conhecimento. As atividades aqui propostas estão estruturadas de modo a possibilitar que você, estudante, debata com os colegas e apresente interpretações para fenômenos simples, importantes para o entendimento do universo científico.

A realização dos experimentos e das atividades práticas que compõem a obra em geral não requer equipamentos sofisticados e pode ser desenvolvida em sala de aula. O objetivo é promover uma integração entre teoria e prática, por meio de experimentos, observações e coleta e análise de dados, como forma de interrogar a natureza e gerar discussões sobre os fenômenos que nos cercam. Para que a interdisciplinaridade aconteça, é fundamental que você consiga entender esses fenômenos, as teorias e leis que buscam explicá-los e as várias formas de representá-los, do ponto de vista físico, químico e biológico. Essa compreensão se dá inicialmente dentro de cada um dos componentes curriculares, mas depois você poderá relacioná-los. Assim, a interdisciplinaridade quase sempre pressupõe que você tenha um conhecimento disciplinar para então perceber as relações entre os diversos conhecimentos.

A sua participação nas discussões é muito importante, pois aprender Ciências da Natureza é, de certa forma, aprender a dialogar com e sobre os campos de conhecimento que as compõem. Então, **não tenha medo de errar**! Ao expressar suas ideias e submeter suas opiniões à crítica construtiva dos colegas e do professor, você terá a oportunidade de aprimorar suas concepções sobre as ciências e aproximar-se cada vez mais do universo científico. Afinal, a ciência evoluiu e continuará evoluindo a partir da discussão aberta de suas ideias. Compreender os limites do conhecimento é essencial para que a ciência siga em frente. Por isso, não há que temer os erros; é necessário aprender com eles e prosseguir em busca dos acertos, percebendo-os como uma etapa que faz parte do processo de aprendizagem.

Os autores.

Conheça seu livro

Abertura de unidade

No início das unidades, a seção *#TáNoFeed* apresenta imagens, atividades e textos relacionados aos temas que serão abordados para que você possa refletir e debater com os colegas. Além disso, a seção aproxima os conceitos estudados das situações do cotidiano, e o trabalho com metodologias ativas coloca você no centro de seu processo de aprendizagem.

Também são apresentados no começo da unidade os **objetivos** que devem ser atingidos no decorrer dos estudos e a **justificativa** de pertinência de cada um deles. Além disso, no boxe **A BNCC nesta unidade** são indicadas as competências gerais da Educação Básica, bem como as competências específicas e as habilidades da Base Nacional Comum Curricular (BNCC) da etapa do Ensino Médio, cujo desenvolvimento é favorecido na unidade, e os temas contemporâneos transversais presentes nela.

Na prática – Investigação

A seção tem o objetivo de promover, por meio de metodologias ativas, a compreensão dos fenômenos naturais que estão em foco na discussão. Propõe atividades que possibilitam a você engajar-se em práticas investigativas, como elaboração de perguntas científicas, proposição de hipóteses, análise de dados (primários ou secundários), uso de evidências e construção de conclusões.

Na prática – Projeto

A seção tem o objetivo de contextualizar os temas abordados no livro e ampliar os conhecimentos relacionados a determinados conceitos e/ou questões sociocientíficas. Propõe atividades integradoras que podem envolver trabalhos em grupo, pesquisas, debates e atividades de divulgação científica.

Dialogando com as Ciências Humanas e Sociais e Aplicadas

Este boxe explora relações entre as Ciências da Natureza e suas Tecnologias e as Ciências Humanas e Sociais Aplicadas. Seu objetivo é promover uma compreensão mais integrada e holística de determinado tema.

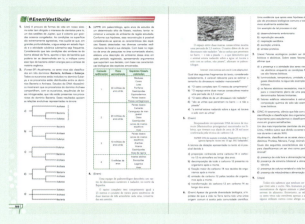

#EnemVestibular

A seção traz uma seleção de questões do Enem e dos principais vestibulares do país relacionadas ao conteúdo estudado na unidade.

Glossário

Recurso utilizado ao longo do volume para explicar determinado termo.

Saiba +

No boxe, você encontra informações e curiosidades relacionadas aos conteúdos estudados, bem como sugestões de textos, vídeos, simuladores, museus, entre outras, para complementar e aprofundar seus estudos ou mesmo realizar pesquisas.

#Multiplicar

A seção propõe um projeto ou atividades práticas e colaborativas com o objetivo de aplicar o conhecimento adquirido no estudo da unidade.

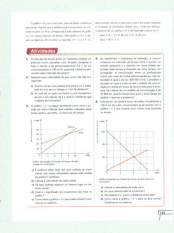

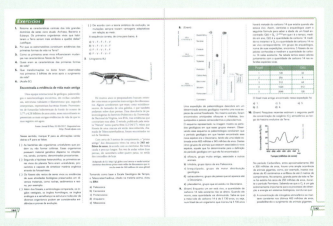

Atividades

A seção traz atividades que visam articular o conteúdo abordado para que você possa aplicar conhecimentos, relacionar ideias e interpretar textos.

Exercícios

Na seção, você encontra questões de vestibular e outras relacionadas aos conteúdos trabalhados na unidade.

Sumário

Unidade 1: A origem do Universo e da Terra ... 8

#TáNoFeed ... 9
Os primórdios das observações astronômicas ... 12
Modelos do Sistema Solar ... 14
Evolução dos modelos do Sistema Solar ... 19
Galileu e a inércia ... 21
   Descrição do movimento uniforme ... 22

Conceito de inércia ... 24
Forças ... 26
   Newton e o conceito de inércia ... 27
   Equilíbrio de várias forças ... 29

Análise cinemática dos movimentos acelerados ... 33
A segunda lei de Newton ... 38
   Força peso ... 38
   Objeto sujeito a várias forças ... 39
   Queda com resistência do ar ... 40

Forças de atrito ... 42
Forças no movimento circular ... 46
A terceira lei de Newton ... 51
Momento linear e sua conservação ... 53
Impulso e forças impulsivas ... 56
   Colisões ... 59

Gravitação universal ... 60
   Consequências da lei da gravitação universal ... 61

Do *Big Bang* à formação da Terra ... 65
Medidas de grandes distâncias: triangulação, paralaxe e magnitude ... 68
   Medidas por triangulação ... 68
   Paralaxe ... 69

Ampliando nossa visão do Universo ... 74
   O telescópio refrator ... 74
   Lentes ... 78
   Espelhos ... 81

A lei de Hubble ... 90
O eco do *Big Bang* ... 91

A teoria da relatividade 93
    O espaço-tempo: a associação indissolúvel entre o espaço e o tempo 95
    Buracos negros e ondas gravitacionais 97
    A expansão acelerada do Universo: matéria e energia escura 98

Evolução das estrelas 99
    A origem dos elementos químicos 102
    Os elementos químicos e o *Big Bang* 103
    Formação de elementos mais pesados que o ferro 106

A formação da Terra 106
#EnemVestibular 109
#Multiplicar 114

Unidade 2: A origem da vida 120

#TáNoFeed 121
A vida na Terra e as evidências de sua origem 122
Formas de caracterizar a vida 125
Classificação dos seres vivos 126
Pensando a vida a partir de níveis de organização 131
A busca de evidências para compreender a origem da vida ... 136
Os primeiros seres vivos e seu impacto no ambiente do planeta ... 141
    Alteração da atmosfera terrestre 141

Explicações para a origem da vida 147
Origem das primeiras formas de vida 153
    Uma evidência empírica para a teoria de Oparin e Haldane 156

A origem das células 157
**A endossimbiose e a complexidade evolutiva
das células eucariontes** 159
Os primeiros seres vivos eram heterótrofos ou autótrofos? ... 161
    Hipótese heterotrófica 161
    Hipótese autotrófica 161

O oxigênio atmosférico e a vida 162
O "mundo do RNA" 164
A teoria celular 165
Exobiologia: existe vida fora da Terra? 165
#EnemVestibular 166
#Multiplicar 172

Gabarito 175

UNIDADE 1
A origem do Universo e da Terra

A técnica de fotografar "rastros de estrelas" é uma das várias formas de investigar o céu. Por meio de uma contínua e longa exposição, e em consequência do movimento de rotação da Terra, as imagens revelam o movimento aparente dos corpos celestes como linhas curvas. Quanto maior o tempo de exposição, mais longos são os "rastros". Céu visto do Observatório de La Silla, Chile, 2011.

#TáNoFeed
Observando o céu

Desde os primórdios da civilização, o ser humano é fascinado pelo céu e pelos corpos celestes e elabora questionamentos sobre a origem do Universo. Graças à curiosidade das pessoas e ao empenho de cientistas, foram criados e reformulados modelos sobre o movimento dos planetas e dos astros, partindo de estudos feitos com o que era palpável na Terra e, depois, com viagens espaciais. A vida das estrelas também foi investigada e notou-se grande relação entre os elementos químicos que conhecemos e a composição desses astros.

Mas como realizar observações desses astros distantes, que nem mesmo as espaçonaves podem alcançar, tirar conclusões e relacioná-las ao surgimento do Universo e da Terra?

Para responder a essa e a outras questões, teremos de aprender sobre o movimento dos corpos e como eles interagem, como funcionam os instrumentos ópticos e a origem dos elementos químicos.

Técnicas e ferramentas para buscar respostas

O céu sempre intrigou os seres humanos e suscitou muitos questionamentos sobre a origem do Sol, da Lua e dos demais corpos celestes.

Onde se encontra a Terra, lugar onde vivemos, nesse Universo? E quão distante a região onde moramos está de outros povos? Está separada por mares, oceanos e montanhas? Por que observamos uma diversidade de climas no planeta? E como foram formados os materiais que constituem a Terra?

Na busca de respostas para essas grandes questões, muitos povos se voltaram para o céu na tentativa de compreender os ciclos e o movimento dos corpos celestes.

A observação do céu a olho nu foi motivação para o desenvolvimento de técnicas, como a mostrada nessa fotografia, e de instrumentos ópticos, como o telescópio espacial Hubble, lançado pela agência espacial estadunidense Nasa em 1990. O Hubble orbita o planeta Terra a cerca de 600 km da superfície e, desde o seu lançamento, obtève imagens fundamentais à compreensão que hoje temos de diversos fenômenos do Universo, como a formação de estrelas e os buracos negros.

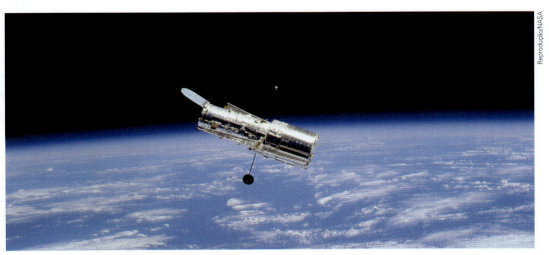

Telescópio Hubble.

9

1. O telescópio espacial Hubble coleta informações sobre o Universo desde o ano de 1990. Além desse poderoso instrumento, como podemos realizar observações sobre o Universo?
2. Como podemos investigar eventos que ocorreram antes do surgimento do ser humano?
3. Quais são os princípios e os pressupostos que guiam essas investigações e em quais tipos de evidências se apoiam?

Ao longo dos próximos tópicos, vamos analisar modelos que algumas civilizações elaboraram para explicar o movimento dos corpos celestes. Estudaremos também a Mecânica Clássica, que explica o movimento dos corpos e a atração gravitacional entre eles.

Para iniciar essa jornada, começaremos uma investigação acerca do movimento dos corpos celestes.

Conheça a unidade

Justificativa

A curiosidade humana sobre a origem do Universo é antiga, e as respostas para as perguntas que dela surgiram foram construídas pelo empenho de filósofos e cientistas que se dedicaram a estudar o tema. O questionamento sobre a origem do Universo leva a outros, como sobre a origem da vida no planeta Terra e a existência de vida em outros planetas. Mas como estudar eventos que aconteceram há muitos anos? Como saber o que os desencadeou?

Para responder a essas questões e a muitas outras, a ciência desenvolveu métodos, técnicas e tecnologias que permitiram obter evidências, propor modelos, interpretar dados e sistematizar informações. No entanto, a ciência é uma construção humana que enfrenta as limitações explicativas de sua época, o que faz com que o conhecimento científico seja dinâmico e plural.

Como parte de uma sociedade em que a ciência afeta múltiplos aspectos da vida cotidiana, é importante que você compreenda seus métodos, suas limitações e suas descobertas para que possa não só entender o mundo que o rodeia, mas também atuar nele de forma crítica e propositiva.

Objetivos de aprendizagem

Ao longo desta unidade, você vai estudar a origem do Universo e da Terra, além de conhecer a história das descobertas e teorias que fundamentam os saberes que temos atualmente sobre o assunto.

Para entender como foram construídos os modelos explicativos, as teorias e as leis que regem esses sistemas, propomos diversas atividades que buscam desenvolver as competências gerais, as competências específicas e as habilidades da área de Ciências da Natureza previstas na Base Nacional Comum Curricular (BNCC), articulando os componentes curriculares de Biologia, Física e Química.

- Analisar, discutir e comparar alguns dos modelos propostos por diferentes civilizações, desde os primórdios das observações astronômicas, para explicar o movimento dos corpos celestes.
- Reconhecer, por meio da comparação de diferentes explicações científicas, que a construção de modelos e de teorias científicas é fruto de seu contexto histórico, cultural, social e político, e que, por isso, tem limitações decorrentes de sua época.
- Construir questões, elaborar hipóteses e formular conclusões com base em evidências e na interpretação de dados e/ou resultados de atividades experimentais diversas, envolvendo o estudo de diferentes fenômenos, como o movimento de objetos e corpos celestes, e a ação de forças e seus efeitos sobre um corpo.
- Compreender como são realizadas as medidas de grandezas físicas e a observação do Cosmo, bem como o funcionamento de instrumentos ópticos utilizados com esse propósito (telescópios).

A BNCC nesta unidade

Competências gerais: 1, 2, 3, 4 e 5.
Competências específicas: 2 e 3.
Habilidades: EM13CNT201, EM13CNT204, EM13CNT205, EM13CNT209, EM13CNT301, EM13CNT302, EM13CNT303 e EM13CNT307.

Na prática Investigação

Observações e hipóteses preliminares sobre corpos celestes

A observação do céu e dos corpos celestes não apenas desperta fascínio, mas também serve para orientar viajantes e marcar a passagem do tempo. Observe a seguir um registro do céu feito na aldeia Kalapalo, no Parque Indígena do Xingu (MT), ao longo de um dia.

Movimento aparente do Sol no período de um dia. A imagem é uma composição de 12 fotografias tiradas na região do Parque Indígena do Xingu (MT), em 2018.

Nesta atividade, vamos investigar alguns aspectos do movimento dos corpos celestes que podem ser observados sem o auxílio de equipamentos específicos, como faziam as civilizações antigas.

Material
- Material para pesquisa: internet, livros e/ou revistas.

O que fazer

1. Inicialmente, reúna-se com os colegas e, juntos, debatam sobre as questões apresentadas no item Reflexão, a seguir.
2. Depois, busquem nos materiais disponíveis para pesquisa as respostas que a ciência oferece para essas questões.
3. Para organizar a discussão e compartilhar as descobertas feitas durante a pesquisa, vocês podem criar um grupo em um aplicativo de mensagens ou uma comunidade virtual em algum *site* ou rede social que disponibilize uma ferramenta de fórum.
4. Registrem suas descobertas, resultantes das pesquisas e das discussões, nos campos abaixo das perguntas.

Reflexão

Com base nos dados obtidos, respondam às questões a seguir.

1. Na Antiguidade, os gregos já conheciam cinco planetas: Mercúrio, Vênus, Marte, Júpiter e Saturno. Com base nessa informação, formulem hipóteses sobre que aspectos eles observavam para identificá-los no céu.
2. A observação diária do Sol mostra que ele surge no nascente (no lado leste do horizonte), passa no alto do céu na metade do dia e desaparece no poente (no lado oeste do horizonte). Dessa maneira, não seria natural supor que o Sol gira em torno da Terra? Debata com os colegas possíveis evidências de que é a Terra que gira em torno do Sol.
3. Escolham uma constelação que pode ser vista a olho nu no céu noturno. Com base em suas observações e pesquisas, respondam: Ela permanece nesse lugar durante toda a noite? E ao longo dos meses?
4. Vocês já devem ter ouvido falar nos doze signos do zodíaco. Cada um deles constitui uma constelação que observamos no céu. É possível ver todas as constelações zodiacais no céu ao mesmo tempo?
5. Para explicar o movimento dos corpos celestes, Aristóteles (385 a.C.-323 a.C.) utilizou um modelo no qual os planetas estavam localizados em esferas concêntricas que se moviam, exceto a maior esfera, que continha as chamadas "estrelas fixas". O que seriam essas estrelas?

Os primórdios das observações astronômicas

A observação de eventos celestes permeia a história da humanidade. Por isso, a Astronomia, estudo dos corpos celestes, é considerada uma das ciências mais antigas.

Algumas pinturas rupestres sugerem que os povos primitivos já usavam símbolos para representar corpos celestes, marcar a passagem do tempo e auxiliar em alguma atividade humana.

Os registros astronômicos mais antigos descobertos na Mesopotâmia pertencem aos sumérios, povos que ali se estabeleceram há mais de 6 mil anos e deixaram como legado aos povos que os sucederam uma cultura astronômica.

Pedra esculpida pelo povo que habitava a região da Caxemira, na Índia, há cerca de 5 mil anos. Esse registro representa uma das primeiras cartas celestes (representações do céu) produzidas pela civilização. Os elementos retratados na cena de caça são constelações, o elemento circular à direita é a Lua e o que se assemelha ao Sol, na parte superior esquerda, é uma supernova – evento celeste caracterizado por uma explosão brilhante que marca o estágio final da vida de uma estrela.

O conjunto de pedras de Stonehenge, construído na Inglaterra cerca de 2 mil a 3 mil anos atrás, foi concebido para marcar datas anuais importantes, como os equinócios e os solstícios – eventos relacionados ao início das estações e que serviam para determinar as melhores épocas para as plantações e colheitas.

O monumento de Stonehenge (visto de cima), cujo nome vem da expressão saxã para "pedras suspensas", é formado por pedras que chegam a 5 m de altura, dispostas em círculo. Wiltshire, Inglaterra, 2019.

A pirâmide de Quéops, do complexo de Gizé, construída por volta de 2500 a.C., no Egito, contém galerias direcionadas para algumas estrelas de destaque no céu, pertencentes às constelações de Cão Maior, Órion, Ursa Menor e Dragão. Essas características permitiram estimar a época de construção desse monumento.

Pirâmide de Quéops, também conhecida como Grande Pirâmide de Gizé. Cairo, Egito, 2019.

Mas qual seria a utilidade de fazer o registro dos ciclos lunares? Em pinturas de vários lugares, encontramos desenhos do Sol, de estrelas, planetas, cometas, meteoros e diversos outros corpos celestes. Qual seria a finalidade desses registros? Responda à questão abaixo com a sua opinião.

Atividade

1. Quais eram as funções das observações astronômicas nas civilizações antigas?

Atualmente, a Arqueoastronomia também busca respostas para essas questões. Esse é um campo de estudo científico que investiga o desenvolvimento da Astronomia nas civilizações antigas por meio de seus registros e monumentos.

Diversos povos procuraram investigar a constituição dos corpos celestes e compreender seus movimentos. Os gregos, desde 400 a.C., tentavam compreender a dinâmica do Universo. Eudoxo de Cnido (408 a.C.-355 a.C.) criou um sistema de 27 esferas cristalinas, dispostas como as camadas de uma cebola, com vários eixos que transportavam corpos celestes com velocidades distintas ao redor de uma Terra esférica; formulou também o cálculo para a duração do ano solar de 365 dias e um quarto. Hiparco de Niceia (190 a.C.--120 a.C.), outro astrônomo grego, produziu um catálogo do brilho de estrelas visíveis a olho nu, criando a primeira escala de magnitudes, que é usada até hoje. Hiparco criou também um método geométrico para determinar a distância entre a Terra e a Lua com base no eclipse lunar.

Saiba + +++

Geometria como ferramenta

A Geometria foi uma ferramenta fundamental para o desenvolvimento da Astronomia na Grécia antiga. Tales de Mileto (624 a.C.-546 a.C.) calculou a altura das pirâmides do Egito utilizando a semelhança de triângulos produzidos pela sombra dos raios solares sobre o solo. Aristarco de Samos (310 a.C.-230 a.C.) criou um método geométrico baseado nas relações trigonométricas, já conhecidas na época, para determinar a distância da Terra ao Sol, tendo como base a distância da Terra à Lua. Eratóstenes de Cirene (276 a.C.-194 a.C.) mediu a circunferência da Terra utilizando a relação geométrica entre o ângulo e o arco de uma circunferência, tendo encontrado o valor de 39 700 km, muito próximo do valor atual (40 008 km) ao longo da linha do equador.

Ficou curioso? Conheça mais a vida do matemático e filósofo Tales de Mileto e descubra como ele resolveu o problema da medição da altura da grande pirâmide de Quéops.

Disponível em: www.ime.unicamp.br/~apmat/a-altura-da-piramide-de-queops-e-o-teorema-de-tales/.
Acesso em: 22 nov. 2021.

Aristóteles, filósofo grego que foi aluno de Platão (428 a.C.-348 a.C.), deixou documentos com estudos que abrangem várias áreas, como Física, Astronomia, Metafísica, Música, Lógica e Ética. Seu modelo para o Cosmo era semelhante ao de Eudoxo, composto de uma grande esfera na qual estavam fixadas as estrelas e dentro da qual se situavam outras esferas menores com os cinco planetas conhecidos (Mercúrio, Vênus, Marte, Júpiter e Saturno), além da Lua e do Sol, que circundavam a Terra. Esse modelo era geocêntrico, ou seja, a Terra ocupava o centro do Universo.

Representação do modelo de esferas celestes. Gravura da obra *Harmonica Macrocosmica* (1661), de Andreas Cellarius.

Aristóteles concebia que as leis que regiam os movimentos terrestres eram diferentes daquelas que explicavam o movimento dos astros. Ele afirmava que o movimento vertical, como a queda dos objetos ou a subida da fumaça, era natural e que o movimento horizontal necessitava de uma força para impulsionar e manter o corpo em movimento. O repouso e o movimento, para ele, constituíam fenômenos distintos. Esses conceitos foram reformulados por Galileu Galilei (1564-1642) no século XV e serão discutidos posteriormente.

Dialogando com Ciências Humanas e Sociais Aplicadas

Observações astronômicas dos povos indígenas brasileiros

O modo como são descritos os corpos celestes e as funções das observações astronômicas depende das referências e do contexto ambiental e sociocultural de quem realiza essas observações. As constelações, por exemplo, revelam a pluralidade e a subjetividade dos povos ao sistematizar seus conhecimentos astronômicos, pois as figuras formadas pelas estrelas e o nome das constelações dependem do mundo de referência do observador.

Assim como outras civilizações, os povos indígenas brasileiros utilizavam as observações dos corpos celestes para determinar a passagem do tempo e o melhor período para caça, pesca, plantio e colheita. A Via Láctea, para a maioria dos povos indígenas brasileiros, é chamada de Caminho da Anta.

As estrelas eram agrupadas em formas e recebiam nomes de animais e de outros elementos comuns no cotidiano desses povos, como a constelação da Ema. Sobre a cabeça da Ema está o Cruzeiro do Sul.

A constelação da Ema figura nos tratados de 1612 do padre cronista francês Claude d'Abbelville (?–1632) sobre o povo Tupinambá do Maranhão. As manchas claras e escuras da Via Láctea ajudam a visualizar a plumagem da Ema.

Além da sistematização de suas observações, os povos indígenas brasileiros associavam rituais e ritos aos corpos celestes e atribuíam uma história a cada constelação.

Considerando a tradição oral dos povos indígenas, essas histórias desempenhavam um papel pedagógico, pois despertavam o interesse das crianças pelas constelações, cuja observação auxiliava na subsistência do povo.

Modelos do Sistema Solar

No século II d.C., Cláudio Ptolomeu (100 d.C-170 d.C.) reuniu o conhecimento astronômico grego em sua obra *Almagesto*, ampliando o catálogo de Hiparco de 850 estrelas para mais de mil, organizadas em 48 constelações. Ele aprimorou o modelo de Universo de Aristóteles com base no movimento dos planetas.

Os gregos já haviam observado a existência de corpos celestes que se moviam sobre o céu das estrelas fixas e os denominaram *asteres planetai*, ou seja, estrelas errantes. Depois, simplificaram seu nome para *planetai*, que, em português, significa planeta.

Na figura a seguir, você poderá acompanhar uma representação esquemática da trajetória de Marte da maneira como a vemos hoje e como os gregos a observaram há quase 2 mil anos.

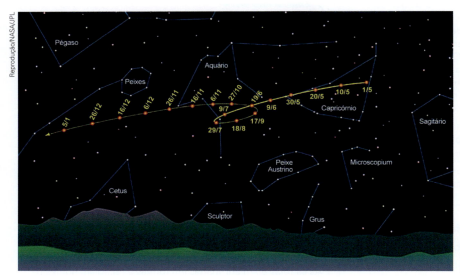

Representação esquemática do movimento do planeta Marte no céu das estrelas fixas nas constelações de Capricórnio, Aquário e Peixes. Cores fantasia.

Os números próximos aos pontos vermelhos indicam o dia do mês em que Marte era visto no céu. Observe que, na imagem, o planeta move-se sobre a constelação de Capricórnio em 1º de maio, passa por Aquário e inicia seu movimento retrógrado (no sentido contrário) em 29 de julho. Em 17 de setembro, volta ao sentido inicial e passa pela constelação de Peixes a partir de 6 de dezembro. Marte, portanto, é um dos viajantes celestes que percorrem três constelações em um período de oito meses. Esse movimento não pode ser percebido em apenas uma noite, pois é bastante lento.

Planetas mais distantes, como Júpiter e Saturno, movem-se mais lentamente ainda e, por isso, receberam nomes de personagens mais velhos da mitologia. Vênus e Mercúrio, ao contrário, movem-se mais rapidamente. Este último é o mais rápido e recebeu o nome de um deus grego de asas.

Quando o sentido do movimento do planeta era do poente para o nascente, foi chamado de direto e, quando era do nascente para o poente, de retrógrado.

Para explicar esse movimento de "vai e vem" que ocorria com todos os planetas, Ptolomeu propôs um modelo para o Universo mais sofisticado que o de Aristóteles. Os planetas, além de girarem em torno de um ponto fora da Terra em uma trajetória imaginária denominada deferente, giravam em volta de um ponto imaginário, descrevendo os chamados epiciclos. Observe a imagem ao lado. Se o planeta gira no epiciclo (círculo azul) e, ao mesmo tempo, em torno da Terra (círculo vermelho), será visto da Terra descrevendo uma trajetória conforme representado pela linha pontilhada, isto é, terá um movimento ora em um sentido, ora no outro.

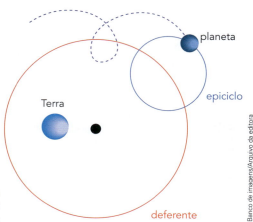

Deferente (em vermelho) e epiciclo (em azul) de um planeta. Os elementos não estão representados em proporção e distâncias. Cores fantasia.

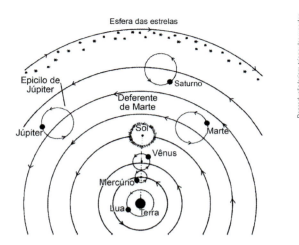

Representação do modelo ptolomaico para o Universo, com a Terra no centro. Os elementos não estão representados em proporção e distâncias.

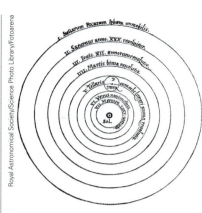

Modelo heliocêntrico de Copérnico, publicado no livro *Sobre as revoluções das esferas celestes*. O modelo mostra esferas concêntricas ao redor do Sol (ao centro). A esfera I, mais externa, era fixa (estrelas) e circundava as esferas rotativas II a VII, respectivamente, Saturno, Júpiter, Marte, Terra (e a Lua), Vênus e Mercúrio.

Com esse modelo, era possível explicar o movimento de vai e vem dos planetas. Essa teoria foi adotada pelo filósofo e teólogo São Tomás de Aquino (1225-1274), fundador do tomismo, que se caracteriza, sobretudo, pela tentativa de conciliar aristotelismo e cristianismo, e principal representante da Teologia Natural. Esse era um campo da filosofia da religião que tentava provar a existência de Deus e seus atributos divinos por meios filosóficos, ou seja, sem se apoiar em argumentos sobrenaturais ou revelações da tradição religiosa.

Foi nesse contexto que surgiram alguns filósofos e astrônomos com novas ideias sobre o funcionamento do Universo. A Igreja Católica Romana viu nessas novas concepções uma ameaça e criou, no século XII, um sistema jurídico chamado **Inquisição**, cujo objetivo era combater ações que se contrapunham às doutrinas católicas. Os suspeitos eram perseguidos, e os condenados cumpriam penas que podiam variar desde a prisão temporária ou perpétua até a morte na fogueira em praça pública.

Nessa época, o modelo adotado pela Igreja para explicar o Universo era o geocêntrico. No entanto, mesmo considerando a dominação da Igreja, alguns cientistas formularam e sistematizaram modelos que se contrapunham ao modelo vigente, como Nicolau Copérnico, Tycho Brahe, Giordano Bruno e Galileu Galilei.

Nicolau Copérnico (1473-1543), cônego polonês, publicou, em 1537, a obra *Sobre as revoluções das esferas celestes*, na qual propôs um modelo em que os planetas giravam em torno do Sol e não da Terra. Sua teoria heliocêntrica afirmava que o centro do Universo era perto do Sol, que a Terra fazia os movimentos de rotação diária e anual em volta do Sol, que a inclinação de seu eixo em relação a sua órbita era a causa das estações e que sua rotação lenta se relacionava à precessão dos equinócios.

Segundo Copérnico, o movimento retrógrado dos planetas seria explicado pelo movimento da Terra e pelo fato de sua distância em relação ao Sol ser pequena quando comparada à distância em relação às estrelas. Sua explicação para o movimento de vai e vem dos planetas considerava o movimento relativo da Terra e dos planetas.

Ao contrário do que se poderia imaginar, durante a vida de Copérnico, não são encontradas críticas sistemáticas ao modelo heliocêntrico por parte do clero católico. De fato, membros importantes da cúpula da Igreja ficaram positivamente impressionados pela nova proposta e insistiram que essas ideias fossem mais bem desenvolvidas. No entanto, em 1616, seu trabalho chegou a entrar para a lista dos livros proibidos pela Igreja católica por um curto período e foi liberado depois de algumas modificações feitas por censores.

Saiba +

Para aprofundar seus conhecimentos sobre os modelos do Sistema Solar de Ptolomeu e de Copérnico, acesse o *link* e assista ao vídeo *Movimento aparente dos planetas*, que apresenta animações dos planetas de acordo com esses dois modelos.

Disponível em: https://www.youtube.com/watch?v=nRV3wvlC-1U. Acesso em: 24 nov. 2021.

Atividades

1. Quais eram as características do modelo de Aristóteles? Esse modelo explicava o movimento retrógrado dos planetas?

2. Como o modelo ptolomaico explicava o movimento retrógrado dos planetas?

3. Faça uma pesquisa e depois escreva um parágrafo que explicite os motivos que levaram ao abandono do modelo de Ptolomeu para o Universo.

4. Quais eram as características do modelo de Copérnico? Ele apresentava alguma semelhança com o de Ptolomeu?

Na prática | Investigação

Observação virtual do céu

Nesta atividade, vamos simular a experiência de observação do céu noturno feita pelas civilizações antigas. Para tanto, vamos utilizar um simulador que reproduz nossa abóbada celeste com os diversos corpos que aparecem no céu, em qualquer lugar da Terra e em qualquer dia e horário.

Para nossas observações, usaremos o *Stellarium*, um aplicativo com versão gratuita para a visualização de estrelas, constelações, planetas e outros corpos celestes iguais aos que podemos ver a olho nu. Há muitos outros aplicativos para visualização do céu, com versões gratuitas e pagas.

Embora esses aplicativos reproduzam o céu real, é importante ter como referencial o céu verdadeiro ao visualizar as estrelas, as constelações e os planetas. Portanto, ao utilizá-los no *smartphone*, procure direcioná-lo para a região do céu que deseja observar. Então, você poderá ver na tela os corpos celestes, visíveis e não visíveis a olho nu, localizados naquela direção.

Material

- *Software* versão *on-line* ou aplicativo baixado no celular ou no computador (disponível em: https://stellarium.org/pt/; acesso em: 24 nov. 2021).

Parte A – Estrelas e constelações

Para começar, você vai fazer sete observações para se familiarizar com o programa e investigar alguns fenômenos observáveis no céu durante uma noite e durante o ano. Poderíamos escolher quaisquer datas, mas selecionamos algumas específicas para que você investigue aspectos do céu que se repetem anualmente ou que mudam sistematicamente em um ano.

O que fazer

1. Com o programa em execução, configure sua localização para a cidade de Brasília (DF).
2. Clique sobre a caixa com as informações de data e horário e altere para 7 de setembro de 2022, às 19 h. Repare que, à medida que você realiza essas ações, os segundos continuam a correr.
3. Nas opções de visualização, deixe habilitadas as funções *Landscape*, para manter a visão do horizonte, e *Atmosphere*, para que o efeito da atmosfera não interfira nas observações. Esses parâmetros vão facilitar a visualização dos corpos celestes.

Observação 1: acione o botão *Constellations* para ver as linhas que marcam as constelações e seus nomes. Localize no horizonte sul (S) a constelação do Camaleão (*Chamaeleon*). À direita e um pouco mais acima da constelação de Camaleão, localize o Cruzeiro do Sul (*Crux*) já "deitado" (com sua haste maior na horizontal). Depois, tocando o dedo em algum ponto do céu ou clicando com o botão esquerdo e arrastando, você vai "deslocar o céu" até que o horizonte oeste (W) fique visível. Você verá a constelação de Virgem (*Virgo*) com sua estrela *Spica* e o planeta Mercúrio um pouco mais abaixo. Desloque a tela para o horizonte norte (N) e localize a constelação do Dragão (*Draco*).

Observação 2: desloque o horizonte até o lado leste (E) e localize parte da constelação Peixes (*Pisces*): cinco estrelas formando um pentágono. Dê um duplo clique na estrela que se encontra no vértice superior do pentágono para obter suas informações. Abra o ajuste de "data e hora" e clique várias vezes na seta dos minutos, aumentando-os consecutivamente (1, 2, 3, 4...). Observe que a constelação de Peixes se desloca para cima. Observe o surgimento por completo do planeta Júpiter às 19 h 26 min. Continue a aumentar os minutos até 21 h 12 min, quando a constelação aparece totalmente.

Observação 3: corrija o tempo para 19 h e localize a direção sul (S). Acione o botão *Equatorial grid* (grade equatorial) e observe as linhas que representam as latitudes e longitudes celestes, equivalentes às terrestres. Localize o Cruzeiro do Sul (*Crux*). Aumente gradativamente os minutos e verifique que essa constelação, assim como as outras, parece girar em torno do polo sul celeste. Às 22 h e 5 min, o Cruzeiro do Sul começará a desaparecer no horizonte. Nesse momento, desloque a tela para o norte (N) e verifique que o polo norte celeste não é visível, pois fica abaixo da linha do horizonte. Ao "acelerar" os minutos, você constatou que as constelações se movimentam no céu. Como você justifica esse movimento? Converse com os colegas.

Observação 4: ajuste a data e o horário para 7 de setembro de 2022, às 19 h. Desative a grade equatorial (botão *Equatorial grid*) e observe as constelações que estão acima do horizonte leste (E). Agora altere o mês para o seguinte (outubro de 2022) e anote os nomes das constelações que surgiram no horizonte leste. Onde estão as constelações que você viu no mês passado? Converse com os colegas. Faça o mesmo para os meses subsequentes (no-

16

vembro, dezembro e janeiro), até voltar ao mês inicial de setembro, mas do ano seguinte. Como você justifica as mudanças nas constelações a cada mês? Registre suas anotações no caderno.

Observação 5: acione as linhas equatoriais (botão *Equatorial grid*) novamente. Altere a data e o horário para 9 de junho de 2022, às 19 h e 30 min. Faça isso enquanto olha para o horizonte sul (S). Observe que, nessa data e hora, o Cruzeiro do Sul está com sua haste maior na vertical. Altere sua localização para Macapá, no Amapá, que fica na linha do equador e veja que o polo sul celeste aparece no horizonte. Desloque a tela para o norte e verifique que o polo norte celeste também aparece no horizonte. Desabilite as linhas equatoriais para observar a constelação da Ursa Menor (*Ursa Minor*), que aparece nesse ponto cardeal.

Observação 6: vamos observar, agora, a Estrela Polar (*Polaris*), a alfa da constelação da Ursa Menor (*Ursa Minor*), que teve um papel muito importante na época das Grandes Navegações ao guiar a frota do navegador e explorador genovês Cristóvão Colombo (1451-1506) à América. Ainda na data 9 de junho de 2022, altere o local para Miami Beach (Estados Unidos) e o horário para 22 h. Os números abaixo do nome da cidade indicam, respectivamente, a latitude e a longitude. Caso a versão que esteja usando do programa não apresente esses dados, pesquise na internet a latitude de Miami Beach. Observe que, na face sul (S), o Cruzeiro do Sul (*Crux*) aparece com sua estrela alfa (*Acrux*) rente ao horizonte. Desloque a tela para o horizonte norte (N) e verifique que a Ursa Menor (*Ursa Minor*) já está mais alta no céu e que a Estrela Polar (*Polaris*) encontra-se na extremidade inferior dessa constelação. Clique na estrela para obter seus dados. Note que a altura angular (*Alt*) é de 25°, isto é, o mesmo número da latitude de Miami Beach. Foi observando essa estrela que Colombo conseguiu manter a latitude durante sua viagem para a América.

Observação 7: altere sua localização para Roma, Itália, na data de 24 de dezembro de 2022, às 20 h (véspera de Natal). Observe as constelações que estão acima do horizonte norte (N). Altere a data para 24 de dezembro de 1500, no mesmo horário, época da chegada dos portugueses ao Brasil, há cerca de quinhentos anos. Veja se as estrelas das constelações ficaram mais distantes ou mais próximas umas das outras, isto é, se a "forma" da constelação mudou. Por fim, faça o mesmo após recuar o tempo para o ano 0, ou seja, 24 de dezembro do ano 0 às 20 h. A forma das constelações mudou? Relacione esse resultado com a expressão "estrelas fixas" utilizada pelos astrônomos.

Confira, no boxe a seguir, algumas informações que podem ajudar na observação de estrelas.

Características das estrelas

Magnitude

Magnitude aparente de uma estrela é um número que representa seu brilho. Quanto menor o número, maior será o brilho. A estrela mais brilhante do céu noturno é Sirius, da constelação do Cão Maior, e sua magnitude é −1,45 (um valor negativo). A olho nu, só conseguimos ver, mesmo em uma noite clara sem Lua, estrelas com magnitude aparente um pouco menor que 6. Nas cidades, a iluminação artificial prejudica um pouco a observação, e, nesse caso, percebemos estrelas até a magnitude aparente 4.

Para fazer referência às estrelas mais brilhantes de uma constelação, são utilizadas as letras gregas na ordem alfabética. A estrela alfa é a mais brilhante, a beta é a segunda mais brilhante, a gama é a terceira, e assim por diante.

O quadro a seguir mostra as oito estrelas mais brilhantes do céu e sua magnitude aparente.

Estrela	Sirius	Canopus	Rigil	Veja	Capella	Arcturus	Rigel	Procyon
Constelação	Cão Maior	Carina	Centauro	Lira	Cocheiro	Boieiro	Orion	Cão Menor
Magnitude	−1,46	−0,74	0,01	0,03	0,08	−0,05	0,13	0,37

Dados obtidos pelo *software Stellarium*. Disponível em: https://stellarium.org/pt/. Acesso em: 25 nov. 2021.

Distância em ano-luz

Ano-luz é uma unidade usada em Astronomia para medir distâncias muito grandes e corresponde à distância que a luz percorre em um ano. Como a velocidade da luz é de aproximadamente 300 000 km/s ($3 \cdot 10^8$ m/s), isso significa que a cada segundo a luz percorre a distância de 300 000 km (o que corresponde a dar 7,5 voltas e meia em torno da Terra ao longo da linha do equador). Como um ano tem aproximadamente 31 536 000 s ($365 \cdot 24 \cdot 60 \cdot 60$), um ano-luz será aproximadamente igual a 9,46 trilhões de km ($9,46 \cdot 10^{15}$ m).

Na prática

Reflexão

1. As chamadas "Três Marias" são estrelas que muitas pessoas conhecem. Essas estrelas pertencem à constelação de Órion (*Orion*), personagem da mitologia grega que representa um caçador, e estão localizadas em seu cinturão. Procure essa constelação no céu de Brasília no dia 20 de abril de 2022, às 19 h 30 min. Acione o botão *Constellations art* para ver as figuras relacionadas às constelações. Nesse horário, essa constelação estará próxima de qual ponto cardeal? Duas constelações do zodíaco estão nas proximidades. Quais são elas? Nesse dia, em que horário as "Três Marias" vão desaparecer no horizonte?

2. A estrela mais próxima de nós, depois do Sol, é a alfa da constelação do Centauro, chamada *Rigil Kentaurus*. Agora verifique a distância dessa estrela até a Terra. Já o planeta mais distante de nós é Netuno, cuja distância média até o Sol é de $4,5 \times 10^9$ km. Suponha que você construa uma escala que coloque o Sol em uma extremidade de um barbante e Netuno na outra extremidade, a 4,5 m de distância. Em que ponto entraria a estrela alfa do Centauro na escala desse barbante?

Parte B – Planetas

Nesta parte da investigação, você vai estudar o movimento dos planetas no céu por meio de duas observações planetárias. Novamente, selecionamos algumas específicas para que você investigue aspectos do céu que se repetem anualmente ou que mudam sistematicamente em um ano.

O que fazer

1. Com o *Stellarium* em execução, configure sua localização para a cidade de Brasília (DF).

2. Lembre-se de fazer a configuração padrão. Nas opções de visualização, habilite as funções *Landscape*, para obter a visão na orientação paisagem, e *Atmosphere*, para eliminar o efeito da atmosfera no céu. Esses parâmetros vão facilitar a visualização dos corpos celestes.

3. Acione o botão *Constellations* para ver as linhas que marcam as constelações e seus nomes.

    Observação 1: altere a data para 20 de fevereiro de 2023. Logo após o escurecer, cerca de 19 h, próximo ao horizonte oeste (*W*), localize os planetas Vênus e Júpiter e a Lua. Responda às questões 1 e 2 da *Reflexão*.

    Observação 2: na cultura popular, o planeta Vênus é conhecido como estrela-d'alva. Corrija o horário para 19 h. Clique várias vezes na seta que avança os dias e observe o deslocamento de Vênus em relação às estrelas fixas. Agora, vamos verificar o que realmente caracteriza um planeta, isto é, seu deslocamento em relação às estrelas fixas. Vamos observar o planeta Vênus movimentando-se pela constelação de Peixes (*Pisces*), afastando-se do Sol. A cada dia, a Lua movimenta-se rapidamente no céu. No dia 1º de março, haverá uma conjunção planetária, isto é, Vênus vai se encontrar no céu com Júpiter e, do ponto de vista de quem observa da Terra, vai parecer uma colisão, mas sabemos que Júpiter está muito distante de Vênus e isso não ocorrerá. A partir do dia 19 de março, Vênus atravessa as constelações de Baleia (*Cetus*) e Áries (*Aries*). No dia 4 de abril, entra na constelação de Touro (*Taurus*) e, em 8 de maio, em Gêmeos (*Gemini*). Em 5 de junho, entra em Câncer (*Cancer*) e, em 28 de junho, acerca-se da constelação de Leão (*Leo*), "aproximando-se" de Marte. No início de julho, Vênus iniciará seu movimento retrógrado, isto é, no sentido contrário, aproximando-se do Sol. No dia 31 de julho, desaparecerá completamente no horizonte. Lembre-se de que é possível acionar o botão *Landscape* para eliminar o horizonte e continuar observando Vênus em sua trajetória, como se a Terra fosse transparente. Continue avançando os dias e observe que Vênus estará exatamente ao lado do Sol em 11 de agosto. No dia 24 desse mês, atingirá a constelação de Câncer. Mude a tela agora para o horizonte leste (*E*) às 5 h 45 min, acionando novamente o comando *Landscape*. Observe que Vênus estará em Câncer ao amanhecer. Continuando a avançar os dias, verifique que, em torno de 11 de setembro, Vênus começará a retornar seu movimento em direção à constelação de Leão, na qual chegará no dia 30 desse mês.

Reflexão

1. Na *Observação 1*, em que constelação do zodíaco os planetas Vênus e Júpiter se encontram?

2. Clique várias vezes na seta dos minutos, aumentando-os consecutivamente, e veja o que acontece com os planetas. Em que hora/minuto Vênus desaparecerá?

3. Alguns povos antigos achavam que existia uma estrela que se movimentava no céu e que atingia seu brilho máximo ao amanhecer. Com base no que viu na *Observação 2*, explique esse fenômeno.

Evolução dos modelos do Sistema Solar

Além de Copérnico, outros astrônomos fizeram importantes contribuições para a compreensão do Cosmo. Veja alguns exemplos a seguir.

- **Tycho Brahe (1546-1601)**

O astrônomo dinamarquês Tycho Brahe aderiu à nova ciência renascentista e rompeu com o modelo determinado pela Igreja e as concepções aristotélicas. Brahe propôs um sistema do Universo intermediário entre o modelo ptolomaico e o de Copérnico. Nele, a Terra continua a ser o centro do Universo com o Sol girando a seu redor, porém os demais planetas orbitam em torno do Sol.

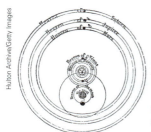

Representação do modelo cosmológico de Tycho Brahe.

Tycho Brahe construiu um observatório na Suécia, antes da invenção do telescópio, e com seus diversos aparelhos registrou medidas das posições de planetas e estrelas com uma precisão notável.

- **Giordano Bruno (1548-1600)**

Até meados do século XVI, os modelos do Universo limitavam-se a explicar o Sistema Solar. O italiano Giordano Bruno ampliou o modelo de Copérnico e propôs que as estrelas fossem sóis, como o nosso, e que poderiam ter planetas próprios. Indo além, ele sugeriu a possibilidade de haver vida nesses planetas. Outra concepção ousada foi a de que o Universo seria infinito e poderia não ter um centro.

- **Johannes Kepler (1571-1630)**

Os registros de Tycho Brahe permitiram que o astrônomo e matemático alemão Johannes Kepler formulasse as leis dos movimentos planetários, comprovando que esses corpos celestes seguem órbitas elípticas ao redor do Sol.

- **Galileu Galilei (1564-1642)**

Galileu Galilei, outro italiano, usou pela primeira vez uma luneta ou telescópio refrator, recém-inventado, para observar os astros e reforçar a teoria heliocêntrica de Copérnico. Com seu instrumento, Galileu pôde ver que a Via Láctea (faixa brilhante e difusa de estrelas que aparece no céu) é formada por milhões de estrelas, em vez de nuvens, como parecia até então.

Galileu também estudou a Lua e o Sol. Ele desenhou um mapa da Lua, descrevendo suas crateras, planícies e montanhas. Além disso, observou e registrou padrões das manchas solares.

Reprodução de uma página da obra *Sidereus Nuncius* (1610), com esboços da Lua feitos por Galileu com base em observações utilizando seus telescópios.

Em suas observações, Galileu também descobriu os quatro maiores satélites de Júpiter, observou Saturno com seus anéis e estudou as fases de Vênus.

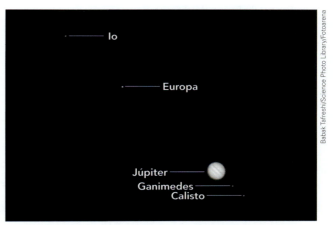

Fotografia de Júpiter e das chamadas luas de Galileu: Io, Europa, Ganimedes e Calisto. Técnicas mais sofisticadas permitiram identificar que pelo menos 79 satélites orbitam Júpiter.

Nos vaivéns da História, defender a ciência em certas épocas, muitas vezes, pode significar arriscar a própria vida. Em 1593, Giordano Bruno foi julgado por heresia pela Inquisição, acusado de negar doutrinas católicas fundamentais. Foi condenado à fogueira e queimado em Roma, em 1600. Por sua coragem e determinação, foi considerado um mártir da ciência por cientistas dos séculos XIX e XX.

Por suas ideias, Galileu também foi perseguido pela Igreja católica e, em 1633, foi a julgamento. Ele foi condenado por suspeita de heresia e ficou por oito anos em prisão domiciliar. Em 1979, o papa João Paulo II, 346 anos depois da condenação, absolveu-o do julgamento executado pela Inquisição.

Na prática | Investigação

Análise do movimento retilíneo com um disco de ar

Além da Astronomia, Galileu fez contribuições importantes para o estudo do movimento dos objetos, como veremos mais à frente neste tópico. Mas que tal iniciarmos a nossa própria investigação na prática?

Os movimentos que percebemos no cotidiano parecem necessitar sempre de uma força para que aconteçam. Uma bola lançada por um jogador de futebol, por exemplo, atinge o repouso alguns metros depois do chute. O movimento da Terra, ao contrário, é ininterrupto. Que fatores determinam o movimento dos corpos celestes e dos objetos do cotidiano? O que leva os objetos em movimento na superfície da Terra ao repouso?

Nesta atividade, vamos iniciar a busca por respostas a essas questões. Para tanto, investigaremos o movimento de um disco em uma situação com atrito significativo e, em outra, com atrito bastante reduzido.

Material

- Mídia (DVD ou CD), preferencialmente já usada ou que não será mais utilizada.
- Tampinha de garrafa PET.
- Cola de silicone ou cola quente.
- Balão de borracha (utilizado em festas de aniversário).
- Prego de 5 mm de diâmetro.
- Pedaço de barbante de 20 cm.

> **Atenção**
> A pistola de cola quente pode causar queimaduras. Ao manuseá-la, tenha muito cuidado.

Material necessário para a atividade.

O que fazer

1. Cole a tampinha de garrafa PET, previamente furada com o prego, sobre a face não brilhante da mídia. Adapte o balão de látex em volta da tampinha. Em seguida, amarre o balão com o pedaço de barbante.

Etapas da montagem do disco de ar.

2. Coloque o disco com o balão vazio sobre uma superfície lisa, limpa e horizontal. Dê um pequeno empurrão (um "peteleco" com os dedos) no disco para fazê-lo se movimentar horizontalmente. Observe o que ocorre.

Movimento do disco de ar com o balão vazio.

3. Encha o balão de ar soprando por baixo do disco. Quando estiver cheio, pressione o pescoço do balão com os dedos para evitar a saída do ar. Coloque a mídia sobre a superfície e, enquanto solta os dedos para o ar sair, dê um empurrão no disco ao longo da mesa. Observe o movimento do disco nessa nova situação.

Movimento do disco de ar com o balão cheio.

Reflexão

1. Descreva as semelhanças e as diferenças entre os movimentos desenvolvidos pelo disco nas duas situações.
2. Elabore hipóteses para explicar por que o disco de ar para quando o teste é feito com o balão vazio.
3. Durante o teste com o balão cheio, depois que você empurrou o disco, o que manteve o movimento?
4. Considere a situação hipotética de uma superfície lisa, plana e muito comprida e um balão grande que soltasse ar durante todo o movimento dele nessa superfície. O balão pararia antes de chegar ao fim da superfície?

Galileu e a inércia

Em seus estudos sobre a origem dos movimentos, Galileu dedicou-se a estudar especialmente o comportamento dos objetos em queda na superfície terrestre.

Ele verificou que a velocidade de uma bola aumentava gradativamente ao descer um plano inclinado, isto é, a bola acelerava. Se, ao contrário, a bola fosse lançada para cima em uma rampa inclinada, sua velocidade diminuía gradativamente na subida, ou seja, ela desacelerava. Ele imaginou uma sequência de experimentos com rampas inclinadas.

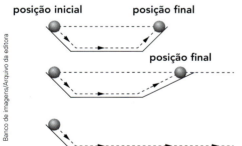

Representação do movimento de uma bola em planos com diferentes ângulos de inclinação, conforme proposto por Galileu.

Galileu observou que a bola tende a subir até a altura original, independentemente da inclinação do plano. Quanto menor a inclinação da rampa à direita, maior o deslocamento da bola. Com a inclinação nula dessa rampa, a altura inicial não poderia ser alcançada e o movimento em um plano horizontal seria perpétuo.

Situação semelhante aconteceu na atividade *Análise do movimento retilíneo com um disco de ar*. A força de contato, uma força muscular pequena entre sua mão e o disco, foi o que colocou o disco em movimento. Na segunda etapa da atividade, com o balão vazio, o disco para por causa da força de atrito entre ele e a superfície da mesa, contrária ao movimento do disco. Na terceira etapa, com o balão cheio de ar, o movimento do disco é ininterrupto até que o ar do balão se esgote. Isso ocorre porque o ar que sai do balão cria uma camada de ar entre o disco e a superfície, reduzindo drasticamente o atrito.

Se imaginarmos agora uma superfície na qual não haja atrito, o movimento do disco seria eternamente contínuo. Esse movimento é chamado de movimento retilíneo uniforme (MRU): retilíneo porque ocorre em linha reta, e uniforme porque se dá com velocidade constante. Um objeto em MRU não está submetido a nenhuma força na direção do movimento para fazê-lo aumentar ou diminuir sua velocidade. Essa propriedade de um objeto de permanecer movendo-se indefinidamente caso nenhuma força atue na direção de seu movimento é denominada inércia.

Quando estamos dentro de um ônibus em movimento e ele freia bruscamente, continuamos a nos mover para a frente. Isso é consequência da inércia, ou seja, nossa tendência é a de continuar a realizar o mesmo movimento que tínhamos antes: o do ônibus.

21

Descrição do movimento uniforme

A relação entre distância percorrida, tempo e velocidade no MRU é intuitiva, pois a velocidade do corpo em MRU é constante: um corpo em MRU percorre distâncias iguais em intervalos de tempo iguais.

Pessoa em MRU. Composição de fotografias tiradas em intervalos de tempo iguais.

Se um carro se move a 40 km/h em uma estrada reta com velocidade constante, em 1 h ele percorre 40 km. Em 2 h, percorrerá 80 km, e assim por diante. A distância percorrida d é obtida pelo produto entre a velocidade v e o intervalo de tempo Δt gasto para percorrê-la:

$$d = v \cdot \Delta t$$

É importante ressaltar que a expressão anterior é válida para um objeto com velocidade constante.

No cotidiano, muitas vezes utilizamos o conceito de **velocidade média**, definido como a razão entre a distância total percorrida e o intervalo de tempo correspondente. Esse conceito nem sempre é um bom parâmetro de avaliação. Por exemplo, passamos muitas vezes um grande tempo em engarrafamentos com velocidade muito baixa e percorremos outros trechos com velocidade maior.

A unidade de medida de velocidade a ser utilizada depende do contexto. Por exemplo, usa-se quilômetro por hora (km/h) para a velocidade de meios de transporte; já para o movimento do fluxo sanguíneo é mais conveniente usar centímetro por segundo (cm/s). A unidade de medida de velocidade no Sistema Internacional de Unidades (SI) é o metro por segundo (m/s). Para transformar m/s em km/h, é preciso considerar que 1 km = 1 000 m e que 1 h = 3 600 s. Assim:

$$1 \text{ m/s} = \dfrac{\dfrac{1}{1\,000} \text{ km}}{\dfrac{1}{3\,600} \text{ h}} \Rightarrow 1 \text{ m/s} = 3{,}6 \text{ km/h}$$

Podem-se obter muitas informações ao analisar gráficos que representam o movimento. Para um objeto em MRU, podemos construir um gráfico da posição (x) percorrida em função do tempo (t) ou da velocidade (v) em função do tempo (t). Convém fazer uma distinção entre os conceitos de posição (x) e distância (d) — que corresponde a uma variação de posição $\Delta x = (x - x_0) = d$. Em Física, posição é a especificação do lugar em que se encontra um objeto em relação a um referencial previamente escolhido. Já a distância refere-se ao espaço percorrido pelo objeto. Por exemplo, se um veículo entra em uma estrada no km 88 e se desloca até o km 102, sua posição inicial é 88 km em relação ao marco zero da estrada e sua posição final é 102 km. Ao realizar esse trajeto, ele percorreu uma distância de 14 km.

Se um carro se move em MRU a 20 m/s, a cada segundo ele percorre 20 m. Veja o gráfico $x \times t$ do carro.

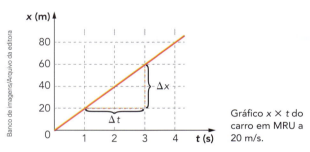

Gráfico $x \times t$ do carro em MRU a 20 m/s.

Agora, veja o gráfico $v \times t$. Como a velocidade é constante no MRU, o gráfico é uma linha horizontal.

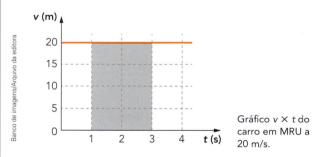

Gráfico $v \times t$ do carro em MRU a 20 m/s.

A inclinação da reta do gráfico $x \times t$ fornece a velocidade do carro. Podemos obter a inclinação da reta escolhendo um triângulo retângulo apropriado e dividindo o cateto vertical, que representa uma variação da grandeza no eixo vertical (neste caso, a distância $d = \Delta x$), pelo cateto horizontal, que representa uma variação da grandeza representada no eixo x (neste caso, o intervalo de tempo Δt). Por exemplo, para o triângulo explicitado na figura anterior, a inclinação corresponde à velocidade constante v e é dada dividindo a variação na distância pela variação no tempo:

$$\dfrac{d}{\Delta t} = \dfrac{(60-20) \text{ m}}{(3-1) \text{ s}} = \dfrac{40 \text{ m}}{2 \text{ s}} \Rightarrow \dfrac{d}{\Delta t} = 20 \text{ m/s}$$

O gráfico v × t, por outro lado, permite obter a distância percorrida. Repare que a distância percorrida entre um instante inicial e um final corresponde à área debaixo do gráfico v × t nesse intervalo de tempo. Pelo gráfico x × t, o objeto se deslocou 40 m entre os instantes t = 1 s e t = 3 s.

Vamos então calcular a área sob a reta entre esses instantes e comparar os resultados. Neste caso, a área do retângulo preenchido no gráfico v × t, de base (Δt) e altura (v), é:

área = (3 − 1) s × 20 m/s = 2 s × 20 m/s

área = 40 m = d

Atividades

1. O intervalo de tempo entre um motorista receber um estímulo (como perceber uma situação perigosa) e frear o veículo é de aproximadamente 0,2 s. Se um motorista estiver a 100 km/h, qual será a distância percorrida nesse intervalo de tempo?

2. Sabendo que a velocidade do som no ar é de 340 m/s, responda:

    a) Quanto tempo uma pessoa leva para ouvir a badalada do sino de um relógio a 1 km de distância?

    b) Se você dá um grito em frente a uma montanha e escuta o eco depois de 3 s, qual é a distância que o separa da montanha?

3. O gráfico x × t a seguir representa como varia a posição de João e Márcia, dois ciclistas, indicados pelas linhas verde e vermelha, no decorrer do tempo.

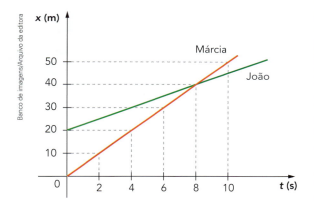

Gráfico da posição em função do tempo de dois ciclistas em movimento.

   a) É possível saber qual dos dois ciclistas se movimenta com maior velocidade apenas pela análise do gráfico? Justifique.
   b) Calcule a velocidade de cada ciclista.
   c) Os dois ciclistas estavam no mesmo lugar no instante inicial?
   d) Qual é o significado do cruzamento das retas no gráfico?
   e) Como seria o gráfico v × t para cada ciclista? Construa-os no caderno.

4. Ao assistirmos a noticiários na televisão, é comum notarmos um intervalo de tempo entre o locutor no estúdio perguntar e o repórter em outra cidade responder. Esse tempo é chamado de *delay* (atraso, em português). A comunicação entre os profissionais ocorre por meio de ondas eletromagnéticas, cuja velocidade é igual à da luz (300 000 km/s). Considere a situação em que a onda vai até o satélite de comunicação em órbita em torno da Terra e volta para a emissora. Se a altura de um satélite de comunicação é de 35 800 km, quanto tempo leva para o sinal chegar ao satélite e retornar à emissora?

5. Dois carros, um verde e outro vermelho, inicialmente a 120 m um do outro, movimentam-se de acordo com o gráfico x × t, que mostra como variam suas posições no tempo.

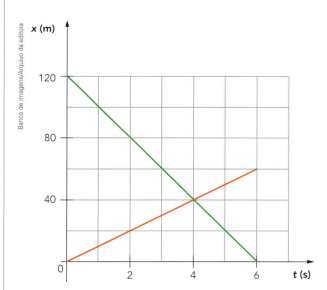

Gráfico da posição em função do tempo de dois carros em movimento.

   a) Calcule a velocidade de cada carro.
   b) Em que instante eles se encontram?
   c) No instante 6 s, qual é a distância entre eles?
   d) Como seria o gráfico v × t para os dois carros? Construa-os no caderno.

Conceito de inércia

Até agora, utilizamos o conceito de inércia aplicado a corpos em movimento retilíneo uniforme. No entanto, a inércia também se aplica a objetos em repouso. Um objeto em repouso tende a permanecer em repouso se nenhuma força atuar sobre ele. Dessa maneira, podemos dizer que:

> Inércia é a propriedade de um corpo de resistir a qualquer variação de velocidade, esteja ele parado ou em movimento.

Atividades

1. Imagine a situação representada pela imagem ao lado. Se a mulher puxar a toalha rapidamente, o que acontecerá?

   a) Os objetos se movimentarão com a toalha e tudo cairá no chão.

   b) O garfo e o copo se movimentarão com a toalha. O prato ficará sobre a mesa, pois tem maior massa.

   c) Ao puxar a toalha rapidamente, os objetos ficarão onde estão.

Objetos sobre a toalha que será puxada.

2. Utilize o conceito de inércia para fazer o que se pede.

   a) Para retirar o excesso de água das mãos molhadas, uma pessoa movimenta as mãos de cima para baixo e, em seguida, as faz parar instantaneamente. Por que, ao proceder dessa forma, a água em excesso deixa as mãos da pessoa?

   b) Desde 1997, o Código Brasileiro de Trânsito determina a obrigatoriedade do cinto de segurança em todas as vias do território nacional. Com base no conceito de inércia, explique a função do cinto de segurança nos veículos.

   c) Observe a situação ao lado. Se a cartolina for retirada rapidamente, o que acontecerá com a moeda?

Moeda sobre a cartolina que será puxada.

   d) Observe este martelo. Como você colocaria a cabeça do martelo no cabo?

   e) Sobre uma mesa lisa, há três moedas iguais empilhadas e uma régua que está fixada na mesa. As moedas são lançadas contra a régua. O que ocorrerá com as moedas após o choque com a régua?

Na prática Investigação

Velocidade da bolha de ar

Nesta atividade, vamos investigar como uma bolha de ar se desloca em uma coluna de líquido. Assim, poderemos aplicar o que aprendemos sobre o movimento dos corpos, classificando o movimento da bolha de acordo com o comportamento das suas grandezas cinemáticas.

Material

- 2 mangueiras plásticas transparentes de 4 mm de diâmetro.
- 2 tábuas de 60 cm × 10 cm.
- Caneta hidrocor.
- Detergente de cozinha.
- Água.
- Cola quente.
- 4 tampinhas de fundo de caneta esferográfica.
- Cronômetro digital (pode ser aplicativo de *smartphone*).
- Régua graduada.

O que fazer

1. Para realizar a montagem, utilize a régua para fazer marcações nas tábuas de 1 cm em 1 cm, no sentido do comprimento. Em cada uma delas, cole as mangueiras paralelamente às marcações. Vede com as tampinhas um dos lados de cada uma das duas mangueiras. Coloque o detergente na primeira mangueira e a água na segunda; deixe um espaço para que se forme uma bolha em cada tubo. A figura ao lado representa a montagem de um dos esquemas.
2. Incline cada tábua cerca de 30° e observe o movimento das bolhas.
3. Usando o cronômetro e a inclinação indicada no item anterior, meça o intervalo de tempo que cada bolha leva para percorrer uma mesma distância.
4. Calcule a velocidade de cada bolha.
5. Incline mais as tábuas, meça novamente o intervalo de tempo para obter a velocidade de cada bolha.
6. Disponha as duas tábuas com a mesma inclinação e com as bolhas de volumes diferentes na parte inferior. Meça o tempo que levam para chegar à parte superior e obtenha a diferença entre os intervalos de tempo das bolhas para chegar à extremidade final da mangueira.

Representação esquemática do aparato experimental.

Reflexão

1. Na situação do item 2, com as tábuas inclinadas, o movimento das bolhas ocorreu com velocidade constante?
2. Qual foi a velocidade das bolhas no item 4 e no item 5?

25

Forças

Na Física, existem diversos tipos de força, que podem ser classificados de acordo com seu efeito no corpo. As **forças atrativas** atraem o objeto em direção ao corpo que aplica a força, enquanto as **forças repulsivas** resultam no afastamento do objeto em relação ao corpo que aplica a força.

Existem **forças de contato**, como a que exercemos sobre uma mola (força elástica), sobre uma corda (tensão ou tração), ao empurrar um carro (força muscular) ou a força de atrito (entre superfícies).

A força de tração da corda que segura os pintores é uma força de contato.

A força de atrito, outra força de contato, atua entre as rodas do *skate* e o chão.

Mas também existem **forças que atuam a distância**, como a força magnética, que atua entre um ímã e objetos de metal. Outros exemplos são a força elétrica (como a que um pente atritado exerce sobre pedacinhos de papel) e a força peso ou gravitacional (que atua sobre uma pedra que cai sobre o solo).

A força magnética é uma força que atua a distância.

A força peso atua a distância sobre um corpo em queda livre.

Newton e o conceito de inércia

No ano seguinte ao da morte de Galileu, nasceu Isaac Newton (1643-1727), na Inglaterra. Considerado um dos pilares da ciência moderna, esse físico e matemático alcançou grandes avanços na ciência, baseando-se no trabalho de seus antecessores. Em 1687, publicou a obra *Princípios matemáticos da filosofia natural*, na qual enunciou os três princípios fundamentais da Mecânica, conhecidos como primeira, segunda e terceira leis de Newton.

A **primeira lei de Newton** constitui uma síntese das ideias de Galileu sobre a inércia. Por isso, também é conhecida como **lei da inércia**. De acordo com ela, na ausência de forças externas, um objeto em repouso permanece em repouso e um objeto em movimento move-se em linha reta, com velocidade constante, ou seja, em movimento retilíneo uniforme (MRU).

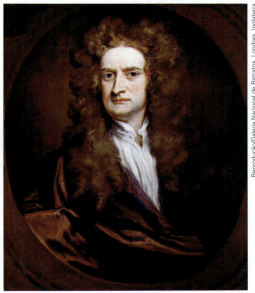

Retrato de Isaac Newton, 1702. Óleo sobre tela de Godfrey Kneller.

Força: uma grandeza vetorial

Quando nos referimos ao tempo decorrido de uma viagem, podemos informar apenas o número e a unidade de medida e a informação estará completa. Por exemplo, "Viajei durante 4 horas". Porém, para descrever a força, precisamos informar o **módulo** (número e unidade de medida), a **direção** e o **sentido** dela. Isso ocorre porque a força é uma **grandeza vetorial**.

Esse tipo de grandeza é representado por **vetores**, que são segmentos de reta orientados.

O comprimento ℓ corresponde ao módulo do vetor e r é a linha que representa sua direção.

A unidade de medida da força no Sistema Internacional de Unidades (SI) é o newton (N). Portanto, ao descrever uma força, não basta dizer "Foi aplicada no corpo uma força de 20 N". É necessário especificar a direção e o sentido: "Foi aplicada no corpo uma força de 20 N, vertical, de cima para baixo". As grandezas vetoriais, em geral, são simbolizadas por uma pequena seta que se sobrepõe à letra F, por exemplo, uma força $\vec{F}$.

Uma consequência dessa lei é que, se um objeto está em repouso ou em MRU, ele pode estar sujeito a forças, porém a soma vetorial dessas forças, ou seja, a resultante delas, deve ser nula.

Newton e Galileu mostraram que, para existir um movimento em linha reta com velocidade constante (MRU), não é necessário existir uma força para manter o movimento. Se houver uma força no sentido do movimento, existirá outra igual e contrária, de modo que a resultante seja nula e o objeto se mantenha em MRU.

Na prática Investigação

Objetos sob a ação de várias forças

Se um objeto se encontra sob a ação de uma única força, podemos usar a intuição para prever seu comportamento. Mas o que acontece com corpos sob a ação de várias forças? Quando falamos em resultante de forças, estamos considerando a soma das forças que agem sobre determinado objeto.

Uma dessas forças é a **força peso**, que é a força que o planeta Terra exerce sobre os objetos, atraindo-os em direção ao solo.

Nesta atividade, vamos investigar o que ocorre quando mais de uma força atua sobre um objeto.

Material

- 2 balanças digitais portáteis e com gancho.
- Caixa de leite ou de suco de 1 litro vazia com tampa rosqueada.
- 2 pedaços de barbante de 20 cm.
- 2 esquadros: um de 45° e um de 30°.

A balança digital com gancho também é chamada de **dinamômetro** e mede a força gravitacional de um objeto nela suspenso. Ela vem graduada em diversas unidades, mas, para esta atividade, usaremos o kgf (quilograma-força) ou o gf (grama-força).

O que fazer

1. Siga as orientações abaixo para a **preparação** dos materiais para o experimento.

- Encha a caixa de leite ou suco com 500 mL de água.
- Prenda um pedaço de barbante na tampa da caixa, deixando a extremidade em alça.
- Enganche a balança no barbante, suspenda a caixa e registre a leitura. Esse será o valor de referência do peso do conjunto: caixa e água nela contida.

2. Prenda as duas balanças na tampa da caixa de leite ou suco usando os dois barbantes, um de cada lado da tampa, e suspenda o conjunto. Anote a leitura de cada balança.

Arranjo experimental com as balanças presas em posição normal.

3. Em seguida, usando o esquadro de 45°, incline os barbantes e as balanças em um ângulo de 45° de cada lado. Anote a leitura de cada balança.

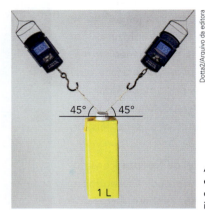

Arranjo experimental com as balanças inclinadas a 45°.

4. Usando o esquadro de 30° como referência, incline ainda mais os barbantes e as balanças em um ângulo de 30° de cada lado, como mostra a figura. Anote a leitura de cada balança.

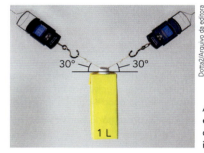

Arranjo experimental com as balanças inclinadas a 30°.

Reflexão

1. Compare a leitura das balanças feita na preparação do experimento na etapa 1. A soma dos valores de cada balança na etapa 1 é igual ao valor do peso do conjunto caixa e água medido na preparação?

2. Compare o valor da leitura das balanças nas etapas 1 e 2 do experimento. A soma dos valores de cada balança coincide com o valor do peso do conjunto caixa e água verificado na preparação? Como você pode explicar essa diferença?

3. Na etapa 3, os valores medidos pelas balanças aumentaram ou diminuíram em relação à etapa 2?

4. Observando a tendência na variação dos valores das forças medidas pelas balanças, elabore uma explicação para o que foi observado.

Equilíbrio de várias forças

Como vimos, a primeira lei de Newton estabelece que:

> Para um objeto ficar em repouso, a soma das forças que atuam sobre ele deve ser nula.

Como força é uma grandeza vetorial, a soma a ser realizada é uma soma vetorial.

Durante a obtenção do valor de referência, na etapa de preparação da atividade *Objetos sob a ação de várias forças*, uma caixa com 500 mL de água foi pendurada em um dinamômetro, que marcou aproximadamente 500 gf (o valor pode variar um pouco devido à massa da caixa). Quando a mesma caixa foi pendurada por dois dinamômetros na direção vertical, cada um marcou aproximadamente 250 gf. Na etapa 3, os dois dinamômetros estavam com uma inclinação de 45° e seus valores foram maiores: aproximadamente 354 gf.

Podemos decompor a força inclinada em duas partes, ou componentes: uma horizontal, $\vec{F}_x$, e outra vertical, $\vec{F}_y$. Assim, a componente horizontal de uma equilibra a componente horizontal da outra. A componente vertical deve valer aproximadamente 250 gf e, somada a outra igual, vai equilibrar o peso da caixa. Esse raciocínio pode ser visualizado nos diagramas de forças ao lado.

O diagrama (a) mostra que as forças medidas pelo dinamômetro têm módulo F. As componentes F_x e F_y valem 250 gf, pois o ângulo é de 45°, produzindo componentes iguais. No diagrama (b), pode-se calcular F usando as relações trigonométricas de um triângulo retângulo:

$$F_x = F \cdot \cos 45°$$
$$F_y = F \cdot \text{sen } 45°$$

Pelos diagramas, F_y deve valer 250 gf. Com $\text{sen } 45° = \cos 45° = \dfrac{\sqrt{2}}{2} \cong 0{,}707$, temos:

$$F = \dfrac{F_y}{\cos 45°} = \dfrac{250 \text{ gf}}{0{,}707} = 353{,}6 \text{ gf}$$

O mesmo raciocínio pode ser aplicado à situação da etapa 4 da atividade, em que os dinamômetros estavam inclinados com a direção horizontal em 30°. Como $\cos 30° = \dfrac{\sqrt{3}}{2} \cong 0{,}865$, teremos:

$$F_y = F \cdot \cos 30° \Rightarrow F = \dfrac{F_y}{\cos 30°}$$

$$F = \dfrac{250 \text{ gf}}{0{,}865} = 289 \text{ gf}$$

Mas como duas forças de 354 gf vão equilibrar um peso de 500 gf?

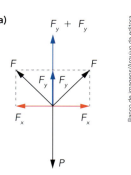

Diagramas de forças correspondentes à situação da etapa 3 da atividade.

Atividade

1. Um mecânico suspende um motor de 150 kgf por uma corrente horizontal, em equilíbrio, como mostrado na ilustração. A corrente está presa a um poste vertical e forma um ângulo de 30° com a linha horizontal. Calcule a força que o mecânico está aplicando na corda.

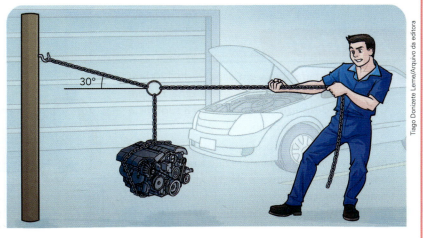

Esquema de motor suspenso com uma corrente inclinada a 30°.

Objetos em repouso em um plano inclinado

Uma situação comum em nosso cotidiano são os objetos colocados em repouso em planos inclinados. Quais são as forças que atuam na caixa para que ela fique em equilíbrio na rampa?

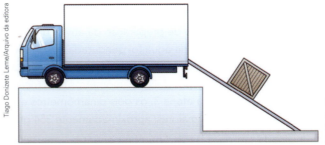

Uma caixa está em repouso em uma rampa inclinada. Os elementos não estão representados em proporção.

O peso $\vec{P}$ da caixa atua na direção vertical e para baixo. A rampa aplica duas forças distintas sobre a caixa. Uma é de sustentação, chamada reação normal, $\vec{F}_N$, que é perpendicular à superfície. A outra é a força de atrito, $\vec{F}_{at}$, paralela à superfície, que evita o escorregamento da caixa.

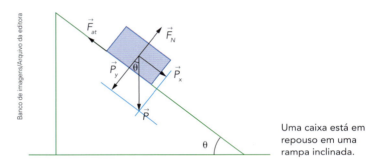

Uma caixa está em repouso em uma rampa inclinada.

Para que a caixa fique em equilíbrio, é necessário que as componentes do peso $\vec{P}$, isto é, $\vec{P}_x$ e $\vec{P}_y$ tenham módulos iguais às forças que atuam nas direções x e y, mas em sentidos opostos. Pelo diagrama da figura acima, temos:

$P_x = F_{at} \Rightarrow P \cdot \text{sen}\, \theta = F_{at}$

$P_y = F_N \Rightarrow P \cdot \cos \theta = F_N$

Agora, responda à questão a seguir, que envolve conhecimentos sobre objetos no plano inclinado.

Atividade

2. Um transportador puxa um caixote de 120 kgf, com velocidade constante, sobre uma rampa. Considere desprezível o atrito entre a superfície e as rodinhas do carrinho.

Calcule a força que o profissional exerce na caixa nessa situação, considerando que a rampa forma um triângulo cuja altura é de 3,0 m e o comprimento é de 4,0 m.

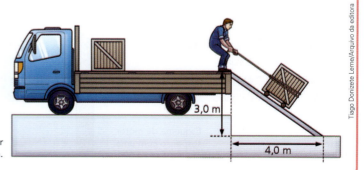

Representação de um transportador subindo um caixote em uma rampa.

Na prática Investigação

Objetos em queda

Nesta atividade, vamos fazer alguns experimentos para observar o comportamento dos objetos em queda, considerando os conceitos aprendidos até agora.

Parte A – Queda livre

Como visto anteriormente, Galileu investigou o comportamento de objetos em queda na superfície terrestre.

Ele também imaginou que, se não houvesse a resistência do ar, uma pedra e uma pena, se abandonados da mesma altura, nas proximidades da superfície da Terra, levariam o mesmo tempo para atingir o solo. Essa previsão de Galileu era contraditória às ideias de Aristóteles vigentes à época, que defendiam que objetos mais pesados caíam mais rápido do que objetos leves.

Nesta atividade, vamos fazer alguns experimentos para observar o comportamento dos objetos em queda.

Galileu demonstrou que dois objetos sólidos de massas diferentes, abandonados da mesma altura, caem simultaneamente, atingindo o chão no mesmo instante.

Material

- Folha de papel A4.
- Pequena tábua de 10 cm × 10 cm × 1 cm (ou uma tábua de corte).
- Tesoura.

Atenção

Cuidado para a tábua não cair sobre os pés.

O que fazer

1. Divida a folha de papel A4 em duas partes iguais. Amasse uma delas para fazer uma bolinha maciça. Deixe a folha amassada e a folha plana caírem de uma altura de cerca de 1 m e observe qual das duas chega ao solo primeiro.
2. Deixe a tábua e a bolinha amassada caírem juntas, uma ao lado da outra, da mesma altura.
3. Corte com a tesoura um quadrado da folha de papel A4 de 4 cm × 4 cm, colocando-o sobre o centro da tábua. Deixe o conjunto cair com a tábua inicialmente na posição horizontal.

Quadrado de papel sobre a tábua.

Reflexão

1. Na etapa 1, as folhas chegam juntas ao chão? Esse resultado do experimento contraria a afirmação de Galileu? Por que isso acontece?
2. Elabore hipóteses para explicar por que o resultado da etapa 2 é diferente do obtido na etapa 1.
3. Compare o resultado da etapa 1 com o da etapa 3 e explique a condição que os objetos de massas diferentes em queda devem ter para chegarem juntos ao solo.

Parte B – Uma queda suave

Os objetos em queda livre ganham velocidade rapidamente se a resistência do ar não os afeta em grande medida. Desse modo, fica difícil medir seu movimento sem equipamentos sofisticados. Nesta etapa, propomos o estudo de um movimento de queda bastante suave.

A partir desta atividade, poderemos elaborar algumas conclusões gerais sobre a queda dos objetos.

Galileu verificou que esferas em queda apresentam um **movimento acelerado**, ou seja, sua velocidade cresce à medida que descem por um plano inclinado. Se a inclinação for pequena, a taxa de aumento de velocidade da esfera será menor que em inclinações maiores.

Na prática

Material

- Esfera maciça de diâmetro de 3 cm a 5 cm (bola de sinuca, bolão de gude ou esfera de aço).
- 2 réguas de 1,5 m a 2 m (de madeira ou metal).
- 4 pedaços de madeira de 8 cm × 4 cm × 1 cm.
- Régua de 50 cm.
- 2 canetas hidrocor de cores diferentes.
- Cronômetro (ou *smartphone* que tenha essa função).

O que fazer

1. Construa dois suportes de madeira, como o mostrado na figura, para as réguas serem colocadas. A distância entre as réguas deve ser 10% menor do que o diâmetro da esfera a ser usada (por exemplo, para uma esfera de 5 cm de diâmetro, o espaçamento entre as réguas deve ser de 4,5 cm).
2. Encaixe as duas réguas em um dos suportes e coloque-o sobre algum objeto (caixa, livros, etc.) que esteja sobre uma mesa. O outro suporte deverá ficar na superfície da mesa, de forma que a inclinação da régua seja de aproximadamente 5°.
3. Coloque a esfera na parte superior das réguas. Na lateral de uma das réguas, com a caneta hidrocor, marque a posição inicial.

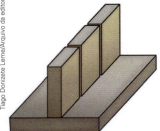

Suporte de madeira para o encaixe das réguas.

Arranjo experimental completo.

4. Vamos começar! Com o cronômetro acionado, um colega deve falar uma sílaba (por exemplo, "pá") a cada segundo. Essa será a indicação de tempo, pois o intervalo de tempo entre cada "pá" é de 1 s.
5. Num desses "pá", solte a esfera no alto das réguas e a cada novo "pá" faça uma marcação na régua, com a caneta, indicando a posição da esfera (é preciso agilidade!).
6. Repita os procedimentos, aumentando a inclinação da régua e usando a caneta de outra cor.

Reflexão

1. Durante o teste, o que ocorreu com o espaçamento entre as marcas que você fez na régua? Compare as distâncias entre elas.
2. Utilize o resultado obtido no item anterior e responda: A velocidade da esfera ao descer a rampa aumenta ou diminui?
3. Ao aumentar a inclinação da régua, o que você pode dizer sobre o comportamento das distâncias percorridas pela esfera e sobre sua velocidade?
4. Meça o comprimento do primeiro trecho percorrido pela esfera no teste e divida-o pelo tempo correspondente (1 segundo), encontrando um valor de velocidade. Em que ponto desse trecho a velocidade da esfera terá esse valor?

Análise cinemática dos movimentos acelerados

Se desconsiderarmos a resistência do ar e o atrito, a velocidade de um objeto em movimento em um plano inclinado cresce a uma taxa constante. Por exemplo, se um carrinho desce por um plano cuja inclinação é de 30° a partir do repouso, sua velocidade em $t = 1$ s será 5 m/s, em $t = 2$ s será 10 m/s, em $t = 3$ s, 15 m/s, e assim sucessivamente. Repare que a velocidade aumenta de 5 m/s a cada segundo, ou seja, o carrinho está com uma aceleração de 5 m/s². Se a inclinação da rampa aumenta, a aceleração com que o carrinho desce também aumenta.

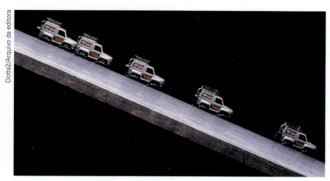

Fotografias de múltipla exposição de um carrinho descendo uma rampa.

A aceleração média (a) de um objeto é definida como a taxa de variação da velocidade (Δv) em um dado intervalo de tempo (Δt) em que tal variação ocorreu. Matematicamente, podemos escrever que:

$$a = \frac{\Delta v}{\Delta t}$$

No exemplo anterior do carrinho, a aceleração é constante, ou seja, o aumento da velocidade de 5 m/s entre 1 s e 2 s é o mesmo aumento que ocorre entre 8 s e 9 s. Como o movimento ocorre numa linha reta e com aceleração constante, dizemos que se trata de um movimento retilíneo uniformemente variado (MRUV). Existem casos em que a aceleração depende do tempo, como um ônibus acelerando e freando a cada instante, mas o tratamento matemático para descrever o movimento é mais elaborado – não o estudaremos aqui.

Para um objeto em MRUV, é possível determinar a velocidade (v) em qualquer instante de tempo (t) se conhecermos a velocidade inicial (v_0) e a aceleração (a). Considerando a variação da velocidade

$$\Delta v = v - v_0$$

e do tempo

$$\Delta t = t - 0 = t,$$

obtemos que $a = \frac{(v - v_0)}{t}$. Portanto, destacando a velocidade v, temos:

$$v = v_0 + a \cdot t$$

Suponha que a inclinação da rampa pela qual desceu o carrinho fosse de 18° e a aceleração do carrinho, 3,0 m/s². Supondo que o intervalo entre as fotografias foi de 0,05 s, vamos calcular a velocidade do carrinho ao final do primeiro intervalo de tempo.

Como $v_0 = 0$ (o carrinho partiu do repouso), utilizando a expressão anterior, temos:

$v = v_0 + a \cdot t = 0 + 3 \times 0{,}05$
$v = 0{,}15$ m/s $= 15$ cm/s

A velocidade do carrinho ao final da quinta fotografia será:

$v = v_0 + a \cdot t = 0 + 3 \times (5 \times 0{,}05)$
$v = 0{,}75$ m/s $= 75$ cm/s

Vamos representar o movimento acelerado do carrinho que desce o plano inclinado em um gráfico $v \times t$, como fizemos para o MRU. Como sua aceleração é de 3,0 m/s², a cada segundo, sua velocidade aumenta em 3,0 m/s. Depois de 4 s, sua velocidade é 12 m/s. Observe no gráfico $v \times t$ a seguir essa representação.

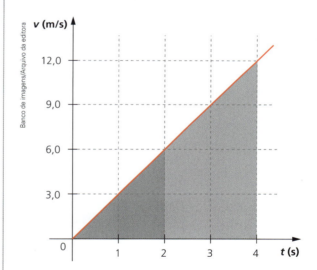

Gráfico da velocidade em função do tempo para o carrinho com aceleração de 3 m/s².

No gráfico $v \times t$ da animação acima, a inclinação da reta é obtida dividindo o valor da variação da velocidade (Δv) pelo intervalo de tempo correspondente (Δt). Essa divisão corresponde ao que chamamos de aceleração.

Na análise gráfica do movimento retilíneo uniforme, vimos que é possível obter a distância percorrida pelo objeto por meio da área sob a reta de um gráfico $v \times t$. Essa área também representa a distância percorrida pelo objeto em um movimento acelerado.

No gráfico $v \times t$ da animação, considerando que o instante inicial seja $t = 0$, a área sob a reta é um triângulo, cuja base representa um intervalo de tempo e cuja altura corresponde a um intervalo de velocidade. Por exemplo, vamos calcular a distância percorrida pelo carrinho entre 0 s e 2 s. No instante 2 s, a velocidade da esfera é de 6,0 m/s; então, a distância d percorrida por ela será de:

$$d = \frac{2\text{ s} \times 6{,}0\text{ m/s}}{2} = 6{,}0\text{ m}$$

Procedendo da mesma maneira, obtemos que a distância total percorrida entre 0 s e 4 s será:

$$d = \frac{4\text{ s} \times 12{,}0\text{ m/s}}{2} = 24{,}0\text{ m}$$

Perceba que, ao dobrar o intervalo de tempo, a distância percorrida pelo carrinho foi 4 vezes maior. No movimento retilíneo uniformemente variado (MRUV), portanto, a distância percorrida por um objeto é proporcional ao quadrado do intervalo de tempo.

Para um objeto se movendo em linha reta e com aceleração constante, ou seja, em MRUV, e partindo do repouso, a distância percorrida é a área do triângulo no gráfico $v \times t$, dada por:

$$d = \frac{v \cdot t}{2}$$

Como $a = \frac{v}{t}$, podemos escrever a equação da distância em função do tempo substituindo a equação $v = at$ na expressão anterior para d, obtendo:

$$d = \frac{a \cdot t^2}{2}$$

Assim, se a aceleração for constante, a distância é proporcional ao quadrado do tempo, e isso significa que, a cada segundo, a distância aumenta cada vez mais. O gráfico $d \times t$ é uma curva denominada parábola.

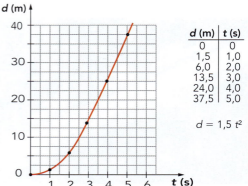

Gráfico da distância percorrida em função do tempo para o carrinho com aceleração de 3 m/s².

Se o carrinho fosse lançado com uma velocidade inicial v_0, teríamos de acrescentar na equação anterior um termo ($v_0 \cdot t$). O cálculo dessa distância em função do tempo é obtido pela equação:

$$d = v_0 \cdot t + \frac{a \cdot t^2}{2}$$

O quadro a seguir mostra os valores calculados das distâncias para o caso do carrinho, obtidos pela equação:

$$d = \frac{3{,}0 \cdot t^2}{2} = 1{,}5 \cdot t^2$$

Distância percorrida pelo carrinho (aceleração 3 m/s²)					
t (s)	0	0,05	0,10	0,15	0,20
d (m)	0	0,0037	0,015	0,0337	0,06
d (cm)	0	0,37	1,5	3,37	6,0

Inclinando ainda mais o plano, a aceleração do carrinho aumentará. Quando o ângulo for de 90°, a rampa estará no plano vertical e o carrinho cairá em queda livre, se desprezarmos a resistência do ar. Nessa situação, ele cairá com o máximo de aceleração, que é chamada de aceleração da gravidade, cujo valor é aproximadamente 10 m/s² ao nível do mar e a 45° de latitude.

Isso significa que um objeto em queda livre aumenta sua velocidade em 10 m/s a cada segundo. Se deixarmos um objeto em repouso cair, sua velocidade depois de 1 s será de 10 m/s, depois de 2 s será de 20 m/s, e assim por diante. Em contrapartida, se o objeto for lançado para cima, inicialmente a 30 m/s, depois de 1 s, sua velocidade será de 20 m/s; depois de 2 s, de 10 m/s; e, em 3 s, atingirá momentaneamente o repouso para depois descer na mesma taxa de variação.

Até agora descrevemos o movimento retilíneo uniformemente variado. Porém, por que ele ocorre? Esse é o objeto de estudo da segunda lei de Newton.

Na prática | Investigação

Tempo de reação entre ver e agir

Um motorista dirigindo um carro em uma estrada, ou em uma cidade, às vezes depara com uma pessoa, um animal ou mesmo outro carro a sua frente e tem de frear bruscamente para não ocorrer um acidente. Entre ver e agir, isto é, pisar no freio, o carro move-se uma certa distância, que dependerá de sua velocidade. E, depois de frear, o carro move-se mais outra distância até parar.

Na atividade a seguir, vamos medir nosso tempo de reação, ou seja, o tempo que levamos para agir depois de ver o que está acontecendo à nossa frente.

Material

- Régua milimetrada de 30 cm.
- Calculadora (pode ser a do *smartphone*).

O que fazer

1. Solte uma régua, verticalmente, para que outra pessoa tente segurá-la entre os dedos indicador e polegar. Apoiando a mão na beirada de uma mesa, solte a régua, sem avisar, com o zero para baixo, para que a pessoa tente segurá-la o mais rapidamente possível.

2. Usando essa medida de distância, pode-se deduzir o tempo de reação da pessoa para ver e agir com a mão utilizando uma das equações da queda livre:

$$d = \frac{1}{2} g \cdot t^2$$

3. Solte a régua seis vezes e anote os valores encontrados da distância que a régua cairá. Em um editor de planilha ou mesmo no caderno, construa um quadro, como o do modelo a seguir, e anote os seis valores obtidos, que chamaremos de d_1, d_2, d_3, d_4, d_5 e d_6.

Medida	Distância (cm)	Desvio (cm)
d_1		
d_2		
d_3		
d_4		
d_5		
d_6		
Valor médio	$d_M =$	$\Delta d_M =$

4. Neste experimento, vários fatores influenciam o resultado, e você deve ter obtido valores diferentes para as seis medidas. Nesse caso, é conveniente saber o valor médio das medidas. Definimos o valor médio como a soma de todos os valores obtidos dividida pelo número de valores. No caso de seis medidas, o valor médio de d é $(d_1 + d_2 + d_3 + d_4 + d_5 + d_6)/6$. Anote o valor da distância média (d_M) no quadro.

5. Sempre que realizamos a mesma medida várias vezes, é comum encontrarmos valores diferentes. Uma medida muito precisa é aquela em que o resultado da maioria das medidas corresponde ao valor médio. Já em medidas menos precisas, os resultados podem estar bem distantes do valor médio. Para analisar a imprecisão de nossa medida, que é também chamada erro da medida, vamos preencher a segunda coluna do quadro com os desvios de cada medida. Os desvios são as distâncias de cada uma das medidas em relação ao valor médio: $\Delta d_1 = |d_1 - d_M|$, $\Delta d_2 = |d_2 - d_M|$, etc. Usamos o módulo da diferença porque estamos interessados apenas em determinar a distância média de cada medida em relação ao valor médio, independentemente de ser positiva ou negativa.

6. Vamos finalmente determinar o desvio médio Δd_M, que é a média dos valores dos desvios: $(\Delta d_1 + \Delta d_2 + \Delta d_3 + \Delta d_4 + \Delta d_5 + \Delta d_6)/6$. Anote esse valor no quadro.

Na prática

Algarismos significativos e desvio relativo

Vamos voltar a debater o valor médio da distância, d_M, que você encontrou. Ao determinar o valor médio na calculadora, ela apresentou um resultado com vários algarismos. Você anotou todos os algarismos? Se não anotou todos, anotou quantos? Por quê?

Quando a calculadora fornece um valor médio com muitos algarismos, todos eles têm significado matemático, mas será que têm significado físico? De fato, como toda medida de uma grandeza tem algum tipo de imprecisão associado a ela, nem todos os algarismos têm significado físico. Os algarismos que têm significado físico são chamados **algarismos significativos**. Podemos definir os algarismos significativos como todos aqueles de que temos certeza e apenas **um** que seja **duvidoso**. O algarismo duvidoso é aquele que corresponde ao desvio médio Δd_M. Vamos discutir isso supondo que você tenha obtido no quadro os dados a seguir.

Medida	Distância (cm)	Desvio (cm)
1	12	3,333
2	15	0,333
3	17	1,667
4	21	5,667
5	14	1,333
6	13	2,333
Valor médio	d_M = 15,333	Δd_M = 2,444

No caso das medidas hipotéticas apresentadas, o valor médio foi de 15,333 cm, e esse valor foi usado para determinar os desvios. O desvio médio obtido foi de 2,444 cm. O algarismo que contém o desvio já é duvidoso. Assim, um desvio deve ter, em princípio, apenas um algarismo significativo. No caso do quadro anterior, temos que Δd_M = 2 cm.

Os outros algarismos, marcados em vermelho, não têm significado físico e não podem ser considerados. Devemos, então, voltar ao valor médio da distância e descrevê-lo com o número correto de algarismos significativos. Como o desvio é de 2 cm, o algarismo duvidoso do valor médio é o 5, que está na casa dos cm. Os algarismos à direita da vírgula não têm significado e expressamos corretamente o valor médio como sendo d_M = 15 cm, com apenas dois algarismos significativos (o 1 na casa dos dm e o 5 na casa dos cm). Assim, podemos escrever o resultado da medida especificando o valor médio, com número correto de significativos, e seu erro como sendo $d = (15 \pm 2)$ cm.

A melhor maneira de designar a precisão de uma medida é usar o conceito de **desvio relativo**, que é a razão entre o desvio médio e o valor médio. A medida de uma pista de aeroporto de 2 km com um desvio de 2 cm é muito mais precisa do que a medida hipotética da régua mostrada no quadro. Quanto menor o desvio relativo, mais precisa será a medida. No caso da régua, o desvio é de 0,13 (ou 13%) e, no caso do aeroporto, o desvio seria de 0,00001 (ou 0,001%).

Reflexão

1. Determine seu tempo de reação usando o valor médio d_M da atividade e compare com o dos colegas.

2. Você acha que o tempo de reação para ver e agir com a mão deve ser o mesmo que o tempo para ver e agir com o pé? Por quê? Como você pode verificar isso?

3. Como esse tempo influencia as situações de segurança no trânsito? Pense num carro com uma velocidade de 72 km/h (20 m/s). Considerando o tempo entre ver e agir, que distância o carro percorre até que você pise no freio?

4. Se o motorista está com sono, cansado, drogado ou alcoolizado, o tempo de reação é maior e, com isso, o veículo percorrerá uma distância maior até parar. Se o tempo de reação for 30% maior, recalcule o resultado da questão anterior.

Na prática | Investigação

Força e movimento

Por meio de alguns testes com um carrinho, vamos explorar como as grandezas cinemáticas mudam quando uma força constante é aplicada sobre um objeto.

Material

- Tábua de 20 cm × 10 cm × 2 cm.
- Pedaço de madeira de 4 cm × 10 cm × 2 cm.
- 4 rodinhas ou quatro rodízios fixos.
- Parafusos e chave correspondente (para fixação das rodinhas).
- Gancho com rosca para madeira.
- Objetos que totalizem 2 kg (caixas de 1 L de leite ou suco, dois sacos de 1 kg de feijão, por exemplo).
- Régua de 30 cm.
- Espiral de plástico de 15 mm (usada em encadernações).

Atenção
Tenha cuidado ao manipular ferramentas pontiagudas.

O que fazer

1. Construa um carrinho de madeira fixando as rodas, o pedaço de madeira e o gancho, como mostra a figura.

Carrinho montado para a realização do experimento.

2. Coloque o carrinho em uma mesa comprida (de no mínimo 2 m) e, sobre ele, ponha a carga (os dois objetos de 1 kg). Dê um empurrão no carrinho e observe seu movimento.

3. Faça um gancho na espiral e prenda-o no gancho do carrinho. Posicione uma régua de 30 cm ao lado da espiral, como mostra a figura. Anote o comprimento da mola espiral sem esticá-la. Não é necessário usar toda a mola.

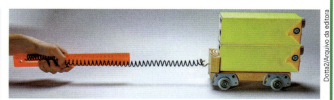

Posição da mão com a régua de referência e espiral (mola) engatada no carrinho.

4. Ainda segurando a régua, peça a um colega que mantenha preso o carrinho no início da mesa enquanto você estica a espiral levemente, apenas para deixá-lo reto. Quando o colega soltar o carrinho, você deverá puxá-lo pela espiral mantendo uma deformação maior do que a mostrada na figura anterior, porém uniforme, isto é, fazendo uma força constante ao longo do movimento de modo que o carrinho se movimente com velocidade constante. Tente algumas vezes, pois essa não é uma tarefa fácil! Utilizando a régua como referência, anote a medida que representa a deformação da mola que mantém o movimento uniforme.

5. Faça um desenho esquemático do carrinho, representando as forças que atuam nele nessa situação.

6. Repita o procedimento da etapa 4, mas com força mais intensa, isto é, deformando ainda mais a mola. O importante é que você observe o que acontece com a velocidade do carrinho à medida que ele é puxado com uma força constante. Anote o valor da deformação da mola espiral.

7. Por fim, reduza para 1 kg a massa da carga colocada sobre o carrinho. Repita o procedimento da etapa anterior, puxando o carrinho com a mesma força. Observe agora o que acontece com a velocidade do carrinho e a deformação da espiral.

Reflexão

1. Na etapa 4, que forças atuaram no carrinho para mantê-lo em movimento uniforme? (Lembre-se da primeira lei de Newton.) Nessa etapa, a força com que você puxou o carrinho pela mola espiral foi maior, menor ou igual à força de atrito?

2. Pelo que você observou na etapa 6, o que aconteceu com a velocidade do carrinho quando a força exercida pela mola espiral aumentou? Nesse caso, a resultante das forças sobre o carrinho foi zero? Como você classifica o movimento do carrinho nessa situação?

3. O que você observou sobre a velocidade do carrinho quando ele passou a ter massa menor?

37

A segunda lei de Newton

Vimos que, se um objeto apresenta movimento retilíneo uniforme (MRU), a soma de todas as forças que atuam sobre ele é nula. Por exemplo, se você empurra um carrinho de supermercado com MRU, a força que você exerce para mover o carrinho é exatamente igual à força de atrito que atua sobre ele.

Quando a força aplicada ($\vec{F}$) no carrinho é maior do que a força de atrito ($\vec{F}_{at}$) entre o carrinho e o solo, ele se desloca com aceleração constante.

Mas, se você aplica uma força maior do que a força de atrito e a mantém constante, a resultante das forças não será mais nula e a velocidade do carrinho vai aumentar gradativamente.

A **segunda lei de Newton** se aplica a situações como a discutida anteriormente, ou seja, se um objeto está sujeito a uma força resultante ($\vec{F}$) diferente de zero, vai adquirir uma aceleração ($\vec{a}$) inversamente proporcional a sua massa (m). Matematicamente, essa lei é expressa por:

$$\vec{F} = m \cdot \vec{a}$$

A unidade de massa no Sistema Internacional de Unidades é o **quilograma (kg)**. Outras unidades de massa são o **grama (g)** e a **tonelada (t)**. Uma tonelada equivale a mil quilogramas. A unidade da força no Sistema Internacional de Unidades é chamada **newton (N)**. A força resultante de 1 N é aquela que provoca uma aceleração de 1 m/s² quando atua sobre uma massa de 1 kg, ou seja, 1 N = 1 kg × 1 m/s². Outra unidade de força usada é o quilograma-força (kgf), e sua relação com o newton é dada por 1 kgf = 10 N.

A massa está relacionada com a inércia de um objeto, ou seja, com a capacidade de resistir a alterações na sua velocidade. Quanto maior a massa de um objeto, maior a força necessária para acelerá-lo.

Força peso

Para um corpo que cai de certa altura, desconsiderando a resistência do ar, a única força que atuará sobre ele é a força gravitacional, ou seja, a força que o planeta Terra exerce sobre ele, que chamamos de peso ($\vec{P}$). Enquanto o corpo cai, a força peso atua constantemente sobre ele, fazendo sua velocidade aumentar a cada instante. O corpo adquire uma aceleração que chamamos de aceleração gravitacional, designada pela letra g, cujo valor é aproximadamente 10 m/s² na superfície da Terra. Essa situação está representada na figura a seguir, que mostra uma maçã em queda livre.

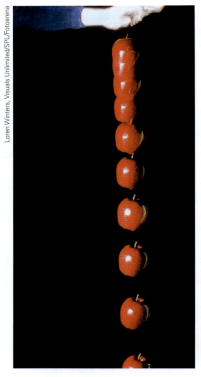

Desconsiderando a resistência do ar, a força resultante que atua em um objeto em queda livre, como a maçã da figura, é o peso ($\vec{P}$), que faz sua aceleração ser igual à aceleração da gravidade.

Aplicando a segunda lei de Newton para descrever objetos em queda livre, temos:

$$\vec{P} = m \cdot \vec{g}$$

O peso de uma pessoa cuja massa é de 60 kg, por exemplo, será 60 kg × 10 m/s² = 600 N.

Peso ou massa?

No dia a dia, muitas vezes atribuímos o mesmo significado aos termos massa e peso, mas, na Física, eles são bem diferentes. O peso é uma força, portanto, tem módulo, direção e sentido, e depende da aceleração gravitacional do planeta. Já a massa está relacionada à inércia do corpo, ou seja, à capacidade de resistir a alterações em sua velocidade. Além disso, a massa é uma propriedade do corpo, associada à quantidade de matéria que o compõe. A massa de um objeto não se modifica, por exemplo, se ele for colocado em planetas com aceleração da gravidade diferente da Terra. O peso, entretanto, se modifica.

Se você viajasse para a Lua, verificaria que o peso dos objetos nesse local seria diferente do peso deles na Terra, pois a força gravitacional seria diferente. Na Lua, a aceleração da gravidade é cerca de 1,6 m/s²; portanto, o peso de um corpo é aproximadamente $\frac{1}{6}$ de seu peso na Terra. A massa desse objeto, porém, permaneceria a mesma.

Um dinamômetro ou uma balança de mola levada para a Lua comprovaria esse fato. Se a força gravitacional é menor, a mola do equipamento se deformará menos e indicará um menor peso.

Já em uma balança de dois pratos, que mede a massa dos corpos, se obteria o mesmo valor na Terra e na Lua, pois uma força menor atuaria igualmente sobre os dois pratos da balança. Como mostra a figura ao lado, a força gravitacional é sempre atrativa.

A força peso ($\vec{P}$) é a força de atração gravitacional do planeta sobre um objeto. Os elementos não estão representados em proporção e distâncias. Cores fantasia.

Objeto sujeito a várias forças

Vamos analisar como aplicar a segunda lei de Newton a um objeto sujeito a várias forças. A figura mostra uma pessoa puxando uma caixa que está sobre uma mesa.

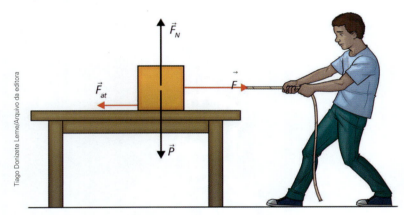

Diagrama de forças que atuam numa caixa puxada por uma pessoa.

As forças que atuam sobre a caixa são: o peso da caixa ($\vec{P}$), a força normal de sustentação do solo ($\vec{F}_N$), a força aplicada pela pessoa ($\vec{F}$) e a força de atrito ($\vec{F}_{at}$). Se a massa da caixa é 5,0 kg, a força aplicada nela é 60 N e a força de atrito é 40 N, qual é a aceleração da caixa?

Como $g = 10$ m/s², o peso da caixa será de 50 N e será anulado pela força normal (pois a caixa não está acelerada na vertical). Como a força aplicada pela pessoa (60 N) é maior do que a força de atrito (40 N), de sentido contrário, a força resultante será de 20 N, na direção horizontal e sentido à direita na figura.

Portanto, aplicando a segunda lei de Newton, teremos:

$$20 \text{ N} = 5{,}0 \text{ kg} \cdot a \Rightarrow a = \frac{20 \text{ N}}{5{,}0 \text{ kg}} = 4 \text{ m/s}^2$$

Se a pessoa aplica uma força constante de 60 N na caixa, a velocidade da caixa cresce 4 m/s a cada segundo.

Portanto, quando várias forças atuam sobre um objeto, para analisarmos seu estado, temos de somar vetorialmente essas forças. Como procedemos no exemplo da pessoa que puxa a caixa, é conveniente separar as somas vetoriais das forças que atuam na direção horizontal das que atuam na direção vertical.

Queda com resistência do ar

Em grande parte das situações, a queda livre é uma aproximação da realidade. Podemos desprezar a influência do ar no movimento dos objetos apenas em situações muito específicas.

Experimentos mostraram que a força de resistência do ar aumenta com a velocidade dos objetos. Quando um objeto é abandonado a partir do repouso de uma grande altura, inicialmente atua nele apenas seu peso. À medida que ele adquire velocidade, aparece a força de resistência do ar, que vai crescendo gradativamente. A partir do instante T, a resultante das forças que atuam no corpo é nula, e o corpo passa a cair em movimento retilíneo uniforme, com a velocidade limite (v_{lim}).

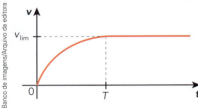

A força de resistência do ar depende de vários fatores, como a forma do objeto, sua constituição, a temperatura e a pressão do ar. Na prática de *wingsuit*, utiliza-se uma roupa para aumentar a superfície do corpo, que faz a resistência do ar aumentar e o praticante atingir mais rapidamente a velocidade limite.

Na prática de *wingsuit*, utiliza-se uma roupa cujo objetivo é aumentar a resistência do ar durante a queda.

Atividade

1. Uma bola de futebol cai a partir do repouso do alto de um edifício de 10 andares. Considerando a resistência do ar, alguns estudantes construíram diagramas das forças que atuavam na bola em momentos diferentes desde o repouso até segundos antes de atingir o solo, representados a seguir.

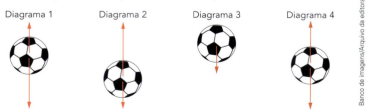

Diagrama 1   Diagrama 2   Diagrama 3   Diagrama 4

a) Todos os diagramas podem representar as forças que atuam na bola ao longo de sua queda?
b) Relacione os diagramas a momentos da queda da bola.

Na prática Investigação

Observação de movimentos com atrito

Vimos anteriormente diversas situações envolvendo a força de atrito: no movimento de um disco com balão cheio de ar, em objetos em repouso num plano inclinado, na queda de objetos pela resistência do ar. Para introduzir este tópico, vamos realizar uma atividade e investigar as particularidades das **forças de atrito**.

O comportamento da força de atrito é muito distinto para objetos em repouso ou em movimento. Você já deve ter notado que é mais difícil iniciar o movimento de uma caixa pesada arrastando-a do que manter seu movimento após iniciado. Nesta atividade, vamos observar o movimento de alguns objetos e analisar as características da força de atrito envolvida.

Material

- Bloco de madeira de 5 cm × 5 cm × 10 cm.
- Gancho com rosca.
- Mola espiral usada em encadernação de 1,5 cm de diâmetro.
- Régua de 30 cm.

O que fazer

1. Corte a espiral para obter uma mola com 15 cm de comprimento.
2. Encaixe o gancho de madeira no bloco.

Montagem do bloco de madeira com o gancho.

3. Coloque um bloco de madeira sobre uma superfície lisa e homogênea e prenda a mola no gancho. A superfície deve ser plana, sem sujeiras, gorduras e rugosidades – pode ser de fórmica ou de vidro, por exemplo.

4. Segure uma régua junto à mola, como mostra a figura, puxando-a lentamente, e verifique para qual comprimento da mola o bloco começa a se mover. Anote o valor desse comprimento.

Bloco sendo puxado por uma mola.

5. Depois que o bloco começar a se mover, tente puxá-lo de forma a manter um movimento com velocidade constante. Meça o valor do novo comprimento da mola e anote.

6. Coloque um peso sobre o bloco e repita as etapas 4 e 5. Anote os valores do comprimento da mola em cada caso.

7. Repita este experimento colocando o bloco sobre superfícies mais ásperas e compare o comprimento da mola em cada caso.

Reflexão

1. No início do experimento, quando o bloco estava sendo puxado com uma força menos intensa, ele não se movia. Que força impedia o movimento do bloco nesse momento?

2. No caso de uma mola, podemos usar sua elongação como medida da força que ela exerce. As forças de atrito que você mediu na etapa 4 são chamadas de força de atrito estático. Essas forças têm um valor fixo ou são variáveis? Elas têm um valor máximo?

3. Quando o corpo está em movimento, a força de atrito que atua sobre ele é a força de atrito cinético. Neste experimento, a força de atrito cinético foi maior, menor ou igual à força de atrito estático máxima?

4. Quando você acrescentou um peso sobre o bloco, o que aconteceu com a força de atrito estático? E com a força de atrito cinético?

5. Quando você mudou a superfície de contato, as forças de atrito se alteraram? Em que tipo de superfície elas foram maiores?

Forças de atrito

A força de atrito que vimos até agora é denominada **força de atrito de deslizamento** porque ocorre quando duas superfícies deslizam uma sobre a outra.

Força de atrito de rolamento

O atrito de rolamento ocorre quando objetos redondos ou cilíndricos rolam sobre uma superfície. Nos eixos das rodas de automóveis, de locomotivas e máquinas, usam-se os rolamentos para diminuir o atrito.

Diversos tipos de rolamento com esferas e cilindros.

Com esse dispositivo, o atrito entre o eixo e a roda deixa de ser de deslizamento e passa a ser de rolamento, que normalmente é menor do que o atrito de deslizamento.

Para diminuir ainda mais o atrito de rolamento, usam-se lubrificantes entre as esferas ou os cilindros, como as graxas e os óleos.

Na atividade *Observação de movimentos com atrito*, você pode ter notado que, quando um objeto é empurrado ou puxado sobre uma superfície e permanece em repouso, existe uma força de atrito atuando sobre ele. Essa força de atrito pode variar de um valor mínimo até um máximo, e esta última é chamada de **força de atrito estático máxima** (cujo valor é denotado por $f_{e_{máx}}$). Na atividade, ao aumentar a massa do sistema colocando outro objeto sobre o bloco, a $f_{e_{máx}}$ aumentou, pois esse acréscimo de massa fez aumentar a força que o bloco exerce sobre a superfície. Com isso, a força de reação que a superfície exerce sobre o bloco, denominada **normal** ($\vec{F}_N$), também aumentou. A $f_{e_{máx}}$ é proporcional à força normal.

Naquela atividade, você também pode ter notado que, quando a superfície fica mais áspera, $f_{e_{máx}}$ também aumenta. Essa característica, que é tanto da superfície como da face do bloco, é determinada pelo **coeficiente de atrito estático**, simbolizado pela letra grega mi (μ_e). Para dada força normal, quanto maior for o coeficiente de atrito, maior será a força de atrito. A equação que permite calcular a força de atrito estático máxima é:

$$f_{e_{máx}} = \mu_e \cdot F_N$$

O coeficiente de atrito estático é uma grandeza adimensional, isto é, não tem unidade de medida.

Suponha que um guarda-roupa, de massa 120 kg, encontra-se sobre uma superfície plana cujo coeficiente de atrito estático vale 0,4. Vamos calcular $f_{e_{máx}}$ para esse caso. Como o valor da força normal é igual ao peso do guarda-roupa, temos $F_N = P = m \cdot g$. Considerando $g = 10$ m/s^2, então $F_N = 120$ kg $\times$ 10 m/s^2 = 1 200 N. A força de atrito estático máxima será, então, $f_{e_{máx}} = \mu_e \cdot F_N = 0{,}40 \times 1\,200$ N = = 480 N.

Portanto, se uma pessoa empurrar o guarda-roupa com uma força de 400 N, ele permanecerá parado e a força de atrito estático que estará atuando nele valerá 400 N. Se a pessoa aumentar a força para 450 N, o guarda-roupa continuará parado e a força de atrito estático será 450 N. E assim por diante até chegar ao valor de 480 N. Se a pessoa exercer uma força maior do que 480 N, o armário começará a se mover e, nesse caso, a força de atrito cinético é que passará a atuar.

Pessoa exercendo força para mover um armário.

Na atividade *Observação de movimentos com atrito*, você pode constatar que a força para manter o bloco em movimento foi menor que $f_{e_{máx}}$. Essa força, que atua quando o objeto se move, é denominada **força de atrito cinético** ($\vec{f}_c$). Da mesma forma que a $f_{e_{máx}}$, ela é proporcional à força normal $\vec{F}_N$ e às características das duas superfícies, descritas pelo coeficiente de atrito cinético (μ_c). A força de atrito cinético é dada por:

$$f_c = \mu_c \cdot F_N$$

A força de atrito cinético entre duas superfícies é sempre menor que a força de atrito estático máxima: $f_c < f_{e_{máx}}$. Portanto, $\mu_c < \mu_e$.

O quadro a seguir mostra valores aproximados de μ_e e μ_c para alguns pares de superfícies.

Valores aproximados de coeficiente de atrito entre alguns materiais		
Materiais	Estático (μ_e)	Cinético (μ_c)
Aço com aço	0,74	0,57
Alumínio com aço	0,61	0,47
Cobre com aço	0,53	0,36
Vidro com vidro	0,94	0,40
Cobre com vidro	0,68	0,53
Borracha com concreto (seco)	1,0	0,80
Borracha com concreto (molhado)	0,30	0,25

YOUNG, H.; FREEDMAN, R. *Física I*. 12. ed. São Paulo: Addison Wesley, 2008. p. 149.

O entendimento sobre a origem do atrito é um assunto muito desafiador porque diferentes tipos de efeito ocorrem em escalas de tamanho diferentes.

Nos casos mostrados abaixo, o atrito é influenciado principalmente pela rugosidade de uma ou das duas superfícies, na escala macroscópica, isto é, na escala de objetos que podem ser enxergados sem o auxílio de instrumentos.

Em muitos tipos de material, é possível fazer com que suas superfícies sejam bastante planas, com pouca rugosidade. No entanto, embora elas pareçam planas em escala macroscópica, elas não o são realmente em escala menor, da ordem de micrômetros (da ordem de 10^{-6} m).

Em um campo de grama, os jogadores precisam de chuteiras com travas para aumentar o atrito.

Para jogar em uma quadra de madeira, é mais conveniente um calçado com sola de borracha.

A situação retratada a seguir representa a interação entre as superfícies de dois objetos.

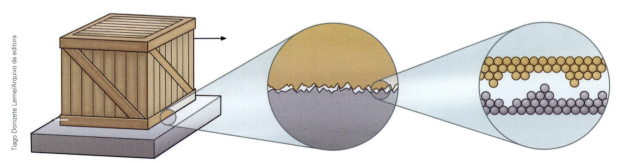

Representação da interação entre as superfícies de dois objetos, com destaque para a interação entre as partículas que constituem os materiais. Os elementos não estão representados em proporção. Cores fantasia.

Podemos agora considerar uma escala de tamanho ainda menor, da ordem de nanômetros (10^{-9} m), para analisar o que acontece nos pontos de contato das rugosidades microscópicas. Nessa escala, a matéria é granulada e os efeitos atômicos já são importantes. O estudo do atrito em escalas muito pequenas é chamado **nanotribologia**.

Atualmente existem equipamentos, como os **microscópios de varredura por sonda**, que permitem estudar o atrito na escala nanométrica. Usando pontas muito finas que varrem uma superfície, esses equipamentos medem as forças normais e tangenciais dessas pontas contra a superfície.

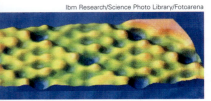

Acima, micrografia colorida da estrutura atômica de uma superfície de silício obtida pela técnica de microscopia de varredura por sonda. Por meio dessa técnica, os cientistas são capazes de obter ampliações com grande magnitude, sendo possível visualizar inclusive átomos individuais de silício.

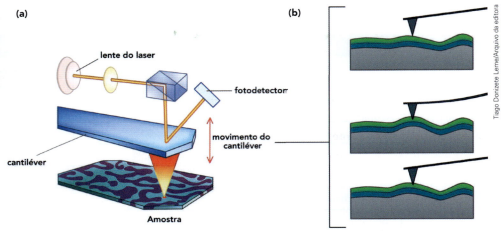

Representação esquemática do funcionamento do microscópio de varredura por sonda (a). Durante o escaneamento, a interação entre a sonda e a amostra movimenta o cantiléver (b). A leitura dessa oscilação é traduzida em uma imagem. Os elementos não estão representados em proporção. Cores fantasia.

Quando movemos uma superfície contra a outra, o atrito resulta na dissipação de energia. O que significa realmente dissipar energia? Sabemos que, numa escala muito pequena, os materiais são formados por átomos, que estão vibrando moderadamente à temperatura ambiente. Quando movemos uma superfície contra a outra, os movimentos de solavancos devidos às rugosidades das superfícies fazem os átomos das duas superfícies vibrarem com maior intensidade. Esse aumento das vibrações atômicas faz as superfícies ficarem mais quentes. Dizemos que essa energia foi dissipada porque não podemos mais usá-la para colocar um corpo em movimento.

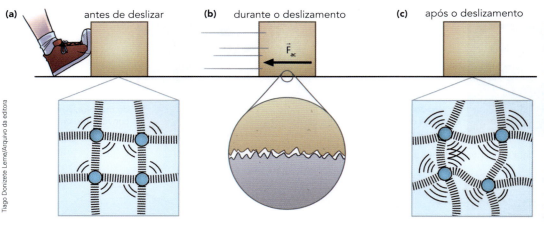

(a) À temperatura ambiente, as partículas que compõem a superfície vibram.
(b) A interação entre a superfície do solo e a do bloco faz com que ele desacelere.
(c) Parte da energia de movimento do bloco é transferida para as partículas do solo, aumentando sua energia de vibração. Os elementos não estão representados em proporção. Cores fantasia.

Existem situações em que a força de atrito é indesejável e outras em que é imprescindível. Na operação de máquinas, por exemplo, deseja-se diminuir ao máximo o atrito, pois ele faz a energia ligada ao movimento se transformar em energia térmica e, com isso, consome-se mais combustível ou energia elétrica. Em contrapartida, para que possamos nos mover de um lugar para outro, a força de atrito tem papel fundamental. Sem ela, ficaríamos como na superfície de um lago congelado ou de um piso liso ensaboado, tentando dar passos que não nos deslocam, mas nos fazem escorregar sem sair do lugar.

Atividades

1. Cite algumas situações do cotidiano para as quais a força de atrito é útil.
2. Cite exemplos de situações do cotidiano nas quais se tenta eliminar a força de atrito.
3. No momento em que um carro consegue fazer uma curva, a força de atrito responsável por esse movimento curvilíneo é estática ou cinética?
4. A aquaplanagem ocorre quando os pneus de um veículo perdem contato com o solo ao passar por uma fina camada líquida. Pesquise os cuidados que um motorista deve ter para evitar a aquaplanagem. Em seguida, produza um pequeno texto explicando a relação entre esses cuidados e o papel da força de atrito no movimento do carro.

Na prática — Investigação

Fazendo curvas

Os modelos do Sistema Solar de Ptolomeu (geocêntrico) e de Copérnico (heliocêntrico) assumiam que os planetas giravam, respectivamente, em torno da Terra e em torno do Sol em órbitas circulares ou ligeiramente elípticas. Contudo, não se compreendia de que maneira um objeto celeste podia girar em torno de outro.

Quando estamos andando de carro ou de ônibus e estes fazem uma curva, parece que seremos lançados para fora. Isso acontece por causa da inércia, tendência de permanecer no mesmo movimento em que estávamos antes de o veículo fazer a curva. O que é necessário para que façamos a curva juntamente com o veículo?

Nesta atividade, vamos iniciar o raciocínio que responderá a essa pergunta.

Material

- Carrinho a pilha que se move com velocidade constante.
- Pedaço de barbante de 50 cm.
- Espiral de encadernação de 1 cm de diâmetro.

O que fazer

1. Ao ligar o carrinho, ele deve se movimentar em linha reta e com velocidade constante. Se o carrinho tiver uma rodinha girante embaixo, você deve fixá-la com fita adesiva para que o carrinho não gire sozinho.

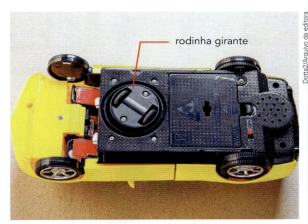

Carrinho a pilha com mecanismo de rotação.

2. Amarre o barbante na lateral do carrinho e deixe-o solto por enquanto. Ligue o carrinho e observe seu movimento retilíneo uniforme.

3. Em determinado momento, com o carrinho em movimento, prenda o barbante com o dedo e observe a trajetória realizada pelo carrinho.

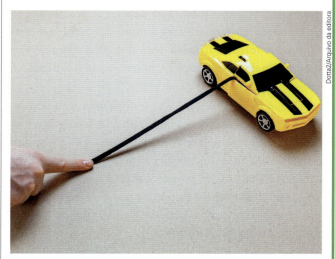

Prenda o barbante com o dedo e observe a trajetória do carrinho.

4. Depois, solte o dedo que prende o barbante e verifique como será o movimento do carrinho.

5. Troque o barbante pela mola espiral e repita a etapa 3. Verifique, nesse caso, qual foi a distensão da mola e o movimento do carrinho.

6. Agora, puxe mais a mola, aumentando sua distensão, e coloque o carrinho em movimento. Observe o que ocorre com a trajetória do carrinho.

Reflexão

1. Quais são as forças que atuam no carrinho quando ele está em MRU? O carrinho está acelerado nessa situação?
2. O que foi necessário acontecer para que o carrinho executasse uma trajetória circular?
3. Quando a força do barbante está atuando no carrinho, ele tem aceleração?
4. Quando está se movendo em uma trajetória circular e você solta o barbante, como é o movimento do carrinho?
5. Uma linha tangente a um círculo toca esse círculo em apenas um ponto. Depois que você soltou o barbante, a trajetória do carrinho é uma linha tangente?
6. Por que a curva em que o carrinho se movia ficou mais fechada quando você puxou mais a mola?

Forças no movimento circular

Na etapa 2 da atividade, quando o carrinho estava em MRU, a resultante (ou soma vetorial) das forças que atuavam nele era nula. Porém, quando o barbante foi fixado com o dedo, passou a atuar sobre ele uma força na direção do barbante e apontada para o centro da curva, que chamamos de **força centrípeta**. Essa força não altera o valor do módulo da sua velocidade, porém muda sua direção e seu sentido.

Assim como a força, a velocidade é uma grandeza vetorial e tem módulo, direção e sentido. Mesmo que o módulo da velocidade permaneça constante no movimento circular, como no caso da figura a seguir, sua direção e seu sentido mudam. Assim, podemos afirmar que o carrinho da atividade que você realizou, assim como os exemplos dados no vídeo, apresenta uma aceleração, chamada, nesse caso, de **aceleração centrípeta**.

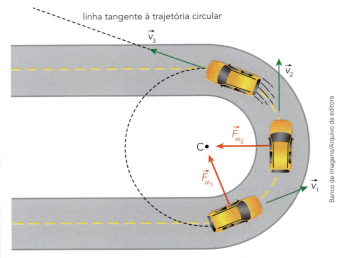

Efeito na trajetória de um carro em movimento circular com velocidade de módulo constante quando a força centrípeta deixa de atuar, fazendo o carro sair da pista pela tangente à curva. Os elementos não estão representados em proporção. Cores fantasia.

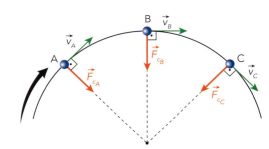

Representação esquemática de movimento circular com velocidade de módulo constante. Os vetores velocidade e força foram representados para os pontos A, B e C da trajetória.

Outro exemplo da atuação de uma força centrípeta é o lançamento de martelo por um atleta. Quando ele está girando a esfera (martelo), sua força muscular atua esticando o cabo como uma força centrípeta. No momento em que solta a esfera, esta sai pela tangente à trajetória circular que descrevia e é lançada para longe.

Vimos, pela segunda lei de Newton, que a resultante das forças que atuam em um objeto produz sobre ele uma aceleração, que se relaciona pela equação $\vec{F} = m \cdot \vec{a}$. Assim, a aceleração centrípeta tem origem na força centrípeta, como pode ser visto na figura anterior. No caso do movimento circular uniforme (MCU), que recebe esse nome porque o módulo da velocidade permanece constante, podemos escrever a segunda lei de Newton na forma:

$$\vec{F_c} = m \cdot \vec{a_c}$$

em que $\vec{F_c}$ e $\vec{a_c}$ designam, respectivamente, a força e a aceleração centrípeta, que têm mesma direção e mesmo sentido.

Quando a força centrípeta deixa de atuar no objeto em movimento circular uniforme (como quando um carro perde a aderência em uma curva), ele sai pela tangente ao círculo no ponto em que estava e passa a se mover em linha reta. A figura a seguir representa essa situação.

Atleta realizando o lançamento do martelo em prova de atletismo.

O módulo da aceleração centrípeta (a_c) depende do módulo da velocidade do corpo (v) e do raio (R) da curva e é dado por:

$$a_c = \frac{v^2}{R}$$

Essa expressão pode ser deduzida, mas requer cálculos complexos, que fogem ao escopo deste texto. No entanto, podemos fazer uma análise qualitativa para entendê-la melhor. Podemos perceber que, quanto maior o módulo da velocidade v, maior será a aceleração centrípeta a_c. E, quanto mais fechada for a curva, ou seja, quanto menor o raio R de curvatura, maior será a aceleração centrípeta.

Para entender o fato de a aceleração centrípeta ser proporcional à velocidade, pense na situação do atleta: quanto maior for a velocidade que ele imprimir à esfera, maior terá de ser a força necessária para manter o martelo na trajetória circular. No entanto, a equação mostra que a aceleração depende do quadrado da velocidade, isto é, se dobrarmos a velocidade do objeto, sua aceleração centrípeta ficará quatro vezes maior. A equação também mostra que a aceleração centrípeta é inversamente proporcional ao raio do círculo. Na atividade *Fazendo curvas*, foi possível verificar que, aumentando a força que puxava o carrinho, o raio do círculo diminuía.

Podemos obter uma expressão para o módulo da força centrípeta (F_c) substituindo a expressão para o módulo da aceleração centrípeta (a_c) na segunda lei de Newton:

$$F_c = m \cdot a_c = \frac{m \cdot v^2}{R}$$

Vamos calcular a força centrípeta que o atleta faz no lançamento do martelo. Essa modalidade esportiva usa uma esfera de aço ou bronze com massa de 7,2 kg para homens e 4 kg para mulheres. O conjunto esfera, cabo e manopla forma uma unidade de comprimento máximo de 1,2 m. Anita Włodarczyk (1985-) é uma atleta polonesa que, em 2016, bateu recorde do lançamento do martelo com a distância de 82,98 m. Para alcançar essa distância, a velocidade de lançamento do martelo foi de aproximadamente 28 m/s. Substituindo esses valores na equação, Anita fez sobre o cabo uma força de:

$$F_c = \frac{m \cdot v^2}{R} = \frac{4 \text{ kg} \times (28 \text{ m/s})^2}{1,2 \text{ m}} \cong 2\,613 \text{ N}$$

Em algumas situações, a força centrípeta se apresenta como resultante de duas ou mais forças. Uma dessas situações ocorre no movimento de motocicletas na atração chamada de "globo da morte". A moto gira dentro de uma esfera constituída de telas resistentes, de forma que o público possa ver seu movimento. Depois de dar algumas voltas pelas laterais do globo e ganhar velocidade, a(s) moto(s) passa(m) a executar movimentos por todo o globo, como mostra a figura a seguir.

Atração "globo da morte". Os motociclistas que realizam essas manobras são treinados e utilizam equipamentos de segurança.

Agora veja o diagrama das forças que atuam em uma das motos, em duas posições do globo.

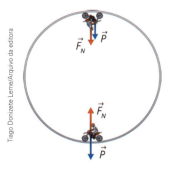

Diagrama das forças que atuam em cada uma das motos. Os elementos não estão representados em proporção.

A moto em movimento dentro do globo está sujeita a duas forças: o peso da moto somado ao do motociclista (sempre na vertical e para baixo) e a força normal que a superfície exerce sobre ela (sempre perpendicular à superfície). Quando a moto passa pela parte inferior do globo, o módulo da força centrípeta será $F_c = F_N - P$, para que a resultante dessas forças esteja dirigida para o centro. No ponto mais alto do globo, as duas forças têm o mesmo sentido, e, assim, o módulo da força centrípeta será a soma das duas: $F_c = F_N + P$. Existe uma velocidade mínima para que a moto passe pelo ponto mais alto. Ao diminuir gradativamente sua velocidade, a força normal vai diminuindo, e, quando ela for nula, a moto praticamente não toca a superfície e estará sujeita apenas ao peso da moto e do motociclista.

Outra situação em que a atuação da força centrípeta é fundamental é quando um automóvel faz uma curva. Nessa situação, a força centrípeta é a força de atrito. Sem a força de atrito, não teria como os automóveis se moverem ou fazerem curvas, pois, para realizar uma curva, os pneus do carro não podem deslizar sobre a via. Se o automóvel está numa trajetória curvilínea e não está derrapando, a força de atrito dirigida para o centro da curva é uma força de atrito estático.

Toda força de atrito estático tem um valor máximo, acima do qual o corpo começa a deslizar. Assim, se o carro estiver com uma velocidade excessiva, a força de atrito não será mais estática, e o carro vai derrapar na curva.

Para aumentar a segurança nas estradas, os engenheiros propõem construir curvas inclinadas e não planas. Essa proposta justifica-se porque, em uma estrada inclinada, uma componente da força normal se soma à força de atrito, tornando a força centrípeta maior e possibilitando que o veículo faça uma curva com segurança mesmo em velocidade alta.

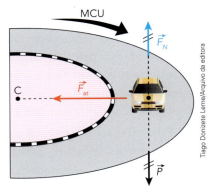

Diagrama de forças para um carro em trajetória curvilínea. Os elementos não estão representados em proporção.

É importante dizer que toda a análise que fizemos até aqui é válida quando consideramos um sistema referencial inercial, isto é, que esteja em repouso ou em movimento retilíneo com velocidade constante. No entanto, quando estamos dentro de um carro fazendo uma curva, nosso referencial é o do carro, que está sofrendo a aceleração centrípeta. Dessa forma, nosso referencial passa a ser não inercial, e a descrição das forças é bem mais complexa. Chamamos de **força centrífuga** a força aparente que ocorre em um referencial em movimento circular. Essa força não existe em um referencial inercial, como o de quem está fora do carro.

Atividades

1. Mencionamos no texto que existe uma velocidade mínima para que a motocicleta faça a curva no ponto mais alto do globo da morte. Nessa velocidade mínima, a motocicleta deixa de tocar a superfície do globo e, portanto, a força centrípeta é simplesmente o peso do conjunto motocicleta e motociclista, pois a força normal deixa de atuar. Considerando que, em um globo da morte, o raio seja igual a 2,5 m, determine essa velocidade mínima.

2. A velocidade com que um carro entra em uma curva e o valor do coeficiente de atrito entre seus pneus e o asfalto são fatores determinantes para que ele consiga permanecer na curva. Em uma curva plana, a força de atrito estático é a força centrípeta que mantém o carro na curva.

   a) Suponha que um carro entre em uma curva plana com raio igual a 200 m, com uma velocidade de 120 km/h. Considere que o coeficiente de atrito estático entre a borracha e o asfalto seco seja 1,0. O carro consegue fazer a curva?

   b) Se a estrada estiver molhada, o coeficiente de atrito entre os pneus e o asfalto cai para 0,3. Nessas condições, qual é a velocidade máxima que o carro deveria ter para fazer essa curva?

Na prática | Investigação

Ação e reação

Vimos que a força de atrito é importante para nosso movimento cotidiano. Ao andarmos, por exemplo, aplicamos uma força no solo, e o solo aplica uma força de mesmo módulo, mas de sentido contrário, em nós. É essa força que nos impulsiona para andarmos. Será que, para toda força exercida, sempre existe uma contrapartida, como nesse exemplo do atrito?

Nesta atividade, vamos investigar os pares ação e reação de forças para responder à questão colocada acima.

Material

- Balança digital de cozinha.
- Cola quente ou fita adesiva.
- 8 tampas de garrafa PET.
- 2 pedaços de papelão de 12 cm × 6 cm.
- 4 pedaços de canudinho de refresco de 6,5 cm de comprimento.
- 4 pedaços de arame de 7,5 cm de comprimento com diâmetro menor que o do canudinho.
- 2 pedaços de 9 cm de comprimento de tubo de PVC de 20 mm de diâmetro.
- Pedaço de espiral plástica de 17 cm de comprimento.

Materiais destinados à montagem dos carrinhos.

O que fazer

1. Encaixe cada pedaço de arame em uma tampa de garrafa PET previamente furada pelo professor.

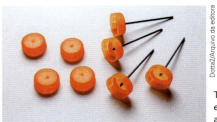

Tampas furadas e encaixadas no arame.

2. Utilizando a cola quente ou a fita adesiva, fixe os pedaços de canudinho de refresco a 2 cm das extremidades do papelão.

Canudinhos colados ao papelão.

3. Passe o arame com uma tampa de PET pelo canudinho e encaixe a outra tampa na outra extremidade. Depois, utilizando a cola quente ou a fita adesiva, feche uma das extremidades do tubo de PVC e fixe-o na parte superior do carrinho.

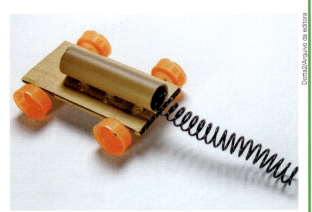

Atenção
Tenha muito cuidado ao manipular objetos perfurantes e a cola quente.

49

Na prática

4. O outro carrinho deve ser semelhante ao mostrado no item anterior, de modo que se possa considerar que tenham a mesma massa. Faça um teste para verificar se os dois deslizam com a mesma facilidade sobre o chão (isso é importante).

5. Passe fita adesiva na boca do tubo de um dos carrinhos para fechá-la e encaixe a espiral no interior do tubo do outro carrinho.

6. Posicione um carrinho bem em frente ao outro, de modo que a espiral fique completamente comprimida. Faça uma marcação no chão para registrar a posição inicial dos carrinhos.

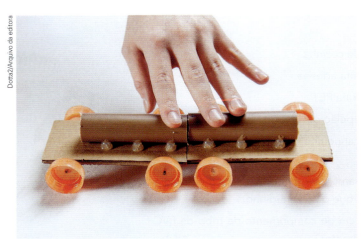

Configuração para investigar as forças trocadas pelos carrinhos

7. Abandone os dois carrinhos simultaneamente e observe o que acontece. Meça as distâncias percorridas pelos carrinhos e registre-as no caderno. Repita esse procedimento algumas vezes e faça uma média dos valores das distâncias percorridas pelos dois carrinhos.

8. Usando fita adesiva, prenda alguns objetos a um dos carrinhos, de modo a dobrar sua massa.

9. Repita o passo 7 para essa nova situação. Faça uma média das distâncias percorridas pelos carrinhos.

Reflexão

1. Assim que você liberou os carrinhos, na etapa 7, eles começaram a se mover. Qual foi o agente responsável por produzir esse movimento?

2. Os carrinhos se movem na mesma direção? Eles se movem no mesmo sentido?

3. A espiral exerce força sobre um único carrinho ou sobre os dois? Que evidência sustenta sua resposta?

4. Ambos os carrinhos são acelerados pela força exercida pela espiral?

5. Na etapa 7, as distâncias percorridas pelos dois carrinhos são aproximadamente iguais ou são diferentes?

6. Com base na resposta anterior, o que você pode dizer sobre as forças que atuam sobre os dois carrinhos: são aproximadamente iguais ou são diferentes?

7. Como se comparam as distâncias percorridas pelos dois carrinhos na etapa 9, em que um deles tinha massa duas vezes maior que o outro? Como você interpreta esse resultado?

A terceira lei de Newton

A atividade evidenciou um aspecto importante da atuação das forças sobre os objetos: as forças sempre aparecem aos pares. Uma força é sempre a ação de um objeto sobre outro. Porém, ao receber a ação de uma força, um objeto reage sobre aquele que lhe aplicou a força. Essa reação é também uma força de mesmo módulo, atuando na mesma direção, mas no sentido contrário à ação que recebeu. Esse é o assunto da terceira lei de Newton.

Podemos enunciar a **terceira lei de Newton**, ou **lei da ação e reação**, da seguinte maneira:

> Se um objeto A exerce uma força sobre um objeto B, este reage e exerce sobre o primeiro uma força de mesmo módulo, mesma direção, mas de sentido oposto. Matematicamente, escrevemos:
> $$\vec{F}_{AB} = \vec{F}_{BA}$$

A figura a seguir representa esquematicamente as forças que os carrinhos exerceram um sobre o outro após serem abandonados. A mola do carrinho 1, ao relaxar, exerce uma força $\vec{F}_{12}$ sobre o carrinho 2. Mas, ao empurrar o carrinho 2, ele reage empurrando a mola no sentido oposto, que, por estar presa ao carrinho 1, lhe transmite força. Portanto, a força $\vec{F}_{21}$ é a reação do carrinho 2 sobre o carrinho 1. O resultado, como você pôde ver na atividade, foi o movimento de ambos os carrinhos em sentidos opostos.

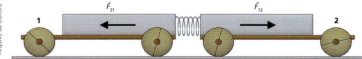

Os carrinhos se movimentam sob a ação de forças de sentidos opostos.

O fato de os deslocamentos dos carrinhos na etapa 9 terem sido diferentes não significa que as forças tenham sido diferentes. Por constituírem pares de ação e reação, as forças continuam iguais em módulo. No entanto, como a massa de um dos carrinhos era maior, a aceleração produzida nele foi menor, como estabelecido pela segunda lei de Newton. Recebendo uma aceleração menor, o carrinho de maior massa se deslocou menos. De fato, depois que os carrinhos começam a se mover, a força de atrito com o chão faz com que eles se desloquem uma certa distância e, depois, parem. O carrinho que inicia com a maior aceleração acaba se deslocando mais.

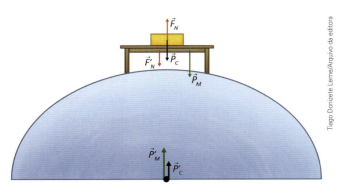

Diagrama de forças para uma caixa que se encontra sobre uma mesa na superfície terrestre. Os elementos não estão representados em proporção e distâncias. Cores fantasia.

Pela representação da figura esquemática acima, podemos ver que os pares de ação e reação atuam em corpos diferentes. Se a ação atua em um corpo, necessariamente a reação estará sobre o outro envolvido na interação. Observe a figura acima, que representa uma caixa sobre uma mesa na superfície terrestre com a indicação de alguns pares de ação e reação.

As forças $\vec{P}_C$ e $\vec{P}'_C$ formam um par de ação e reação: $\vec{P}_C$ é a força peso com que a Terra atrai a caixa. A caixa reage, atraindo a Terra com uma força $\vec{P}'_C$, de mesmo módulo, mesma direção e sentido oposto à $\vec{P}_C$. A força $\vec{F}_N$ que atua sobre a caixa é exercida pela superfície da mesa em reação à compressão $\vec{F}'_N$ que a caixa exerce sobre essa mesma superfície. Por fim, estão representadas também as forças $\vec{P}_M$ (peso da mesa – força com que a Terra atrai a mesa) e $\vec{P}'_M$ (reação da mesa sobre a Terra). Note que todos os pares de ação e reação atuam em corpos diferentes e, portanto, nunca se anulam.

Atividades

1. Para andar, uma pessoa empurra o chão para trás com seus pés. Essa força ($\vec{F}$) está representada na figura a seguir. De acordo com a terceira lei de Newton, o chão empurra os pés da pessoa para a frente. Reproduza esse esquema no caderno e desenhe a reação à força que a pessoa exerce sobre o chão.

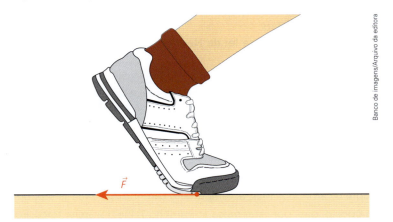

Representação esquemática de uma pessoa "empurrando o chão com um dos pés" ao andar.

2. Um jogador de futebol exerce uma força de 120 N ao chutar uma bola. Sobre essa situação, responda às questões a seguir.

a) Qual é o valor da reação a essa força?

b) Qual é o objeto que exerce essa reação?

c) Onde está aplicada essa reação?

3. As ilustrações a seguir mostram duas situações em que uma força é exercida sobre uma caixa. Em A, a caixa se move com velocidade constante para a direita devido à atuação da força de atrito. Em B, a caixa está em repouso. Reproduza os esquemas em uma ferramenta de desenho livre, ou mesmo no caderno, e desenhe todos os pares de ação e reação nos corpos.

A

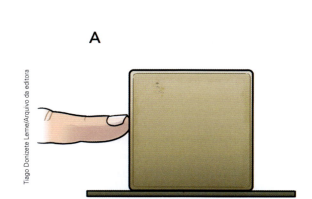

Representação esquemática de um dedo aplicando uma força lateral sobre a caixa.

B

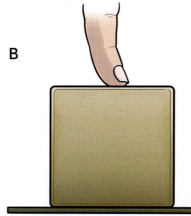

Representação esquemática de um dedo aplicando uma força sobre a face superior da caixa.

52

Momento linear e sua conservação

É possível que você já tenha passado pela experiência de pegar objetos que foram lançados em sua direção. Quando o objeto tem massa pequena, como um molho de chaves, e sua velocidade não é muito grande, não temos dificuldade em pegá-lo. Contudo, se a massa é grande, a dificuldade para pegar o objeto aumenta. E torna-se ainda maior se o objeto tiver massa e velocidade maiores.

Isso se deve a uma grandeza relacionada aos movimentos dos objetos denominada **momento linear** – ou quantidade de movimento –, representada por $\vec{p}$. O momento linear $\vec{p}$ de um corpo de massa m e velocidade $\vec{v}$ é dado por:

$$\vec{p} = m \cdot \vec{v}$$

Sendo a massa dada em kg e a velocidade em m/s, a unidade de medida do momento linear é kg · m/s. O momento linear é uma grandeza vetorial com a mesma direção e o mesmo sentido do vetor velocidade do objeto.

O momento linear é bastante útil no estudo das interações entre dois ou mais objetos, como nas colisões de partículas atômicas ou entre veículos ou mesmo entre bolas numa mesa de bilhar. Esse conceito também é útil para explicar o movimento de foguetes no espaço, de aviões no ar e de barcos sobre a água.

Na atividade *Ação e reação*, dois carrinhos interagiram entre si por meio de uma mola que, ao ser descomprimida, fez com que eles se movessem em sentidos opostos. Verificamos que as velocidades dos carrinhos eram aproximadamente as mesmas quando as massas eram iguais. Em contrapartida, quando um deles tinha o dobro da massa do outro, sua velocidade era a metade. Esse resultado pode ser interpretado em termos do conceito de momento linear.

Antes de serem abandonados, os dois carrinhos estavam em repouso; portanto, suas velocidades e seus momentos lineares eram nulos. O momento total do sistema formado pelos dois carrinhos era igual a zero.

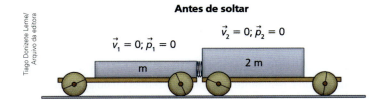

Representação esquemática do momento linear e da velocidade antes do relaxamento da mola que está entre eles.

Após serem soltos, ambos ganharam velocidade e se deslocaram em sentidos opostos, mas a velocidade de um deles foi o dobro da do outro. O carrinho de menor massa passou a ter momento linear de módulo $p_1 = m \cdot v$. Já o carrinho com o dobro da massa tem momento linear de módulo $p_2 = 2m \cdot \frac{v}{2}$. Note que os momentos adquiridos por cada carrinho são iguais em módulo. Porém, como o momento é um vetor com a mesma direção e sentido da velocidade, $\vec{p}_1$ e $\vec{p}_2$ apontam em sentidos opostos, como mostra a figura a seguir.

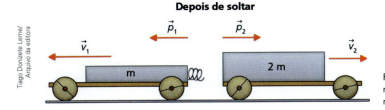

Representação esquemática do momento linear e depois do relaxamento da mola.

A soma vetorial dos momentos dos carrinhos depois de entrarem em movimento é zero. Podemos afirmar, então, que o momento linear total dos dois carrinhos antes e depois da interação se conservou, ou seja, manteve o valor, no caso, zero.

A conservação do momento linear é um aspecto fundamental da Física. Podemos enunciar o princípio da conservação do momento linear da seguinte maneira:

> Se a resultante das forças externas que atuam sobre um sistema for nula, então o momento linear total desse sistema se conserva.

Considere a situação em que um homem e um garoto sem patins encontram-se parados sobre uma pista de gelo, um próximo do outro. Uma forma de se movimentarem é um empurrando o outro, como mostra a figura a seguir.

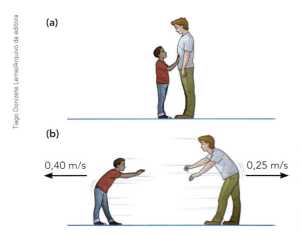

Garoto e homem em repouso sobre o gelo (a). Após se empurrarem, eles se movimentam em sentidos opostos (b): o menino a 0,40 m/s e o homem a 0,25 m/s. Os elementos não estão representados em proporção. Cores fantasia.

Suponha que o homem tenha uma massa de 80 kg e o garoto, de 50 kg. Considere o sistema formado pelo homem e pelo garoto. Como o momento linear total inicial é nulo, pois ambos estavam parados, o momento linear total também deverá ser nulo após o empurrão (que é uma força interna do sistema considerado). Para isso, o momento linear de cada um será igual, porém com sentidos opostos. Vamos calcular esses valores:

$p_H = m \cdot v_H = 80 \text{ kg} \times 0{,}25 \text{ m/s} = 20 \text{ kg} \cdot \text{m/s}$

$p_G = m \cdot v_G = 50 \text{ kg} \times 0{,}40 \text{ m/s} = 20 \text{ kg} \cdot \text{m/s}$

em que p_H e p_G são os momentos lineares do homem e do garoto, respectivamente. Portanto, após o empurrão, eles apresentam momentos lineares de mesmo módulo, mesma direção, mas sentidos opostos, ou seja, o momento linear total do sistema permanece nulo. Isso ocorreu porque a resultante das forças externas foi nula. A conservação do momento linear é o princípio de funcionamento do movimento de um foguete, tanto em seu lançamento quanto em seu deslocamento no espaço.

A queima do combustível nos foguetes produz gases que são ejetados a altas velocidades, fazendo-os se deslocarem. Como o gás é leve, deve ser lançado para trás com alta velocidade a fim de que passe a ter um momento linear grande – o foguete terá o mesmo momento linear para o sentido oposto ao do gás, mas, como sua massa é grande, vai se mover com velocidade menor do que a do jato de gás.

A conservação do momento linear é fundamental para os lançamentos de foguetes. Na fotografia, lançamento do foguete Gaofen-9-03 em Jiuquan, China, 2020.

Um avião consegue aumentar sua velocidade no ar de forma semelhante ao foguete. Suas hélices, que são constituídas de lâminas encurvadas, ao girarem, lançam o ar para trás, e o ar, por reação, empurra o avião para a frente.

Avião a hélice em voo.

O jogo de sinuca (ou bilhar) é um ótimo exemplo para explicarmos a conservação do momento linear em duas dimensões. Quando jogamos uma bola contra outra que está em repouso, e se a colisão entre elas não for exatamente frontal, uma delas pode se mover para a direita e a outra para a esquerda. Nesse caso, precisamos considerar o caráter vetorial do momento linear e tratar da sua conservação em duas dimensões.

No início, o jogador envia a bola branca contra várias bolas que estão em repouso, fazendo com que, depois do choque, as bolas passem a se mover em diferentes direções. Antes da colisão, o momento linear total era apenas devido ao movimento da bola branca em dada direção. Depois da colisão, todas as bolas adquirem momento linear, mas a soma vetorial de todos os momentos lineares deve se conservar e ser igual ao momento linear da bola branca antes da colisão.

A soma vetorial do momento linear de todas as bolas da mesa após a colisão deve ser igual ao momento linear da bola branca antes da colisão.

Atividades

1. Imagine dois carrinhos em repouso, ligados por uma linha e por uma mola leve comprimida entre os dois.

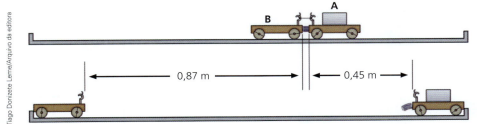

Representação esquemática de dois carrinhos.

Quando a linha é queimada, os carrinhos movimentam-se numa superfície sem atrito e batem simultaneamente nos anteparos fixados nas extremidades da mesa. O carrinho **A** move-se 45 cm e o **B**, 87 cm.

a) Considere o sistema constituído pelos carrinhos e pela mola. Há conservação do momento linear nesse sistema? Justifique.

b) Após a linha ser queimada, a velocidade do carrinho **B** é quantas vezes maior que a do **A**?

c) A massa do carrinho **A** é quantas vezes maior que a do **B**?

55

Atividades

2. Um garoto de 40 kg correndo a 36 km/h (10 m/s) salta sobre um *skate* inicialmente parado de massa 5 kg. Qual é a velocidade dos dois logo após o garoto estar sobre o *skate*?

3. Explique o que pode acontecer quando você liga um ventilador que se encontra sobre um *skate*, inicialmente em repouso, como o representado na figura.

Que argumento físico pode ser utilizado para fazer essa previsão?

4. Dois carros de mesma massa movem-se em direções perpendiculares entre si, um com o dobro da velocidade do outro. Eles se chocam em uma esquina e passam a se mover juntos após a colisão.

   a) Em que direção vão se mover imediatamente após a colisão? Faça um diagrama para representar essa situação.

   b) Compare o momento linear dos dois carros imediatamente após a colisão com o momento linear deles antes da colisão.

Representação esquemática de um ventilador em cima de um *skate*.

Impulso e forças impulsivas

Em diversas situações observadas no cotidiano, como um chute em uma bola de futebol ou uma colisão entre dois veículos, a força que atua sobre um objeto pode variar com o tempo, e essa variação pode ocorrer em um intervalo de tempo muito curto, da ordem de milésimos de segundo. A noção dessa variação pode ser percebida quando observamos algum desses exemplos sob o efeito de supercâmera lenta. Atualmente, algumas câmeras são capazes de registrar até 10 mil quadros por segundo. O sequenciamento desses quadros dá o efeito de supercâmera lenta.

Na atividade a seguir, vamos investigar esse fenômeno.

Na prática — Investigação

Uma bela tacada!

Observe a imagem a seguir.

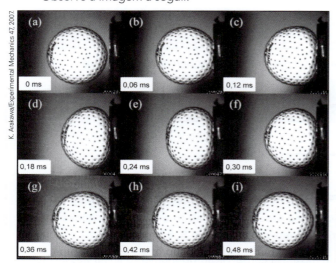

Deformação de uma bola de golfe ao ser atingida por um taco.

A imagem mostra uma sequência de fotografias em que é possível observar a deformação de uma bola de golfe do instante em que o taco encosta nela até o instante em que a bola se desencosta do taco e é lançada. A tabela a seguir mostra a deformação da bola em função do tempo, obtida da sequência de fotografias.

Tempo (ms)	Deformação (cm)
0,00	0,00
0,06	0,30
0,12	0,60
0,18	1,10
0,24	1,00
0,30	0,60
0,36	0,30
0,42	0,10
0,48	0,00

Na prática

A unidade de tempo indicada na tabela é o milissegundo (ms), ou seja, um milésimo de segundo. O instante de tempo considerado como zero (t = 0 ms) é aquele em que o taco encosta na bola, e o último instante de tempo (t = 0,48 ms) é aquele em que a bola começa a se separar do taco, lançada com velocidade constante. O contato do taco com a bola durou cerca de 0,48 ms (0,48 milésimo de segundo):

- a bola começa a ser deformada em t = 0,06 ms;
- a deformação aumenta com o tempo, atinge o valor máximo em t = 0,24 ms;
- depois, a deformação começa a diminuir e se anula em t = 0,48 ms, quando a bola é lançada.

O que fazer

1. Considerando que **deformação** é a diferença entre o diâmetro inicial da bola e o diâmetro da bola deformada na direção do movimento, compare a imagem da sequência de fotografias da bola com os valores do quadro na página anterior, que mostra a deformação da bola (em cm) para os nove intervalos de tempo.

2. No caderno, construa um gráfico indicando a localização dos pontos que representam a deformação da bola em função do tempo.

Reflexão

1. Converse com os colegas sobre as características do gráfico. A partir de sua leitura, que inferências vocês podem fazer sobre a força que o taco de golfe exerceu na bola: ela é constante durante o intervalo de tempo mostrado na figura ou varia com o tempo? Em qual instante ela deve ser máxima?

2. Ainda com os colegas, conversem e procurem explicar a variação da velocidade da bola (que estava inicialmente parada) enquanto era golpeada pelo taco até depois que se descolou dele.

3. Observando a sequência de imagens e os dados obtidos, é razoável supor que a força exercida pelo taco é proporcional à deformação da bola. Quanto maior a força em determinado intervalo de tempo, maior será a sua deformação. Apesar de o problema acima envolver algumas variáveis, vamos considerar a força F diretamente proporcional à deformação x da bola, ou seja, $F = Cx$, em que C é uma constante que depende da unidade de força que estamos considerando.

    a) Baseando-se nessa aproximação, faça no caderno o esboço de um gráfico da força que atua na bola em função do tempo, para os intervalos de tempo mostrados na sequência de fotografias. Registre ainda as coordenadas dos pontos registrados no novo gráfico.

    b) A velocidade com que a bola será lançada depende do valor máximo da força e do intervalo de tempo em que ela atua sobre a bola? A bola poderia atingir a mesma velocidade se o valor máximo da força que atua sobre ela fosse menor? Se sim, o que seria necessário?

    c) Vamos imaginar uma unidade arbitrária de força, chamada de 1 F, que gera uma deformação de 1 cm. Use o gráfico $F \times t$ que você construiu no item **a** e determine a área abaixo da linha desse gráfico. Para o cálculo, você poderá fazer uma aproximação da forma desse espaço com a de uma figura geométrica que saiba a maneira de calcular a área – por exemplo, um retângulo ou um triângulo.

    d) Explique qual é o significado físico dessa área.

Na situação analisada, a grande velocidade que a bola de golfe atingiu está relacionada com a intensidade da força que o taco foi capaz de exercer sobre ela ao golpeá-la, mesmo ele atuando em um curto intervalo de tempo. Essa mesma velocidade poderia ser atingida pela atuação de uma força variável no tempo, de menor amplitude, desde que esta atuasse por mais tempo sobre a bola.

A grandeza física que relaciona a atuação de uma força, considerando o tempo em que ela permanece atuando sobre o corpo, é denominada **impulso**. Considerando as representações gráficas construídas na atividade *Uma bela tacada!*, o conceito de impulso pode ser relacionado com a área debaixo da curva do gráfico, que representa a atuação de uma força variável sobre um objeto durante certo intervalo de tempo.

O gráfico a seguir representa uma força impulsiva atuando em um curto intervalo de tempo durante uma colisão, como ocorre entre a mão de uma jogadora de vôlei e a bola numa "cortada".

Atletas das seleções alemã e brasileira de vôlei de praia.

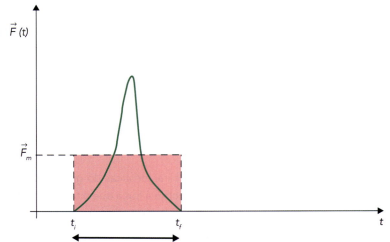

Como não é fácil determinar a área sob a linha, uma maneira aproximada de se calcular o impulso é considerando uma força média constante F_m que equivale à força variável que atuou na bola, como representado pelo retângulo rosa na figura acima. O produto dessa força média pelo intervalo de tempo é o que chamamos de **impulso**.

$$I = F_m \cdot \Delta t$$

Podemos desmembrar essa equação do impulso, usando a segunda lei de Newton e o conceito de momento linear:

$$I = F_m \cdot \Delta t = m \cdot a \cdot \Delta t = m \cdot \left(\frac{\Delta v}{\Delta t}\right) \cdot \Delta t = m \cdot \Delta v = m(v_f - v_i) = m \cdot v_f - m \cdot v_i = p_f - p_i = \Delta p$$

A equação anterior é uma alternativa simplificada do **teorema do impulso-momento**, que relaciona o impulso de uma força atuando em um objeto com a variação de seu momento linear, antes e depois de ser impulsionado. De acordo com esse teorema:

> O impulso de uma força resultante atuando em um intervalo de tempo é igual à variação do momento linear do objeto neste intervalo de tempo.

Como vimos, o impulso depende tanto do valor da força que atua no objeto como do intervalo de tempo em que a força atua. Portanto, o impulso corresponde, de fato, à área debaixo da curva de um gráfico $\vec{F} \times t$.

Vamos verificar agora que a unidade de força × tempo é a mesma unidade de massa × velocidade, que é a definição do momento linear. No Sistema Internacional de Unidades (SI), usamos o newton (N) para unidade de força e o segundo (s) como unidade de tempo. A unidade do impulso é, portanto, **N · s**. Partindo da definição de que 1 N = 1 kg · m/s², temos que 1 N · s = 1 kg · m/s, que corresponde ao produto de uma unidade de massa (kg) por uma unidade de velocidade (m/s).

Colisões

Vamos aplicar o teorema do impulso-momento para discutir a colisão de um veículo contra um muro.

Os *crash-tests* são realizados para testar vários aspectos da segurança dos veículos. Nessas simulações, os carros se chocam contra paredes ou peças fixas preparadas para receber o impacto.

Antes da colisão, o veículo tinha velocidade v e momento linear $p = mv$, em que m é a massa do veículo. Depois da colisão, o momento do carro será zero, uma vez que sua velocidade será nula. A variação do momento antes e depois da colisão é igual a $\Delta p = mv$, e esse valor é igual ao impulso da força que fez com que o carro desacelerasse e parasse.

Como vimos, o impulso corresponde à área debaixo da linha do gráfico força × tempo. A força varia com o tempo durante a colisão: ela é pequena no início da colisão, alcança o valor máximo e, após a colisão, torna-se nula. Repare que, como o impulso é constante e depende apenas da velocidade inicial do veículo e de sua massa, quanto maior for o tempo de colisão, menor será o valor máximo da força necessária para parar o veículo. Compreender a dissipação de energia durante colisões é importante para a fabricação de automóveis mais seguros. Uma das estratégias de segurança utilizadas para proteger motoristas é fazer com que o tempo da colisão seja o maior possível, para que o valor da força seja o menor possível.

Esse artifício é proporcionado, por exemplo, pelas barreiras de pneus instaladas nos autódromos. A imagem mostra a colisão de um carro de Fórmula 1 contra uma barreira de pneus na temporada de 2017. O piloto nada sofreu.

Durante a colisão contra uma barreira como a mostrada na imagem, os pneus deformam, prolongando o tempo de impacto do carro e requerendo, assim, uma força menor para levá-lo ao repouso.

Atividades

1. O *air bag* é um dispositivo de segurança que pode salvar a vida dos passageiros de um automóvel no caso de uma colisão violenta. Explique a atuação do *air bag* com base no conceito de impulso.
2. Discuta o conceito de impulso e a variação do momento linear, considerando a função dos seguintes objetos e materiais nos contextos mencionados.
    I. As luvas em uma luta de boxe.
    II. Os materiais usados na sola dos tênis e nos capacetes dos operários da construção civil.
    III. O elástico utilizado no esporte radical *bungee jumping*.

Gravitação universal

Em 1665, Newton se isolou na casa de sua mãe devido à grande epidemia de peste negra que assolava a Europa. Caminhando nos jardins da casa, em 1666, ele pensou que a mesma força gravitacional que o planeta Terra exercia sobre uma maçã também poderia exercer sobre a Lua, fazendo-a girar ao nosso redor.

Casa Woolsthorpe Manor, em Lincolnshire, Inglaterra, onde nasceu Isaac Newton, e algumas das macieiras que cercam o local. A observação da natureza sem dúvida foi umas das principais inspirações para Newton elaborar suas ideias.

Newton tinha dados astronômicos medidos por astrônomos antecessores, como Tycho Brahe e Johannes Kepler – este último havia proposto que todos os planetas tinham órbitas elípticas em torno do Sol, sem elaborar uma explicação para a causa dessa trajetória.

A teoria proposta por Newton afirmava que todos os corpos que têm massa estão sujeitos a uma força de atração mútua, válida para todos os corpos do Universo. Essa lei determina que duas massas (m_1 e m_2), cujos centros estão separados por uma distância d, estão sujeitas a forças de atração iguais e contrárias ($\vec{F}$ e $-\vec{F}$), como mostra a figura a seguir.

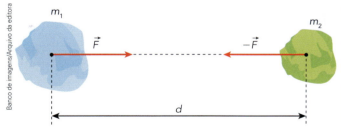

Diagrama das forças de atração gravitacional entre dois corpos. Os elementos não estão representados em proporção. Cores fantasia.

Newton formulou que a força existente entre os dois corpos é proporcional a suas massas e inversamente proporcional ao quadrado da distância entre eles. A equação para essa força é:

$$F = \frac{G \cdot m_1 \cdot m_2}{d^2}$$

em que G é uma constante de proporcionalidade, chamada de constante da gravitação universal, e vale $6{,}67 \times 10^{-11}$ N · m²/kg². Essa constante foi medida apenas em 1798 pelo físico e químico franco-britânico Henry Cavendish (1731-1810) usando uma balança de torção.

Saiba +

O *Principia* de Newton

Em 1684, o inglês Edmond Halley (1656-1742) visitou Newton, com quem mantinha amizade, e lhe relatou uma discussão que havia tido com os amigos Robert Hook (1635-1703) e Christopher Wren (1632-1723) sobre a forma da órbita dos planetas em torno do Sol. Newton lhe respondeu que era uma elipse e então foi procurar o papel com a dedução matemática que havia elaborado com a resposta a essa questão, mas não o encontrou. Newton então refez a dedução e a enviou a Halley três meses depois com o título *Sobre o movimento dos corpos em órbita*. Halley ficou impressionado com a dedução e com o método usado por Newton e o incentivou a publicar seus trabalhos, que foram financiados por Halley. Em 1687, Newton publicou sua obra *Philosophiae Naturalis Principia Mathematica*, que continha as três leis já discutidas anteriormente e a **lei da gravitação universal**.

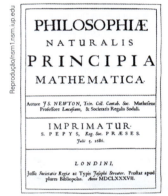

Capa do livro *Philosophiae Naturalis Principia Mathematica*, de Newton, de 1687.

Atividades

1. No século XVII, Galileu descobriu os quatro maiores satélites de Júpiter usando telescópios que ele mesmo construiu. Ele conseguiu medir o período de cada um e sua distância relativa ao planeta. Anos mais tarde, com a lei da gravitação universal de Newton e os dados de Galileu, foi possível obter a massa de Júpiter. Explique como obter a massa de Júpiter sabendo que a força gravitacional que esse planeta exerce sobre seus satélites pode ser igualada a uma força centrípeta.

2. Considerando que a distância mínima entre a Terra e Marte é de 6×10^7 km e a de Júpiter até Marte é de 5×10^8 km, verifique qual dos dois planetas, Júpiter ou Terra, provoca maior perturbação na órbita de Marte. Para esse cálculo, use 6×10^{24} kg para a massa da Terra, 7×10^{23} kg para a massa de Marte, 2×10^{27} kg para a massa de Júpiter e $G = 7 \times 10^{-11}$ N · m²/kg².

Consequências da lei da gravitação universal

Movimento de satélites artificiais

A ideia de colocar um objeto em órbita em torno da Terra foi pensada já no século XVII por Newton e publicada em sua obra. Ele imaginou que, se um canhão fosse instalado no alto de uma montanha bem alta e disparasse um tiro, sua bala cairia um pouco além da base da montanha, como indicado no ponto **A** da figura ao lado. Fazendo um exercício hipotético, ele considerou que, se colocasse mais pólvora e aumentasse a velocidade inicial da bala do canhão, esta cairia mais além, no ponto **B**. Com velocidade inicial ainda maior, cairia em pontos mais distantes, até que uma velocidade faria com que a bala ficasse eternamente caindo, isto é, entraria em órbita.

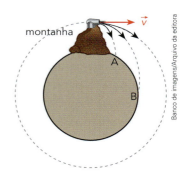

Representação do experimento mental de Newton sobre corpos em órbita. Os elementos não estão representados em proporção e distâncias. Cores fantasia.

Pela lei da gravitação de Newton, podemos calcular o módulo da velocidade (v) de um satélite a qualquer altura (h) da superfície terrestre. O raio (r) da órbita em torno da Terra será:

$r = R + h$

em que R é o raio da Terra. A força de atração gravitacional é calculada por:

$F = \dfrac{G \cdot M \cdot m}{r^2}$

em que m é a massa do satélite e M é a massa da Terra (nesse cálculo, estamos supondo que a massa da Terra está concentrada em seu centro). Nesse caso, a força gravitacional é a força centrípeta, que mantém o satélite em órbita. Então:

$F_C = \dfrac{m \cdot v^2}{r} = \dfrac{G \cdot M \cdot m}{r^2} \Rightarrow v = \sqrt{\dfrac{G \cdot M}{r}}$

Portanto, conhecendo a altura h de um satélite em órbita ($h = r - R$), podemos obter sua velocidade, pois os valores de G e M são conhecidos. Além disso, a velocidade independe da massa m do satélite.

Pela expressão obtida, notamos que a velocidade do satélite é inversamente proporcional a sua distância em relação à Terra e, portanto, a uma altura muito grande, ele se move mais lentamente. Com isso, o intervalo de tempo T (período) para girar em torno do planeta é maior. Um valor aproximado para o período pode ser obtido pela equação do movimento circular uniforme:

$v = \dfrac{2\pi \cdot r}{T} = \sqrt{\dfrac{G \cdot M}{r}} \Rightarrow T = 2\pi \cdot \sqrt{\dfrac{r^3}{G \cdot M}}$

O primeiro satélite artificial da Terra foi o soviético Sputnik 1, lançado em 1957, na época da Guerra Fria, marcando o início da era espacial. Daí em diante foram lançados milhares de satélites com objetivos diversos: comunicação, científicos, militares, meteorológicos, etc. A figura ao lado, por exemplo, mostra a representação das órbitas dos 24 satélites que compõem o sistema de GPS (sigla de *global positioning system* = sistema de posicionamento global), que permite obter informações sobre localização geográfica.

Esses satélites são postos em órbita por meio de foguetes que os levam até a altura pretendida. Nessa posição, os painéis solares são abertos, e o satélite usa a energia solar para o funcionamento interno de seus aparelhos. Como em grandes altitudes o ar é muito rarefeito, o satélite continua em movimento devido à inércia, sempre caindo, isto é, sempre girando em torno da Terra. A altura orbital não deve ser inferior a cerca de 200 km da superfície, para que o satélite gire praticamente fora da atmosfera terrestre, onde a resistência do ar é desprezível, não perturbando seu movimento. Os locais de lançamento geralmente são escolhidos perto da linha do equador, onde a velocidade de rotação da Terra é máxima.

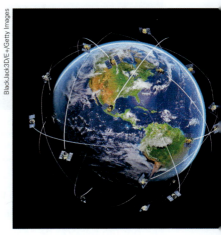

Representação das órbitas dos 24 satélites do sistema de GPS. Os elementos não estão representados em proporção e distâncias.

Calculando o período para algumas alturas dos satélites, obtêm-se, por exemplo, para h = 300 km, o período T de 1 h e 30 min; para h = 36 000 km, o período de 24 h. Então, se um satélite for colocado em órbita em um ponto verticalmente sobre o equador da Terra na altura de 36 000 km, ele gastará, para dar uma volta, o mesmo tempo que a Terra leva para efetuar uma rotação completa em torno de seu eixo. Dessa forma, o satélite, ao girar, permanecerá sempre sobre um mesmo ponto do equador. Para um observador na Terra, o satélite parecerá estar em repouso. Por esse motivo, ele é denominado **satélite geoestacionário**, como são os satélites usados atualmente em telecomunicações.

Do ponto de vista científico, desde 1971, foram criadas estações espaciais com tripulação de cientistas com vários objetivos: desde estudar os efeitos causados pela longa permanência de seres humanos no espaço até pesquisar assuntos cujo estudo não seria possível na Terra. Entre os temas, podemos citar astrobiologia, astronomia, medicina espacial, ciência da vida, ciência dos materiais e clima espacial. Essas estações são mantidas no espaço por outros veículos espaciais que lhes dão suporte, transportando alimentos e materiais para pesquisa a uma altitude abaixo dos satélites geoestacionários.

Atualmente encontra-se ativa a ISS (sigla em inglês de *Internacional Space Station* = Estação Espacial Internacional – EEI). Lançada em 1998, num projeto cooperativo entre vários países, desde o ano 2000 ela é tripulada, comportando até seis pessoas a bordo. Sua altitude média é de 400 km.

Os satélites artificiais são facilmente observados da superfície da Terra. Depois de escurecer ou antes de amanhecer, por um período de cerca de 2 horas, podemos vê-los, com um brilho comparável ao das estrelas, percorrendo o céu. Diferentemente de aviões, cujas luzes de alerta piscam, o brilho dos satélites artificiais é constante. Existem *sites* e aplicativos que preveem a passagem diária desses satélites em cada ponto da superfície do globo.

Saiba +

Para verificar a aparição de satélites, você pode utilizar os seguintes aplicativos para *smartphone*:

- **ISS Detector**
Disponível em: https://www.issdetector.com.

- **Heavens above**
Disponível em: https://www.heavens-above.com.

Acesso em: 4 dez. 2021.

Variações da aceleração da gravidade com a altitude

A lei da gravitação universal nos mostra que a força gravitacional diminui com o aumento da distância e, com isso, a aceleração da gravidade também.

Dependência da aceleração da gravidade em relação à altitude. Os elementos não estão representados em proporção. Cores fantasia.

Considere um objeto de massa (m) que se encontra a uma distância (r) do centro da Terra, como na figura. Já vimos que o módulo de seu peso pode ser escrito por $P = m \cdot g$. No entanto, ele também pode ser expresso pela força gravitacional. Considerando a Terra com massa M, temos:

$$P = m \cdot g = \frac{G \cdot M \cdot m}{r^2}$$

Explicitando g, temos:

$$g = \frac{G \cdot M}{r^2}$$

Com essa equação, podemos calcular o valor da aceleração da gravidade em qualquer altura, como os valores indicados na figura da página anterior.

Essa equação também nos permite calcular a aceleração gravitacional na superfície de qualquer corpo celeste, desde que se conheçam sua massa e seu raio. Na Lua, a aceleração gravitacional é cerca de 1,6 m/s^2 e, em Marte, 4 m/s^2. Nesses locais, lançando-se um objeto para cima com a mesma força que lançamos na Terra, ele subiria muito mais alto. Imagine uma partida de voleibol, basquete ou futebol nesses locais!

Na Estação Espacial Internacional, que está a cerca de 400 km da Terra, a aceleração gravitacional é pouco menor que na superfície terrestre, cerca de 8,7 m/s^2. Porém, no espaço interno da nave, os tripulantes têm a sensação de gravidade zero. Isso é explicado pelo fato de que a estação espacial e todos os corpos em seu interior estão girando em torno da Terra, sujeitos a uma força centrípeta, que é a força peso de cada um. Portanto, é como se todos estivessem sempre caindo com a mesma aceleração. A mesma sensação é percebida num elevador que cai em queda livre do topo de um edifício extremamente alto. Nesse caso, tanto o elevador quanto as pessoas que estão em seu interior cairiam com a mesma aceleração. Em uma situação como essa, a força normal de sustentação da superfície deixa de atuar, causando a sensação de gravidade zero.

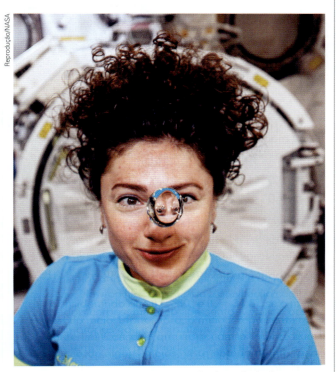

A tripulante da EEI experimenta a sensação de ausência de peso observando uma gota de água suspensa. Na imagem, a engenheira de voo Jessica Meir, da expedição 62 da Nasa, em 2020.

As descobertas de Urano, Netuno e Plutão

Antes da descoberta de Urano, ele já tinha sido observado diversas vezes, mas o confundiram com uma estrela. Em 1690, John Flamsteed (1646-1719), por exemplo, catalogou-o como uma estrela da constelação de Touro. O astrônomo alemão, naturalizado inglês, William Herschel (1738-1822) observou esse corpo celeste em 1781 e o classificou como um cometa, comunicando o fato à Academia Real de Londres. Nevil Maskelyne (1732-1811), astrônomo real britânico, ao observar Urano, achou que ele parecia um planeta, pois não havia observado nenhuma cauda ou cabeleira nele. Outro astrônomo, o russo Anders Johan Lexell (1740-1784), calculou sua órbita quase circular concluindo ser um planeta e não um cometa. Em 1783, Herschel acabou por reconhecer o fato, comunicando-o à Academia Real. Depois de várias denominações, escolheu-se o nome de Urano, pai de Saturno na mitologia romana, para o novo planeta.

Depois de 63 anos, a observação cuidadosa de Urano por dois astrônomos, o inglês John Couch Adams (1819-1892) e o francês Urbain Le Verrier (1811-1877), mostrou irregularidades em sua órbita. Usando a lei da gravitação universal de Newton em sua análise matemática, eles concluíram que a causa dessa perturbação só se justificava pela presença de outro planeta mais distante. Depois de algumas buscas por meio de telescópios, finalmente encontraram um novo planeta, em 1846, e o batizaram de Netuno, o deus romano do mar (filho de Saturno e irmão de Júpiter na mitologia romana). De maneira semelhante, em função da perturbação da órbita de Netuno, o planeta-anão Plutão foi descoberto em 1930 pelo estadunidense Clyde Tombaugh (1906-1997), sendo considerado o nono planeta do Sistema Solar até 2006.

As descobertas dos planetas Urano e Netuno e do planeta-anão Plutão representam um triunfo da Mecânica, pois foi possível identificar corpos celestes no Universo usando as leis elaboradas a partir da observação de fenômenos que ocorrem nas escalas usuais cotidianas.

Atividade

3. Um equívoco comum é associar o vácuo ou ausência de ar à falta de gravidade. Sabe-se que a 40 km de altura, a densidade do ar é cerca de 100 vezes menor do que na superfície terrestre. Determine a aceleração da gravidade a essa altura.

Exercícios

1. (UFSC) As investigações de Galileu (século XVI) sobre o movimento de queda livre foram um marco para o desenvolvimento da ciência moderna, pois contribuíram para suplantar a Ciência Física medieval, até então orientada amplamente pelo pensamento do filósofo grego Aristóteles (século VI a.C.). Sobre Galileu e suas contribuições para a ciência, é CORRETO afirmar que:

- **01.** considerava que a matemática e os procedimentos experimentais eram importantes para o desenvolvimento de uma teoria sobre o movimento.
- **02.** alegava que os corpos pesados caíam mais depressa que os leves.
- **04.** defendia que o Sol e os planetas se moviam em torno da Terra.
- **08.** inventou o telescópio com o objetivo de observar as Luas de Júpiter.
- **16.** propôs experiências de pensamento que continham argumentos similares àqueles posteriormente presentes na Lei da Inércia de Newton.
- **32.** foi o primeiro a declarar que todas as substâncias existentes na Terra eram formadas a partir dos elementos água, fogo, terra e ar.

Dê como resposta a soma dos números correspondentes aos itens corretos.

2. (Unicamp-SP) O físico inglês Stephen Hawking (1942-2018), além de suas contribuições importantes para a cosmologia, a física teórica e sobre a origem do universo, nos últimos anos de sua vida passou a sugerir estratégias para salvar a raça humana de uma possível extinção, entre elas, a mudança para outro planeta. Em abril de 2018, uma empresa americana, em colaboração com a Nasa, lançou o satélite TESS, que analisará cerca de vinte mil planetas fora do sistema solar. Esses planetas orbitam estrelas situadas a menos de trezentos anos-luz da Terra, sendo que um ano-luz é a distância que a luz percorre no vácuo em um ano. Considere um ônibus espacial atual que viaja a uma velocidade média $v = 2,0 \times 10^4$ km/s.

O tempo que esse ônibus levaria para chegar a um planeta a uma distância de 100 anos-luz é igual a
(Dado: A velocidade da luz no vácuo é igual a $c = 3,0 \times 10^8$ m/s.)

a) 66 anos.
b) 100 anos.
c) 600 anos.
d) 1 500 anos.

3. (UFJF-MG) A mecânica clássica, ou mecânica newtoniana, permite a descrição do movimento de corpos a partir de leis do movimento.

A primeira Lei de Newton para o Movimento, ou Lei da Inércia, tem como consequência que

a) se um determinado objeto se encontrar em equilíbrio, então nenhuma força atua sobre ele.
b) se um objeto estiver em movimento, ele está sob ação de uma força e, assim que essa força cessa, o movimento também cessa.
c) se a soma das forças que agem num objeto for nula, ele estará com velocidade constante ou parado em relação a um referencial inercial.
d) se um objeto se deslocar com velocidade constante, em nenhuma hipótese ele pode ser descrito como estando parado.
e) se um objeto estiver com velocidade constante em relação a um referencial inercial, a soma das forças que atuam sobre ele não é nula.

4. (Cecierj) Um automóvel, trafegando em linha reta com aceleração constante, aumenta a sua velocidade de 10 m/s para 20 m/s em 20 s. A distância percorrida pelo automóvel durante esses 20 s foi de:

a) 200 m
b) 300 m
c) 400 m
d) 600 m

5. (FMP-RS) Uma partícula, de massa m = 1,0 g, sofre a ação de apenas quatro forças externas. Essas forças podem ser expressas vetorialmente nas coordenadas cartesianas (x; y; z). As quatro forças são:

F1 = (2,0; 3,0; 6,0)
F2 = (−5,0; 0,0; 3,0)
F3 = (2,0; 5,0; −12,0)
F4 = (−2,0; −4,0; 3,0)

onde as componentes são dadas em N.

O módulo da aceleração, em m/s², que essa partícula sofre devido à ação dessas forças é:

a) 5,0
b) 7,0
c) $2,0 \times 10^3$
d) $7,0 \times 10^3$
e) $5,0 \times 10^3$

6. (UFRGS-RS) Considerando que o módulo da aceleração da gravidade na Terra é igual a 10 m/s², é correto afirmar que, se existisse um planeta cuja **massa** e cujo **raio** fossem **quatro vezes superiores** aos da Terra, a aceleração da gravidade seria de:

a) 2,5 m/s²
b) 5 m/s²
c) 10 m/s²
d) 20 m/s²
e) 40 m/s²

Do *Big Bang* à formação da Terra

A observação do céu é algo que os seres humanos fazem há muito tempo. Seja pela contemplação de fenômenos que não compreendíamos no passado, seja pela necessidade de orientação, determinação de períodos ou compreensão de nosso passado como humanidade, sempre olhamos para o céu em busca de algo.

Em *Cosmologia: dos primórdios da Astronomia à lei da gravitação universal*, estudamos a evolução da concepção de Universo desde os primórdios da humanidade, passando pela teoria geocêntrica e depois pela teoria heliocêntrica, que se basearam em observações a olho nu de planetas e estrelas. Até então, a compreensão sobre o Universo era a de que ele se limitava pelo céu das estrelas fixas, que se posicionavam depois da órbita de Saturno. Essa concepção se dava pelo fato de os métodos utilizados para a medição de grandes distâncias dos astros se limitarem ao uso da Geometria.

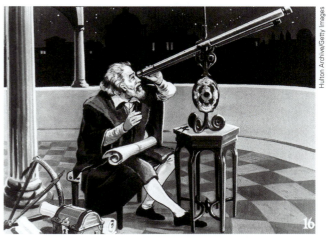

Os estudos feitos por Galileu Galilei em 1610 marcam o início das observações astronômicas por meio de lunetas e telescópios, desvelando detalhes e características dos astros desconhecidos até então.

A Via Láctea foi descortinada e foram descobertos asteroides, nebulosas, galáxias, aglomerados estelares e estrelas duplas e triplas.

A teoria da gravitação universal de Isaac Newton foi utilizada para compreender o movimento dos planetas, dos satélites e, posteriormente, de estrelas múltiplas, galáxias e outros corpos celestes. Supunha-se que a distância de cada uma das estrelas até a Terra era variável, mas não foi descoberta uma forma confiável de obtê-la. O cálculo de grandes distâncias só foi aprimorado em 1838, pelo astrônomo Friedrich Wilhelm Bessel (1784-1846), que utilizou o método da paralaxe e um telescópio com 15,7 cm de abertura e dotado de um maquinário micrométrico para medir pequenos deslocamentos do aparelho. De lá para cá, a evolução dos telescópios foi imensa, o que possibilitou inúmeras descobertas e levou à elaboração de novas teorias sobre a formação do Universo. Um dos mais eficientes aparelhos de observação celeste da atualidade é o telescópio espacial Hubble, que produz imagens significativas para o desenvolvimento das pesquisas astronômicas.

Representação da Via Láctea. Cores fantasia.

A seguir, estudaremos a evolução dos processos utilizados para medir grandes distâncias e conheceremos o funcionamento dos telescópios, por meio do estudo da Óptica geométrica, que possibilitaram ampliar nossa visão do Universo. Compreenderemos a teoria da expansão do Universo após a grande explosão, o *Big Bang*, que teria dado início à nossa existência, e discutiremos os temas a ele relacionados, como a teoria da relatividade formulada por Albert Einstein (1879-1955), buracos negros e ondas gravitacionais. Veremos como as estrelas se formam e como ocorre sua evolução e a origem dos elementos químicos. Encerraremos com a teoria de formação do planeta Terra.

Na prática — Investigação

Medidas indiretas para grandes distâncias

Medidas de grandes distâncias são úteis no mapeamento de terrenos extensos e na obtenção da altura de montanhas e construções, que, muitas vezes, não temos como medir diretamente por meio de trenas, por exemplo. As trenas são instrumentos usados no cotidiano para medir uma distância diretamente, esticando uma fita graduada, mas são limitadas até cerca de 100 m. Para medir distâncias maiores, usa-se o processo indireto, em que inicialmente outra grandeza é medida. Uma trena a *laser*, por exemplo, mede o intervalo de tempo de ida e volta de um feixe de *laser* até o objeto cuja distância se quer medir. Esta é calculada multiplicando-se a metade do intervalo de tempo pela velocidade da luz. As trenas a *laser* oferecem precisão para medir distâncias de até 250 m. Para medidas da ordem de quilômetros, usam-se outros processos indiretos.

Um método indireto de medida de grandes distâncias é o da triangulação, que consiste no uso de triângulos semelhantes e na comparação de seus lados ou ângulos para construir uma relação matemática com quatro medidas, em que três delas são conhecidas e a outra deve ser calculada.

Parte A – Medida de distâncias usando a sombra formada pelo Sol

Material

- Trena de pelo menos 3 m.
- Vassoura.
- Pedaço de barbante de 30 cm.
- Objeto de pequena massa (por exemplo, porca de ferro ou pedrinha).

O que fazer

1. Escolha um objeto cuja altura queira medir indiretamente, como uma árvore, um poste ou um edifício, e que esteja sob a luz solar, formando sombra em uma superfície horizontal.
2. Coloque, nas proximidades do objeto, a vassoura na posição vertical (use um barbante com a massa pendurada, como um prumo, para verificar se a vassoura está de fato na posição vertical – o barbante deve ficar paralelo ao cabo da vassoura). A vassoura também deve estar sob a luz solar.
3. Peça a um colega que meça a altura da vassoura (*h*), o comprimento de sua sombra (*d*) e o comprimento da sombra do objeto (*D*) cuja altura (*H*) deseja determinar.
4. Na figura a seguir, foram formados dois triângulos semelhantes, pois os raios solares são paralelos entre si. Esses triângulos apresentam, geometricamente, lados e alturas proporcionais: *d* e *h* para o triângulo menor e *D* e *H* para o maior. No caderno, escreva a equação matemática que relaciona as medidas *d*, *h*, *D* e *H*.
5. Calcule o valor de *H*.

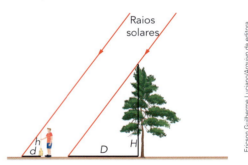

Representação da medida da altura e da sombra da vassoura e do objeto. Os elementos não estão representados em proporção. Cores fantasia.

Reflexão

1. Quais foram os valores de *d*, *h* e *D* medidos?
2. Qual é a expressão matemática que relaciona as medidas *d*, *h*, *D* e *H*?
3. Qual foi o valor de *H* calculado?
4. Se o terreno fosse uma rua inclinada, você poderia continuar usando esse método?
5. A posição do Sol no céu mudará o resultado de sua medida de *H*?

Parte B – Medida de distâncias usando uma régua

Pode-se medir indiretamente a distância entre você e um objeto distante desde que a altura desse objeto seja conhecida. Se você deseja, por exemplo, determinar a distância até um prédio distante, deve conhecer previamente a altura desse prédio (que poderá ser determinada pelo método visto na Parte A desta atividade).

Material

- Régua de 30 cm.
- Trena ou fita métrica de costura de 2 m.

O que fazer

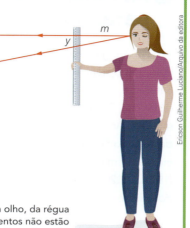

1. Procure um objeto distante para medir sua distância até ele. Lembre-se de que se deve conhecer previamente a altura dele.
2. Fique em pé e estique o braço segurando a régua perpendicularmente a ele.
3. Usando apenas um olho, meça a altura aparente *y* do objeto distante com a régua que está segurando.

Observação, com apenas um olho, da régua e do objeto distante. Os elementos não estão representados em proporção. Cores fantasia.

4. Peça a um colega que meça a distância *m* entre seus olhos e a régua, utilizando trena ou fita métrica.
5. Ao observar o objeto que se encontra a uma distância *M* (do olho da pessoa até o objeto) e tem altura *Y*, formaram-se dois triângulos semelhantes imaginários: um menor, de altura *y* e comprimento *m*, e outro maior, de altura *Y* e comprimento *M*, conforme representado na figura a seguir. Determine, pelas regras de semelhança de triângulos da Geometria, a relação entre as medidas *y*, *m*, *M* e *Y*.

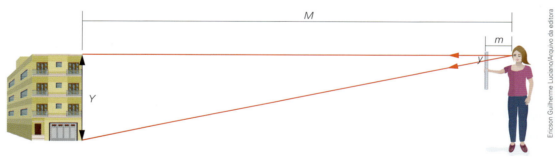

Representação da medida da altura e da distância entre a régua e o objeto. Os elementos não estão representados em proporção. Cores fantasia.

6. Conhecendo a altura *Y*, calcule a distância *M* procurada.

Reflexão

1. Quais foram os valores medidos de *m*, *y* e *Y*?
2. Qual é a expressão matemática que relaciona as medidas de *m*, *y*, *Y* e *M*?
3. Qual foi o valor de *M* calculado?
4. Você pode checar essa distância usando um *software* de localização, como o Google Earth. Localize a área de sua cidade onde você fez a medida e visualize-a no mapa. Use a ferramenta "régua" para medir a distância. Qual foi a diferença entre o valor calculado pelo método da régua e pelo *software*?
5. Discuta com os colegas quais são as principais fontes de erro deste experimento.

Medidas de grandes distâncias: triangulação, paralaxe e magnitude

Na Antiguidade, os gregos já se preocupavam em saber onde, no Universo, nos encontramos. Eles conheciam a ordem, em distância, dos seis primeiros planetas do Sistema Solar: sabiam que Mercúrio está mais próximo de nós e que Saturno é o mais distante. Os gregos também conheciam e valorizavam a Geometria, e a utilizavam para medir grandes distâncias. Tales de Mileto (635 a.C.-543 a.C.), por exemplo, usou a semelhança de triângulos para calcular a altura de pirâmides. Aristarco de Samos (310 a.C.-230 a.C.), com base na posição da Lua no quarto crescente, determinou a distância da Terra ao Sol em função da distância da Terra à Lua. Eratóstenes de Cirene (276 a.C.-194 a.C.) usou os raios solares, que incidiam em duas hastes verticais localizadas em cidades diferentes, para determinar o raio da Terra. Hiparco de Niceia (190 a.C.-120 a.C.) criou um método geométrico para determinar a distância entre a Terra e a Lua por meio do fenômeno do eclipse lunar total.

Medidas por triangulação

O método da triangulação, como vimos, foi amplamente utilizado na Grécia antiga para a medida de distâncias. Em *Medidas indiretas para grandes distâncias*, vimos que, por meio de triângulos semelhantes, desde que conheçamos três das quatro medidas, podemos calcular o valor do lado procurado. Na Parte A, tínhamos dois triângulos semelhantes formados pelos raios solares e pela sombra de dois objetos e, na Parte B, outros dois triângulos semelhantes formados pela visualização da altura aparente na régua e da altura real do objeto. Veja esses triângulos semelhantes.

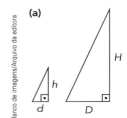
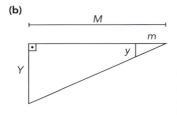

Triângulos semelhantes aos obtidos na atividade *Medidas indiretas para grandes distâncias*, Parte A (a) e Parte B (b).

Da figura (a), podemos escrever, com base nas proporções de triângulos semelhantes, que $\frac{h}{d} = \frac{H}{D}$ e, portanto, $H = \frac{h \cdot D}{d}$. Sendo conhecidas as medidas h, D e d, pode-se calcular o valor de H. De forma similar, na figura (b) pelos dois triângulos semelhantes, vemos que $\frac{M}{Y} = \frac{m}{y}$. Sabendo os valores de Y, m e y, calculamos a medida M por $M = \frac{m \cdot Y}{y}$.

Outros triângulos semelhantes podem ser imaginados para calcular grandes distâncias, como a largura de um rio. Veja a imagem a seguir.

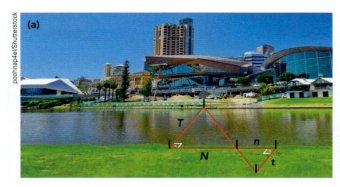
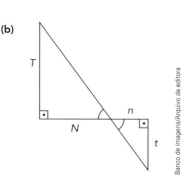

Representação da medida da largura de um rio por meio de triângulos obtidos por estacas. Rio Torrens, Adelaide, Austrália, 2016.

Ao fincar estacas nas margens do rio, de maneira a formar triângulos semelhantes, pode-se medir a largura T por meio da equação de proporcionalidade entre os triângulos semelhantes, $\frac{T}{N} = \frac{t}{n}$, em que $T = \frac{t \cdot N}{n}$.

Na atualidade, existem aparelhos, denominados **telêmetros analógicos** ou **digitais**, que calculam distâncias maiores e usam, para seu funcionamento, o procedimento de semelhança de triângulos. Observe as imagens a seguir.

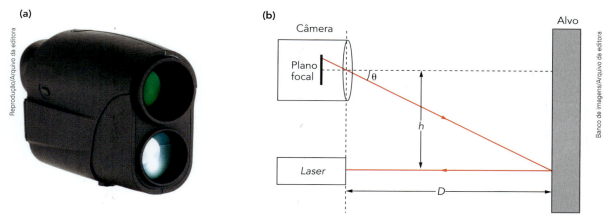

Telêmetro digital para medir grandes distâncias (a) e esquema de seu funcionamento (b). As medidas da distância h entre a câmera e o *laser* e do ângulo θ, formado entre o feixe de *laser* e o raio captado pela câmera, são necessárias para a obtenção da distância D até o objeto.

Paralaxe

Paralaxe é um processo de medida de grandes distâncias no qual também se usa o artifício da triangulação. A paralaxe corresponde ao deslocamento aparente de um objeto quando se muda o ponto de observação. Para compreender melhor esse conceito, observe as imagens a seguir, que mostram o que uma pessoa enxerga com os olhos esquerdo e direito ao olhar para prédios distantes. As imagens indicam que houve um deslocamento aparente dos dedos com relação aos prédios distantes.

Olho esquerdo.   Olho direito.

A paralaxe é definida, geometricamente, como o ângulo p formado entre as linhas de visão de um objeto visto de dois pontos distintos, separados por uma distância denominada **linha de base**, como é mostrado a seguir.

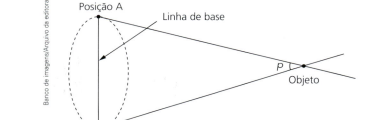

Representação esquemática da definição de paralaxe.

Quanto maior a linha de base, maiores serão o ângulo de paralaxe e a precisão no resultado da distância que se quer medir. Os astrônomos utilizaram a paralaxe para calcular a distância da Terra até os planetas e as estrelas mais próximas. Para isso, a maior linha de base que puderam usar foram os dois pontos opostos da órbita da Terra em torno do Sol. Na imagem a seguir, observe os pontos A e B, que são os dois extremos da linha de base.

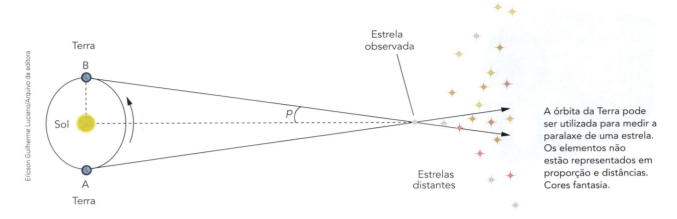

A órbita da Terra pode ser utilizada para medir a paralaxe de uma estrela. Os elementos não estão representados em proporção e distâncias. Cores fantasia.

Na prática, essa medida é feita com o uso de telescópios, que, por meio de fotografias de estrelas próximas observadas dos pontos A e B da linha de base, mostram o deslocamento aparente da estrela observada em relação às estrelas mais distantes, consideradas fixas. Isso é mostrado na imagem a seguir, que destaca essa estrela por meio de uma seta.

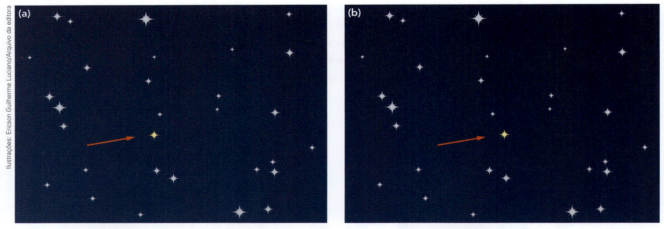

Representação mostrando o deslocamento aparente de uma mesma estrela, vista de dois pontos diferentes na órbita da Terra. Os elementos não estão representados em proporção e distâncias. Cores fantasia.

Uma unidade astronômica foi criada depois do uso da paralaxe e chamada **parsec** (palavra derivada de **paralaxe** e **segundo**). Ela corresponde à distância referente à paralaxe de 1 segundo de arco, tomando como linha de base a distância entre dois pontos diametralmente opostos na órbita da Terra em torno do Sol, dividida por 2, pois não conseguimos fazer observações a partir do Sol.

$$1 \text{ parsec} = 1 \text{ pc} \cong 3{,}1 \times 10^{13} \text{ km} = 3{,}26 \text{ anos-luz}$$

O primeiro astrônomo que usou o processo da paralaxe foi Friedrich Wilhelm Bessel, em 1838, para medir a distância de uma estrela da constelação do Cisne. Na atualidade, medem-se da Terra paralaxes da ordem de 0,02" (centésimos de segundo de arco). Isso significa que podemos determinar distâncias de estrelas de até 50 parsecs ou 163 anos-luz. Com essa precisão, pode-se determinar distâncias de milhares de estrelas próximas. A Agência Espacial Europeia propôs o projeto Hipparcos e lançou, em 1989, um satélite cujo objetivo era medir paralaxes de 118 mil estrelas com precisão de 0,001" (milésimo de segundo de arco) e mais de 1 milhão de outras com precisão de 0,05", evitando os efeitos atmosféricos que podem interferir nas medidas.

Além do método da paralaxe estelar, outros métodos têm sido usados para medir distâncias maiores, entre eles a paralaxe espectroscópica e a variação do brilho de estrelas variáveis pulsantes, como as Cefeidas. A imagem ao lado ilustra a relação entre diversos métodos e os intervalos de distâncias que podem ser medidos.

Uma unidade astronômica (UA) corresponde à distância média entre a Terra e o Sol:

$$1 \text{ UA} = 149\ 597\ 870 \text{ km}$$

Com a medição das grandes distâncias, hoje sabemos que o Sistema Solar se encontra em um dos braços de nossa galáxia, a Via Láctea, que tem um diâmetro em torno de 100 mil anos-luz e é composta de cerca de 100 bilhões de estrelas.

Depois do Sol, a estrela mais próxima da Terra, Proxima Centauri, encontra-se no sistema triplo Alpha Centauri, a 4,2 anos-luz de nosso planeta. Além da Via Láctea, existem milhões de outras galáxias. Mais adiante, discutiremos o tamanho atual do Universo de acordo com a teoria da expansão do Universo.

Relação entre alguns métodos para medir distâncias estelares e os respectivos intervalos de distâncias que podem ser medidos. Os elementos não estão representados em proporção e distâncias. Cores fantasia.

O Sistema Solar situa-se em um dos "braços" da Via Láctea. Elementos fora de proporção de tamanho e distância.

Atividades

1. Um estudante, sabendo a distância da Terra até a Lua ($3,8 \times 10^5$ km), determinou seu diâmetro em um dia de lua cheia. Ele fixou duas tiras de fita adesiva no vidro de sua janela, distanciadas 2 cm uma da outra. Fez um orifício com um alfinete em um cartão e observou a Lua por meio dele, distanciando-se do vidro até que a Lua preenchesse exatamente o espaço das duas tiras de fita adesiva. Se a distância do cartão até as tiras foi de 2,20 m, qual foi o valor do diâmetro da Lua encontrado por ele? Use o método da triangulação para calcular essa grandeza.

2. Mônica queria saber a distância de sua janela até a casa de uma amiga. Posicionou duas réguas de 1 m distanciadas 2 m uma da outra, de maneira a formarem linhas de visada até a porta da casa da amiga, como representado na figura a seguir.

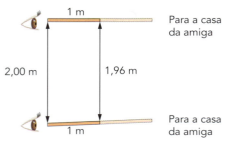

Representação da medição feita por Mônica.

Elementos representados em tamanhos e distâncias não proporcionais entre si.

Utilize o método da paralaxe e calcule a distância da casa de Mônica até a casa da amiga.

3. Supondo que a paralaxe da estrela medida na figura da página 70 seja de 1°, qual é a distância dela em relação à Terra? Considere que a distância média da Terra ao Sol é de 150 milhões de km.

Na prática — Investigação

Formando imagens com lentes

Galileu Galilei utilizou um telescópio para visualizar aspectos dos astros impossíveis de serem observados a olho nu. Por meio de uma conjugação de lentes, é possível fazer com que objetos muito distantes, que seriam percebidos com tamanho muito pequeno, sejam ampliados. Como isso funciona? Nesta atividade, investigaremos a formação de imagens em lentes.

Material

- Lupa.
- Lâmpada de LED com base GU10 e soquete.
- Fio e plugue para tomada.
- 2 placas de madeira de aproximadamente 10 cm × 10 cm com um furo no centro.
- Parafuso grande com porca.
- Abraçadeira para lâmpada tubular.
- Pedaços de papelão.
- Fita adesiva larga (maior que 2 cm) e transparente.
- Caneta permanente para CD.
- Cola quente (opcional).
- Tesoura ou estilete.

O que fazer

1. Inicialmente, monte o aparato. Passe o parafuso pelo furo da abraçadeira de lâmpada tubular e prenda-o firmemente com a porca. Encaixe o parafuso em uma das placas de madeira, deixando-o bem firme. Em seguida, encaixe o soquete com a lâmpada no suporte. Veja as imagens.

Soquete com lâmpada fixado à placa de madeira.

2. Com a tesoura ou o estilete, corte dois pedaços de papelão, um de 10 cm × 10 cm e outro de 10 cm × 15 cm. Posicione o pedaço de 10 cm × 15 cm em frente à lâmpada e marque a altura referente ao centro da lâmpada sobre o papelão. Corte um quadrado de 2 cm × 2 cm em torno desse centro. Usando cola quente ou fita adesiva, fixe o pedaço de 10 cm × 15 cm no de 10 cm × 10 cm, de forma que este sirva de base para o primeiro. Cole um pedaço de fita adesiva transparente sobre o buraco quadrado e faça um desenho sobre ele com a caneta para CD.

Suporte de papelão com um desenho feito sobre a fita que cobre o buraco quadrado.

72

3. Fixe o cabo da lupa à outra placa de madeira de modo que a altura de seu centro à base coincida com a altura da lâmpada e do quadrado no papelão.

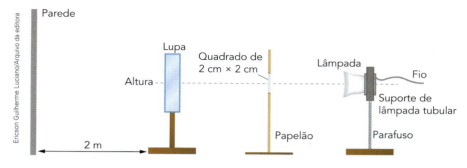

Esquema do aparato experimental, no qual a altura dos itens deve coincidir. Os elementos não estão representados em proporção e distâncias. Cores fantasia.

4. Posicione a lupa, o papelão com o desenho e a lâmpada ligada de modo que todos fiquem alinhados e cerca de 2 m distantes de uma parede. O desenho no suporte de papelão é seu objeto.

5. Apague as luzes do ambiente e movimente a lupa para mais perto ou mais distante do papelão e tente produzir uma imagem do objeto (desenho) na parede.

Aparato experimental.

A imagem aparece na parede.

6. Observe e registre as características da imagem.
7. Aproxime, gradativamente, a lupa da parede. Verifique se é possível formar outra imagem do objeto.
8. Pegue na lente da lupa e veja se o vidro é mais grosso no centro ou nas bordas.

Reflexão

1. A imagem se forma na parede independentemente da posição da lente em relação ao desenho ou há uma posição específica para a formação de uma imagem nítida?
2. A imagem é do mesmo tamanho, maior ou menor que o desenho que você fez na fita adesiva?
3. Você deve ter notado que a imagem do objeto está de cabeça para baixo na parede. Você tem uma possível explicação para isso?
4. No passo 7, você formou outra imagem do objeto? Quais são as características dela? Essa imagem poderia funcionar como objeto para outra lente?
5. As lentes podem ser classificadas em convergentes ou divergentes. No caso do ar como meio externo, as lentes convergentes têm o vidro mais espesso no centro e, as divergentes, nas bordas. A lente da lupa é convergente ou divergente?

Ampliando nossa visão do Universo

Ao longo dos séculos, houve vários momentos marcantes em nossa busca pela compreensão dos fenômenos astronômicos, como a proposição do modelo geocêntrico, da teoria da gravitação universal e da expansão do Universo. Neste tópico, trataremos de outros dois momentos importantes que ficaram marcados pelo uso de instrumentos que possibilitaram ampliar nossa visão do Universo. O primeiro é aquele em que Galileu utilizou a então recém-criada luneta astronômica para observar detalhes dos astros impossíveis de serem percebidos a olho nu. O segundo é o da colocação do telescópio espacial Hubble na órbita da Terra, que nos forneceu imagens e dados importantes para sustentar modelos e teorias para o Cosmo. Com o objetivo de iniciar nossas discussões, propomos a você a seguinte questão: Como uma luneta ou um telescópio permitem ampliar nossa visão para a percepção de objetos tão distantes?

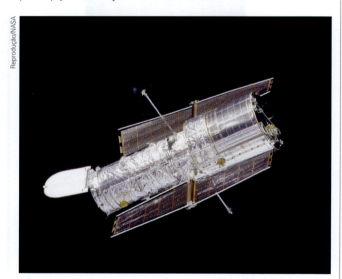

Telescópio espacial Hubble.

O telescópio refrator

Galileu Galilei ouviu rumores sobre a luneta em 1609, em uma visita a Veneza, na Itália. Na época, um fabricante de óculos holandês teria desenvolvido o aparelho que permitia uma ampliação da visão humana em cerca de três vezes. Entre alguns dos usos imediatos do aparelho, estavam seu emprego para assistir a óperas e em aplicações militares, pois os inimigos poderiam ser vistos ao longe, pela terra ou pelo mar.

Galileu aprimorou o instrumento e construiu sua versão para a observação dos astros. O que ele viu utilizando esse telescópio foi interpretado como uma evidência a favor da teoria heliocêntrica proposta por Nicolau Copérnico (1473-1543). Os defensores do modelo aristotélico supunham que o mundo supralunar fosse eterno e perfeito e que todos os astros girassem em torno da Terra. Quando Galileu apontou seu telescópio para a Lua, observou várias montanhas e crateras, o que indicava que ela não se mostrava tão diferente da Terra com suas imperfeições. Galileu também observou que Júpiter tinha quatro luas, ou seja, certos astros não orbitavam a Terra, mas sim outros corpos celestes. A observação das fases do planeta Vênus revelava que sua luz era provocada pela reflexão da luz do Sol enquanto este girava em sua órbita. O fato de Galileu ter fornecido evidências para sustentar o modelo heliocêntrico foi um marco na história da Astronomia.

Telescópios de Galileu Galilei. Museu da História da Ciência, Florença, Itália, 2016.

Os telescópios construídos por Galileu eram formados por duas lentes em um tubo de couro. Esse tipo de telescópio é chamado de **refrator** ou **luneta**, pois baseia-se na refração da luz nas lentes do telescópio. Uma lente é um dispositivo feito de vidro ou de uma resina transparente que tem uma curvatura e, em razão disso, produz uma mudança na direção de propagação dos feixes de luz que a atingem. Essa mudança pode possibilitar a produção de imagens ampliadas dos objetos de onde emana a luz.

A luz é uma onda eletromagnética que pode se propagar no vácuo, ou em meios materiais transparentes, em linha reta. No vácuo, ela apresenta a velocidade de 3×10^8 m/s. Esse é, de acordo com os postulados da teoria da relatividade de Albert Einstein, o limite de velocidade no Universo.

Quando a luz passa de um meio material para outro, por exemplo, do ar para a água, muda de velocidade e fica mais lenta. A velocidade da luz nos meios materiais é menor do que no vácuo. Esse fenômeno de mudança de velocidade nos meios materiais é denominado **refração da luz**. O índice de refração (n) de um material é a razão entre a velocidade da luz no vácuo (c) e a velocidade da luz no meio material (v), ou seja:

$$n = \frac{c}{v}$$

Como $v < c$, o índice de refração n nos meios materiais é maior que 1. Quanto maior n, menor a velocidade da luz no meio material. Observe o quadro a seguir, que apresenta o índice de refração de alguns meios. O índice de refração do ar é muito próximo ao do vácuo. Isso significa que podemos considerar que a velocidade da luz no ar é igual à sua velocidade no vácuo em muitas situações do cotidiano. Na observação de uma estrela, no entanto, devemos considerar o índice de refração do ar para a correção de sua real posição no céu.

Meio	Índice de refração
Vácuo	1
Ar (0 °C e 1 atm)	1,00029
Água (20 °C)	1,33
Álcool etílico	1,36
Solução de açúcar (80%)	1,49
Vidro	1,52
Diamante	2,42

HALLIDAY, D.; RESNICK, R.; WALKER, J. *Fundamentos de Física*: Óptica e Física Moderna. 9. ed. Rio de Janeiro: LTC, 2012. p. 18.

Índice de refração de alguns meios para a luz com comprimento de onda de 589 nm.

Quando a luz passa de um meio para outro com índice de refração diferente, se o ângulo de incidência em relação à superfície de separação entre os dois meios for oblíquo, tanto a velocidade da luz como sua direção de propagação serão alteradas. A mudança da direção de propagação depende do índice de refração dos dois meios.

Considere uma onda luminosa, representada por frentes de onda planas, como mostra a figura da página seguinte, que incide sobre a superfície de separação entre o ar e a água de uma piscina. Se a onda incidir perpendicularmente à superfície de separação dos dois meios (a), o aumento no índice de refração acarretará diminuição da velocidade da onda ($v_1 > v_2$), e as frentes de onda experimentarão a mesma redução de velocidade. Como consequência, haverá uma redução do comprimento de onda na água ($\lambda_1 > \lambda_2$), pois a frequência da onda não será alterada ao passar de um meio para o outro.

Agora, vamos analisar a situação em que a incidência não é perpendicular (b). O sentido de propagação da onda está indicado pela seta, cuja direção forma um ângulo θ_1 com a reta normal à superfície. A parte da onda que já está na água desloca-se a uma velocidade menor que a parte que ainda está no ar, pois $v_1 > v_2$. Desse modo, a parte que está fora da água caminha mais rapidamente que a parte que está dentro da água. O resultado é a mudança na direção de propagação mostrada pela seta dentro da água na figura, que agora faz um ângulo θ_2 com a reta normal. Nesse caso, a direção de propagação da onda se aproximou da reta normal ($\theta_1 > \theta_2$). Nessa situação, como há redução da velocidade, também há redução no comprimento de onda da luz na água ($\lambda_1 > \lambda_2$).

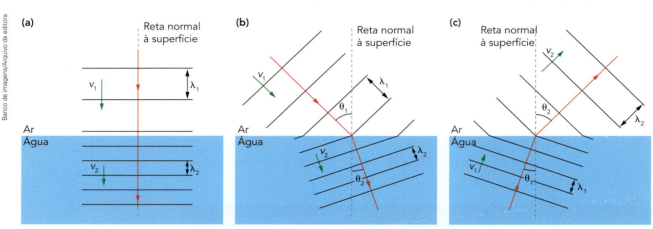

Representação esquemática da luz movendo-se do ar para a água, perpendicular (a) e obliquamente (b), e da água para o ar (c).

De modo oposto, quando a onda de luz passa da água para o ar, ocorre um aumento na velocidade ($v_1 < v_2$) e um consequente afastamento da reta normal à superfície de separação dos meios ($\theta_1 < \theta_2$), representado em (c). Como a velocidade da onda é maior no ar, ocorre um aumento no comprimento de onda da luz quando ela passa da água para o ar ($\lambda_1 < \lambda_2$).

A aproximação ou o afastamento da onda em relação à reta normal pode ser prevista por meio da lei de Snell, que relaciona os ângulos de incidência (θ_1) e de refração (θ_2) da onda em relação à reta normal aos índices de refração dos meios (n_1 e n_2).

$$n_1 \cdot \text{sen } \theta_1 = n_2 \cdot \text{sen } \theta_2$$

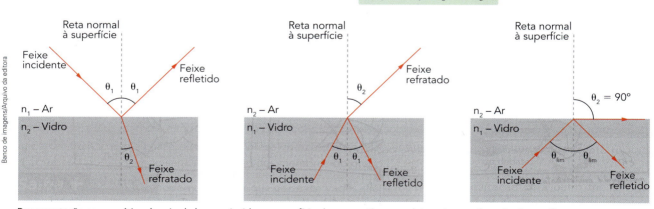

Representação esquemática de raio de luz que incide na superfície de separação entre dois meios e sofre refração e reflexão.

Na figura acima, representamos também o feixe refletido na superfície de separação dos meios. Uma parte da luz que incide sobre essa superfície sofre refração e passa a se propagar no outro meio, mas parte dela é refletida e se propaga de volta no mesmo meio em que estava.

Quando um feixe passa de um meio de maior índice de refração (por exemplo, o vidro) para um meio de menor índice de refração (por exemplo, o ar), o feixe refratado se distancia da normal. A reflexão da luz para o feixe refletido é chamada de **reflexão interna**. Existe um ângulo de incidência limite θ_{lim} para o qual o feixe refratado está a 90° da normal, ou seja, $\theta_2 = 90°$ (representação à direita na figura). Para ângulos de incidência maiores que esse, não haverá um feixe refratado propagando-se no outro meio e a reflexão interna será total, ou seja, 100% da luz incidente será refletida. Chamamos esse fenômeno de **reflexão interna total**. Esse efeito permite que feixes de luz se propaguem dentro de um cilindro de vidro em decorrência de sucessivas reflexões internas totais. Esse é o princípio de funcionamento de uma fibra óptica.

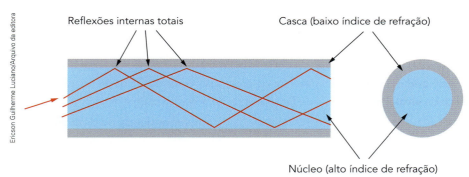

Representação esquemática das reflexões internas totais em fibra óptica. Os elementos não estão representados em proporção. Cores fantasia.

Luz: ondas ou feixes

Quando lidamos com espelhos e lentes, podemos considerar a luz constituída de feixes e não representar as frentes de onda, mas apenas a direção de propagação delas. Nossa representação pode assumir, ainda, a forma de um único feixe, como as retas com setas nas figuras anteriores. Isso torna mais fácil o desenho dos diagramas nas análises que faremos sobre a formação de imagens em lentes e espelhos.

O feixe de luz é representado por raios de luz e o sentido da propagação é indicado pelas setas
Os elementos não estão representados em proporção. Cores fantasia.

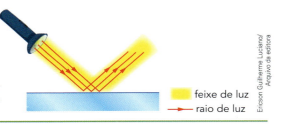

feixe de luz
→ raio de luz

Atividades

1. Dos materiais apresentados no quadro da página 75, que apresenta o índice de refração de alguns meios, o diamante é aquele em que a luz tem a menor velocidade. Calcule a velocidade da luz nesse material e verifique se ela é grande ou pequena quando comparada às velocidades com as quais lidamos no dia a dia.

2. Se a luz passa de um meio material para outro distinto sem sofrer desvio em sua direção de propagação, é correto dizer que houve refração? O que caracteriza a refração?

3. A equação $v = \lambda \cdot f$ relaciona a velocidade v, o comprimento de onda λ e a frequência f de qualquer tipo de onda. Dessas três grandezas, quais sofrem variações quando uma onda passa de um meio com índice de refração n_1 para outro com índice de refração n_2?

4. O funcionamento das fibras ópticas baseia-se no fenômeno da reflexão interna total. A luz que se propaga no interior da fibra não consegue sair pelas laterais, pois é totalmente refletida por suas paredes.

Pesquise, em livros ou na internet, o funcionamento e as aplicações tecnológicas para as fibras ópticas. Elabore um pequeno texto com base em sua pesquisa.

Lentes

As lentes estão presentes em óculos, câmeras fotográficas, câmeras filmadoras – incluindo as dos *smartphones* –, projetores de imagem, microscópios, telescópios, binóculos, entre outros equipamentos.

Uma lente é um objeto constituído de um material transparente, cujo índice de refração é diferente do índice de refração do meio externo, geralmente o ar, e que apresenta certa curvatura. Essas características conferem à lente a capacidade de desviar os feixes de luz e de ampliar ou reduzir a imagem de um objeto visto através dela.

Mas o que acontece quando um feixe de luz atravessa uma lente?

Embora possa haver diferentes curvaturas para as faces de uma lente, podemos classificá-las em dois tipos: lentes convergentes e lentes divergentes. Imagine que façamos incidir um feixe de raios de luz paralelos nesses dois tipos de lente. Nas **lentes convergentes**, esses raios se encontrarão em um ponto denominado **foco**. Esse foco é chamado de **real**, pois os raios de luz efetivamente passam por ele. Nas **lentes divergentes**, os raios paralelos se dispersarão. Se desenharmos, na lente divergente, o prolongamento dos raios divergentes, eles parecerão se originar de um ponto. Esse ponto é o foco da lente divergente. Como esse ponto é obtido pelo desenho de prolongamentos dos raios de luz, chamamos esse foco de **virtual**, pois não há, de fato, raios de luz emergindo dele.

A convergência ou divergência do feixe resulta da aproximação ou do afastamento dos raios de luz da reta normal às superfícies curvas das lentes (veja o esquema da figura ao lado). Embora tenhamos desenhado apenas um foco, as lentes têm dois focos, um de cada lado, pois a luz pode atravessar o meio nos dois sentidos. O ponto *C* indicado na figura é chamado de **centro óptico**, e a linha que passa perpendicularmente ao centro da lente é denominada **eixo óptico**.

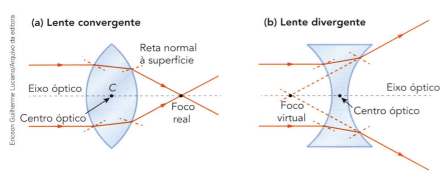

Representação esquemática do funcionamento de lente convergente (a) e lente divergente (b). Os elementos não estão representados em proporção. Cores fantasia.

Vamos analisar o que acontece com os feixes de luz que atravessam a lente para compreender como foram formadas as imagens na atividade de investigação *Formando imagens com lentes*.

Para encontrar as imagens formadas em uma lente, traçamos os raios notáveis. Observe a figura a seguir.

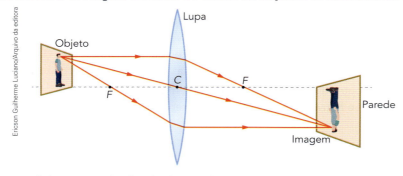

Diagrama de raios para a formação de uma imagem em uma lente convergente. Os elementos não estão representados em proporção. Cores fantasia.

Um raio de luz que sai do alto do objeto e incide na lente, paralelamente a seu eixo óptico, converge para o foco *F* após passar por ela. No entanto, um raio que incide sobre a lente, passando por um dos focos, propaga-se paralelamente ao eixo óptico após passar por ela. Já um raio que incide sobre o centro óptico atravessa a lente sem sofrer desvios. Todos esses raios encontram-se em um mesmo ponto, que é o local onde se forma a imagem da parte do objeto da qual saíram os raios de luz.

Na atividade de investigação *Formando imagens com lentes*, ajustamos a posição da lente em relação ao objeto para que ocorresse o encontro dos raios (e, portanto, a formação da imagem) sobre a parede. Essa imagem é denominada **imagem real**, pois é formada pelos raios luminosos projetados na parede.

Na atividade, havia duas posições da lente para as quais era possível formar uma imagem do objeto, sendo uma mais distante da parede e outra mais próxima. Nessa última situação, o objeto estava muito mais afastado da lente do que a imagem, e esta era menor que o objeto. Essa é a condição utilizada nos telescópios refratores, cujo esquema simplificado de funcionamento pode ser visto a seguir.

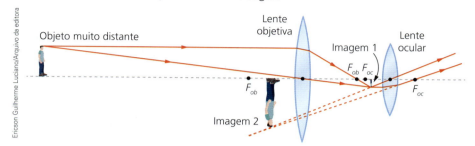

Esquema de formação de imagem em um telescópio refrator. Os elementos não estão representados em proporção. Cores fantasia.

Um telescópio refrator contém duas lentes: a **objetiva**, que é direcionada para o objeto que se deseja observar, e a **ocular**, que fica próxima ao olho do observador. A objetiva apresenta grande distância focal, se comparada à ocular. Na figura, as distâncias focais da objetiva e da ocular são representadas como F_{ob} e F_{oc}, respectivamente.

Quando a luz refletida por um objeto muito distante, como a Lua, incide na objetiva, essa lente forma uma pequena imagem real do satélite, em uma posição bem próxima de seu foco (posição indicada por "imagem 1" na figura). Essa imagem real funciona como objeto para a segunda lente. A luz dessa imagem incide sobre a ocular. Os raios de luz que atravessam a ocular estão divergindo; portanto, não se encontrarão para formar uma imagem. Mas, se desenharmos seus prolongamentos, veremos que eles se encontram em um ponto. Nesse ponto, indicado por "imagem 2" na figura, será formada a imagem da imagem 1. Essa segunda lente forma uma imagem ampliada do objeto distante e permite observar detalhes que não seriam vistos a olho nu.

Na atividade de investigação *Formando imagens com lentes*, você posicionou o objeto nas proximidades da lente e, em seguida, movimentou a lente de modo a formar uma imagem nítida do objeto sobre a parede. Há uma relação matemática entre a distância focal e as distâncias do objeto e de sua imagem à lente. Essas distâncias se relacionam conforme a equação:

$$\frac{1}{f} = \frac{1}{d_o} + \frac{1}{d_i}$$

em que f é a distância focal da lente, d_o é a distância do objeto à lente e d_i é a distância da imagem à lente. Sugerimos que você volte a essa atividade e, por meio dessa equação, determine o foco da lente que utilizou. Ao utilizar a equação na resolução de atividades, é necessário estar atento à convenção de sinais apresentada ao lado.

Convenção de sinais:
$f(+) \rightarrow$ lente convergente
$f(-) \rightarrow$ lente divergente
$d_i(+) \rightarrow$ imagem real
$d_i(-) \rightarrow$ imagem virtual
$d_o(+) \rightarrow$ sempre

Atividade

5. Um raio de luz sofre refração ao passar de um meio para outro, conforme mostra o diagrama ao lado.

   a) Qual dos dois meios tem o maior índice de refração?

   b) Considerando que $\theta_1 = 30°$ e $\theta_2 = 34,8°$, se o material do meio 1 for o vidro, o meio 2 representa qual material? Consulte o quadro com o índice de refração de alguns meios, visto anteriormente, para identificar o material.

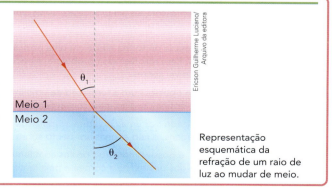

Representação esquemática da refração de um raio de luz ao mudar de meio.

A física da visão

Enxergamos os objetos porque a luz refletida ou emitida por eles chega até nossos olhos. Para que possamos enxergar um objeto com nitidez, sua imagem deve ser formada sobre a retina, camada interior do olho na qual estão os cones e bastonetes – células sensíveis à luz que convertem os estímulos luminosos em elétricos para serem levados ao cérebro pelo nervo óptico. Duas lentes são importantes nesse processo: a córnea e o cristalino.

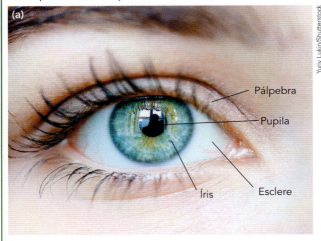
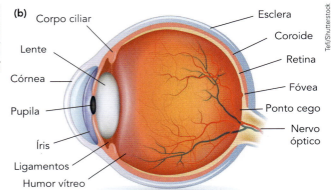

Partes do olho humano (a) e representação da estrutura do olho humano (b). Os elementos não estão representados em proporção. Cores fantasia.

Você viu que a posição da lente deve ser ajustada em relação ao anteparo e ao objeto para a formação de uma imagem nítida. Em nosso olho, para que possamos obter imagens nítidas de objetos próximos ou distantes, os músculos ciliares alteram a curvatura da lente (cristalino), tornando-a menos ou mais convergente, em um processo denominado **acomodação visual**. Também há músculos que atuam na íris, de modo a regular a quantidade de luz que entra pela pupila. Se há muita luz no ambiente, a íris diminui o tamanho da pupila. Se há pouca luz, o tamanho da pupila é aumentado.

Se a lente não tiver a forma apropriada ou não conseguir se acomodar, a imagem pode ser formada fora da posição correta sobre a retina. Nesse caso, ocorrem as ametropias.

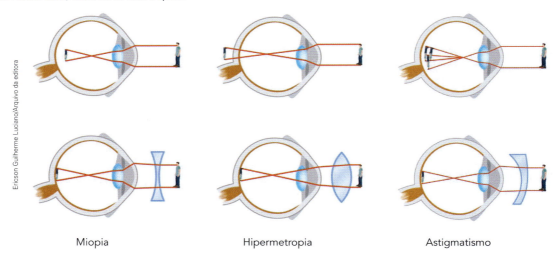

Formação de imagem nas ametropias mais comuns. Os elementos não estão representados em proporção. Cores fantasia.

Na **miopia**, a imagem é formada de forma nítida em uma posição anterior à retina. Desse modo, quando a luz chega à retina, forma-se uma imagem desfocada. Para resolver esse problema, é necessário tornar o sistema óptico do olho menos convergente por meio de óculos com lentes divergentes.

Na **hipermetropia**, ocorre o oposto, com a formação de uma imagem após a posição da retina. Para corrigir esse problema, é necessário tornar o sistema óptico do olho mais convergente, o que se consegue com o uso de óculos com lentes convergentes.

O **astigmatismo** é caracterizado por uma curvatura irregular da córnea em diferentes partes. Isso faz com que existam vários pontos nos quais são formadas imagens, e não apenas um ponto sobre a retina.

Após um exame detalhado, é possível construir óculos com lentes de espessuras diferentes em regiões distintas. A combinação da passagem da luz pela lente dos óculos, pela córnea e pela lente do olho forma uma única imagem sobre a retina.

Espelhos

Conforme vimos, Galileu realizou grandes descobertas utilizando suas lunetas. Contudo, por causa da refração da luz branca nas lentes, é comum a ocorrência de um fenômeno denominado **aberração cromática**. Em lentes comuns, a imagem vista através da lente apresenta uma borda colorida.

A aberração cromática ocorre porque cada comprimento de onda da luz, ou seja, cada cor, apresenta uma velocidade ligeiramente diferente no vidro. Isso resulta do fato de o índice de refração depender do comprimento de onda da luz (ou de sua frequência). Quanto maior a frequência, maior será o índice de refração. Por exemplo, o índice de refração no vidro para a luz azul é um pouco maior do que para a luz vermelha. Assim, raios de cores distintas sofrem desvios diferentes ao atravessar o vidro se a incidência for oblíqua.

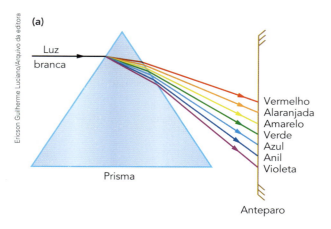

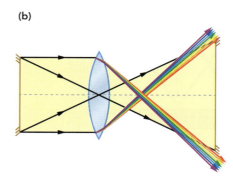

Esse efeito da dispersão da luz branca em um prisma (a) é muito útil em espectrômetros, cujo objetivo é separar espacialmente os comprimentos de onda da luz, mas é um efeito desastroso em uma lente (b), pois a imagem fica borrada e com várias cores.

Para contornar esse problema nas lentes, Isaac Newton propôs a construção de um telescópio no qual um espelho esférico é utilizado no lugar da lente objetiva. Newton apresentou seu telescópio à Royal Society de Londres em 1671. Ele ficou conhecido como **telescópio newtoniano** e, por utilizar um espelho em vez de uma lente, faz parte de uma classe de telescópios denominados **refletores**. Para compreender como um telescópio refletor pode formar uma imagem, vamos começar estudando algumas propriedades da reflexão da luz em espelhos.

Quando a luz incide sobre um espelho, ela é refletida, ou seja, não atravessa para outro meio. Isso nos possibilita, por exemplo, ver nossa imagem refletida em um espelho.

Na reflexão, o ângulo formado entre o raio incidente e a reta normal à superfície no ponto de incidência é igual ao ângulo entre o raio refletido e essa mesma reta normal. Isso se aplica a todo e qualquer tipo de superfície. Observe a figura.

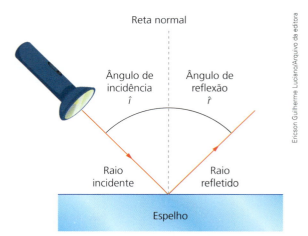

O ângulo de incidência ($\hat{i}$) da luz em relação à normal é igual ao ângulo de reflexão ($\hat{r}$).

Parte da luz que incide sobre nosso rosto e se desloca em direção ao espelho é refletida e chega aos nossos olhos, permitindo que vejamos nossa imagem.

81

Mas, se todos os objetos que enxergamos estão refletindo a luz em direção aos nossos olhos, por que nem toda superfície se mostra como um espelho? A diferença está nas irregularidades da superfície. Uma superfície extremamente lisa, como a de um espelho, produz uma reflexão denominada **especular**. De modo oposto, uma superfície como uma parede, devido às suas pequenas irregularidades, produz uma reflexão denominada **difusa**. Cada parte da superfície irregular possui a normal orientada em uma direção diferente, o que ocasiona a reflexão do feixe para uma direção diferente.

Em um espelho plano, encontramos a posição da imagem de um objeto pelo prolongamento de pelo menos dois raios refletidos por ele. Veja a figura a seguir. Dos inúmeros raios de luz que são refletidos em todas as direções pela superfície do objeto, representamos dois que se propagam em direção ao espelho. Ao atingirem o espelho, esses raios são refletidos em direção ao olho do observador. Note que a imagem é formada atrás do espelho. Esse tipo de imagem é chamado **virtual**, pois são os prolongamentos dos raios luminosos que fornecem a posição da imagem, diferentemente da imagem real, formada na lente convergente estudada anteriormente. Além dessa característica, a imagem formada por um espelho plano possui o mesmo tamanho do objeto, e sua distância ao espelho (d_i) é igual à distância do objeto ao espelho (d_o).

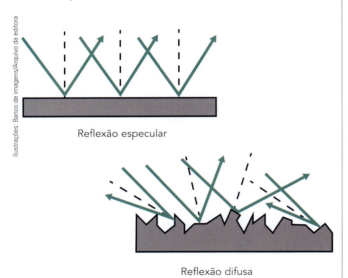

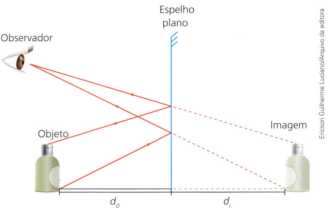

Na reflexão especular, os feixes são refletidos em um mesmo ângulo. Na reflexão difusa, os feixes são refletidos em direções diferentes.

Formação de imagem em um espelho plano. Os elementos não estão representados em proporção. Cores fantasia.

Atividades

6. Um raio de luz incide em uma superfície refletora da maneira indicada na figura.

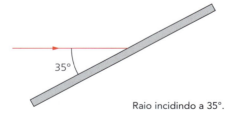

Raio incidindo a 35°.

a) Reproduza a figura no caderno e desenhe o feixe refletido.

b) Qual é o valor do ângulo de incidência que o feixe de luz faz com a normal?

c) Qual é o valor do ângulo de reflexão?

7. A figura a seguir representa uma lanterna posicionada no ponto A, cuja luz ilumina um objeto no ponto B, após ser refletida no espelho DE.

Dados $AD = 1,5$ m, $BE = 3$ m, $DE = 6$ m.

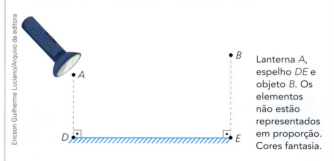

Lanterna A, espelho DE e objeto B. Os elementos não estão representados em proporção. Cores fantasia.

a) Reproduza a figura no caderno e desenhe um raio de luz que sai da lanterna e atinge o objeto após a reflexão no espelho.

b) Desenhe a posição da imagem do objeto do ponto B formada no espelho.

c) Encontre a distância percorrida pela luz para ir de A até B.

Já as imagens produzidas pelos espelhos esféricos apresentam características bastante diferentes. Você pode ter ideia do que seja um espelho esférico olhando para uma colher bem polida. O interior da concha de uma colher é semelhante a um espelho côncavo, e o exterior, a um espelho convexo.

As superfícies espelhadas de uma colher comportam-se como um espelho côncavo e um espelho convexo.

Observe a representação a seguir. Quando um conjunto de raios paralelos ao eixo óptico incide sobre um espelho côncavo, eles convergem para o foco *F* real do espelho; se a incidência for sobre um espelho convexo, eles divergem. Nesse último caso, os prolongamentos dos raios parecem originar-se de um ponto comum, que é o foco *F* virtual. Por esse motivo, os espelhos côncavos são chamados de **convergentes** e os convexos, de **divergentes**. Além do foco, outros pontos importantes dos espelhos esféricos são o **centro de curvatura** (*C*), que é o centro da esfera à qual pertence a superfície do espelho, e o **vértice** (*V*), que é o ponto central da superfície refletora. Sendo *C* o centro de curvatura, sua distância até o espelho é igual ao raio de curvatura do espelho. A distância do foco *F* até o espelho, chamada de **distância focal**, é igual à metade do raio.

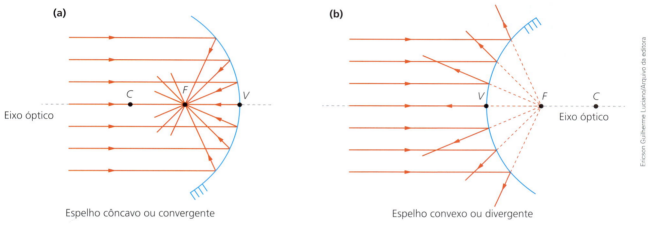

Representação esquemática da reflexão em espelho côncavo (a) e em espelho convexo (b).

Os espelhos convexos são muito utilizados em retrovisores de automóveis, garagens e estacionamentos. Esses espelhos produzem imagens menores que o tamanho dos objetos e possibilitam ampliar o campo visual.

Espelho convexo utilizado em garagem. Note que toda a entrada do prédio pode ser vista em um pequeno espelho.

Os espelhos côncavos podem formar imagens diferentes, dependendo da posição em que o objeto se encontra. Se o objeto estiver posicionado muito próximo ao espelho, entre o foco e o vértice, a imagem fica maior que o objeto e de cabeça para cima. Isso ocorre, por exemplo, nos espelhos de maquiagem. Essa imagem é formada atrás do espelho e, portanto, é virtual. Se afastarmos um pouco o objeto, colocando-o entre o foco e o centro de curvatura, a imagem formada será real, maior que o objeto e invertida.

Imagem virtual formada em um espelho côncavo. Como o horizonte e o céu estão muito afastados do espelho, suas imagens estão invertidas (de cabeça para baixo), enquanto o cachorro, por estar muito próximo, está direito (de cabeça para cima).

De forma análoga ao que fizemos no estudo das imagens em lentes, podemos ter melhor compreensão acerca da formação das imagens nos espelhos esféricos utilizando um modelo semelhante, baseado nos raios notáveis.

Um raio de luz que sai do objeto e incide no espelho, paralelamente ao seu eixo óptico, é refletido passando pelo foco F. Por outro lado, um raio que incide no espelho, passando pelo foco, é refletido paralelamente ao eixo óptico. Por fim, um raio que incide sobre o vértice do espelho, formando certo ângulo com o eixo óptico, é refletido segundo o mesmo ângulo.

Todos esses raios encontram-se em um mesmo ponto, que é o local onde se forma a imagem da parte do objeto da qual saíram os raios de luz. Nesse ponto haverá a formação de uma imagem real do objeto.

Há casos, no entanto, em que os raios refletidos não se encontrarão, pois estarão divergindo. Nesses casos, ocorrerá o encontro dos prolongamentos dos raios de luz, formando imagens virtuais. Isso ocorre, por exemplo, quando o objeto está entre o foco e o vértice em um espelho côncavo, ou para qualquer distância do objeto a um espelho convexo.

Se afastarmos muito o objeto do espelho, como ocorre na observação dos astros, a imagem ficará menor, invertida, mas ainda se formará na frente do espelho (imagem real) e poderá ser usada como objeto para uma lente. Esse é o princípio de funcionamento do telescópio newtoniano.

Aspecto de um telescópio newtoniano. Os elementos não estão representados em proporção. Cores fantasia.

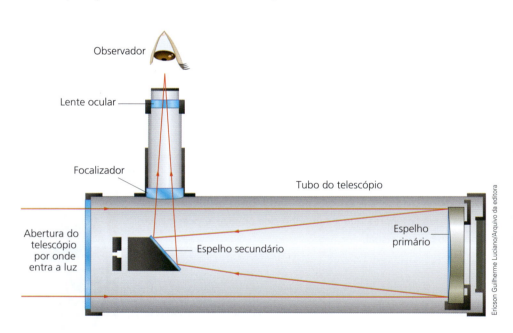

Diagrama mostrando o caminho dos feixes de luz no interior do telescópio. Os elementos não estão representados em proporção. Cores fantasia.

A luz que vem de um planeta ou de uma estrela entra pela abertura do telescópio e é refletida pelo espelho primário, que fica no fundo do tubo. Essa luz converge para um espelho plano (o espelho secundário), que a reflete para fora do tubo em direção a um conjunto de lentes que formam a ocular. Essas lentes ficam presas a um suporte (o focalizador) e formam uma imagem ampliada do astro observado.

Assim como no caso do estudo das lentes, a equação $\frac{1}{f} = \frac{1}{d_o} + \frac{1}{d_i}$ também relaciona a distância focal (f) com as distâncias do objeto (d_o) e da imagem (d_i) ao espelho. Nesse caso, é preciso considerar a convenção de sinais ao lado.

Há uma variante do telescópio refletor construído por Newton, denominada **cassegraniano**, provavelmente elaborada pelo francês Laurent Cassegrain (1629-1693), em 1672. O telescópio espacial Hubble utiliza esse tipo de configuração, com uma variante chamada Ritchey-Chretien.

Convenção de sinais:
$f(+) \rightarrow$ espelho côncavo
$f(-) \rightarrow$ espelho convexo
$d_i(+) \rightarrow$ imagem real
$d_i(-) \rightarrow$ imagem virtual
$d_o(+) \rightarrow$ sempre

No telescópio Hubble, também há dois espelhos, mas suas posições e formatos diferem do telescópio newtoniano. Veja no esquema a seguir a disposição dos espelhos.

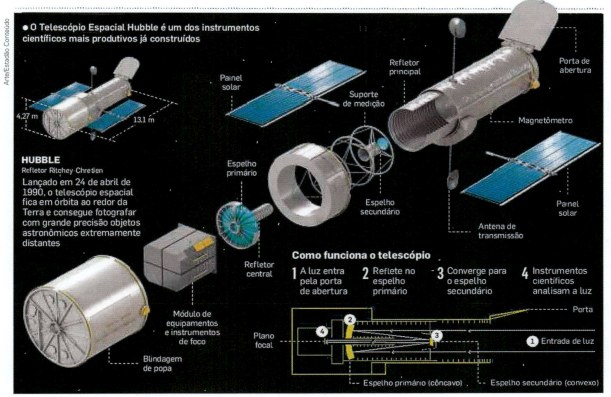

Estrutura do telescópio espacial Hubble, um dos instrumentos científicos mais produtivos já construídos. Os elementos não estão representados em proporção. Cores fantasia.

O espelho primário (côncavo) converge a luz recebida em direção ao secundário (convexo), que a reflete em direção a um orifício no centro do espelho primário. Após passar por esse orifício, a luz chega aos diversos sensores do telescópio, que realizam a análise da luz recebida e processam a imagem do astro. Observe o diagrama dos feixes de luz no interior do Hubble.

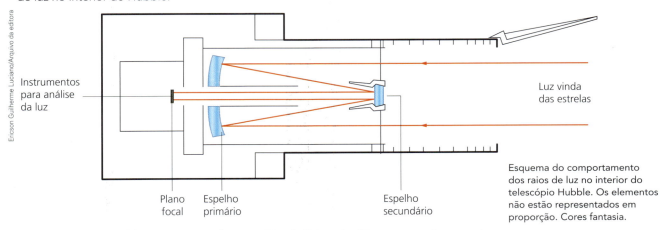

Esquema do comportamento dos raios de luz no interior do telescópio Hubble. Os elementos não estão representados em proporção. Cores fantasia.

O fato de o Hubble usar um espelho primário de 2,4 m de diâmetro permite que ele detecte 40 mil vezes mais luz que o olho humano. Isso equivale a perceber a luz de uma lâmpada a uma distância tão grande quanto aquela que separa o Chuí, no extremo sul do país, do monte Caburaí, em Roraima.

O telescópio espacial Hubble recebeu esse nome em homenagem ao astrônomo Edwin Hubble (1889-1953), que apresentou grandes contribuições para a compreensão de diversos aspectos do Universo.

85

Na prática — Investigação

Hubble e a expansão do Universo

Nesta atividade, vamos investigar aspectos da movimentação das galáxias por meio de um modelo.

Material

- Balão de forma arredondada (não use um longo e fino).
- Caneta do tipo marcador permanente.
- Pedaço de barbante com 20 cm de comprimento.
- Régua.
- Cronômetro.

O que fazer

1. Você precisará da ajuda de um colega, pois um terá de segurar o balão, enquanto o outro fará as medidas.

2. Antes de começar, reproduza o quadro a seguir no caderno para registrar suas medidas.

	d_i	d_f	$d_f - d_i$	$v = \dfrac{d_f - d_i}{t}$
Distância de A a B	///////	///////	////////////	/////////////////////
Distância de A a C	///////	///////	////////////	/////////////////////
Distância de A a D	///////	///////	////////////	/////////////////////
Distância de A a E	///////	///////	////////////	/////////////////////

Distância entre as galáxias, diferença entre as distâncias inicial e final e velocidade de afastamento entre as galáxias.

3. Encha um pouco o balão e feche-o com os dedos. Não amarre a boca do balão.

4. Com a caneta permanente, faça cinco pequenos círculos no balão, com aproximadamente 5 mm de diâmetro cada um, espalhados em diferentes partes. Nomeie os círculos de A a E para identificá-los. Cada um desses círculos representa uma galáxia inteira, e a superfície do balão representa o Universo onde elas se encontram. Escolha uma das galáxias para ser a sua, com a Via Láctea, por exemplo, sendo representada pelo ponto A.

5. Use um barbante para medir a distância entre duas galáxias. Enquanto você segura o balão, seu colega usa o barbante para medir a distância da Via Láctea até cada uma das outras galáxias vizinhas. Você pode determinar a distância medindo o tamanho do barbante com a régua. Anote esses valores na coluna d_i (distância inicial) do quadro.

Balão representando o Universo com as galáxias marcadas com caneta permanente.

6. Assopre mais ar no interior do balão e use o cronômetro para medir quanto tempo leva para ele encher. Anote no caderno o tempo em segundos quando você parar de assoprar.

7. Meça novamente todas as distâncias entre a Via Láctea e as demais galáxias. Anote os valores na coluna d_f do quadro.

Medição da distância entre as galáxias após encher o balão.

8. Para calcular a velocidade de afastamento das galáxias em relação à Via Láctea, você precisa da distância percorrida por elas. A distância percorrida é a diferença entre os valores das colunas d_i e d_f do quadro. Calcule os valores da distância percorrida ($d_f - d_i$) e anote-os na coluna $d_f - d_i$ do quadro.

9. Calcule a velocidade v de cada galáxia, dividindo a distância $d_f - d_i$ pelo tempo medido pelo cronômetro. Anote os valores na coluna $v = \dfrac{d_f - d_i}{t}$ do quadro.

Reflexão

1. Entre os passos 5 e 7, houve aumento ou redução no valor das distâncias? Isso significa que as galáxias estão se aproximando ou se afastando umas das outras?

2. Considere duas galáxias, uma mais próxima da Via Láctea e outra mais distante. Elas se afastam de nossa galáxia com a mesma velocidade? Em caso negativo, qual delas se afasta com maior velocidade?

3. O que seria diferente se você tivesse escolhido outro círculo para ser a Via Láctea?

Na prática Investigação

Representação gráfica da lei de Hubble

A partir de 1921, o astrônomo Edwin Hubble realizou uma série de medidas da velocidade de galáxias próximas à Via Láctea. Inicialmente, ele observou que todas as galáxias estavam se afastando umas das outras. Quando ele representou em um gráfico a velocidade das galáxias em função da distância delas em relação à Terra, verificou que, quanto mais afastada a galáxia, maior é a velocidade com a qual ela se distancia da nossa. Esses resultados forneceram as primeiras evidências de que o Universo está em expansão.

Nesta atividade, analisaremos os dados obtidos por Hubble.

Material

- *Software* SciDAVis.

O que fazer

O quadro abaixo apresenta alguns dos dados obtidos por Hubble e seus colaboradores em 1929.

Distância ($\times 10^{19}$ km)	0,65	0,80	0,83	0,83	1,39	1,54	2,47	3,39	4,32	6,17
Velocidade (km/s)	130	70	185	220	200	270	300	450	500	800

THE TIMES EDUCATIONAL SUPPLEMENT. Disponível em: https://www.tes.com/teaching-resource/aqa-p1-6-hubble-s-law-worksheet-from-1929-data-6116908. Acesso em: 31 jul. 2021.

Distâncias e velocidades de dez galáxias distintas.

1. Vamos usar o *software* SciDAVis para construir um gráfico com os dados do Hubble e analisá-lo. Baixe o programa da internet e abra um novo projeto.

2. Clique em "File", "New" e "New Project". Aparecerá uma tabela em branco com duas colunas; a primeira designada por *X* e a segunda, por *Y*. A tela do programa aparecerá conforme mostrado na figura abaixo.

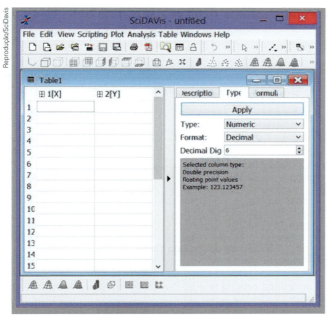

Visualização da tela do programa no momento inicial.

3. Preencha a coluna *X* com os dados das distâncias das galáxias do quadro. Esses dados serão representados no eixo horizontal do gráfico (*X*). Para inserir a potência 10^{19}, escreva "e19" (a letra **e** equivale a **10 elevado a**). Para inserir o número $0,65 \times 10^{19}$ completo, escreva "0,65e19". Você deve preencher os dados na coluna *X* em ordem crescente de valores. Se, ao digitar o número, o programa não aceitar, pode ser necessário substituir a vírgula (,) pelo ponto (.).

Na prática

4. Depois, preencha os dados das velocidades das galáxias na coluna Y. Esses dados serão representados no eixo vertical do gráfico (Y).

5. Para construir o gráfico, clique sobre a coluna Y. Todos os dados ficarão marcados em azul. Clique em "Plot" e "Scatter". O gráfico surgirá na tela. Mantenha a janela ativa para outras operações.

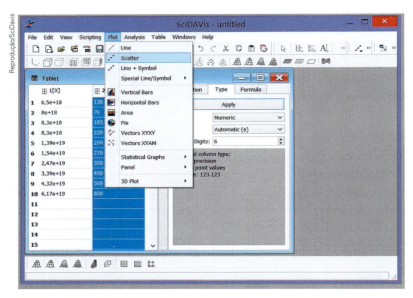

Visualização da tela do programa no momento de plotar o gráfico.

6. Escreva o nome das grandezas representadas em cada eixo, com suas respectivas unidades. Para isso, clique em "X Axis Title", na parte de baixo do gráfico. Aparecerá uma janela e você deve escrever "Distância da galáxia (km)". Faça o mesmo para o eixo Y, clicando em "Y Axis Title" e escrevendo "Velocidade da galáxia (km/s)". Clique em "Title" e escreva, na janela que aparecerá, um título para o gráfico. Nesse caso, seria: "Velocidade *versus* distância das galáxias".

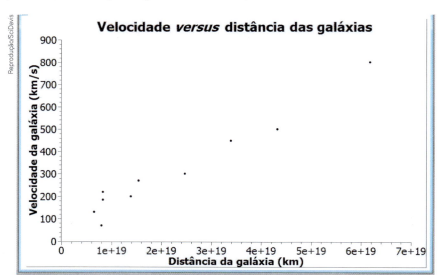

Gráfico construído no programa.

Os dados seguem aproximadamente uma linha reta inclinada. Podemos encontrar a equação da reta que melhor se ajusta aos pontos experimentais. Existe uma maneira matemática, denominada **regressão linear**, que determina os valores dos coeficientes A e B que definem a equação da reta, ou seja, $Y = A \cdot X + B$. O parâmetro A está relacionado à inclinação da reta (coeficiente angular) e o B corresponde ao ponto no qual a reta intersecta o eixo Y (coeficiente linear). O processo de regressão linear é um cálculo matemático que fornece os valores de A e B que melhor descrevem a variação dos dados experimentais.

7. Para fazer a regressão linear, clique em "Analysis", "Quick Fit" e "Fit Linear". Surgirá na tela uma caixa de texto com várias informações sobre o processo. Estamos interessados apenas nos valores dos parâmetros A e B, que são dados com seus respectivos erros. Anote os valores de A e B, mas não copie todos os algarismos que o ajuste fornece. Use no máximo três algarismos para representar os valores de A e B.

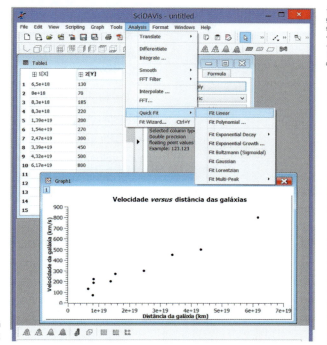

Visualização da tela do programa com a regressão linear.

8. Escreva a equação da reta com os valores obtidos no gráfico. Lembre-se de que a equação da reta é algo semelhante a $Y = A \cdot X + B$. Você representou no eixo Y os valores de velocidade em km/s, no eixo X os valores de distância em km, e os parâmetros A e B foram fornecidos pelo *software*. Insira a equação em uma nova janela de texto. Para inserir essa nova janela, clique em "Graph" e "Add Text".

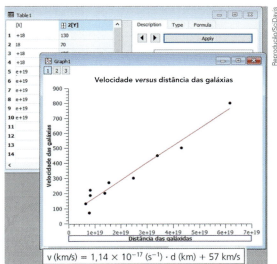

Visualização da tela do programa com a regressão linear.

Reflexão

1. Ao examinar os dados da figura do item 6, você diria que eles indicam uma relação linear entre a distância e a velocidade das galáxias? Comparando as figuras dos itens 6, 7 e 8, como você interpreta o fato de que alguns pontos estão muito distantes da reta do ajuste linear?

2. Você construiu um gráfico da velocidade de algumas galáxias em relação à distância delas até a Terra. A relação entre essas duas grandezas, revelada pelo gráfico, condiz com o resultado da atividade anterior?

3. Na ciência, os gráficos têm um papel muito importante, pois podem revelar relações entre grandezas que seriam difíceis de visualizar de outra maneira. Os cientistas extraem informações relevantes para o avanço da ciência com base em gráficos. A inclinação da reta obtida pelo gráfico e exibida na figura do item 8 tem uma interpretação física. Debata com um grupo de colegas o significado do valor obtido para a inclinação da reta e apresente-o ao professor. Não se preocupe se, neste momento, sua proposta está ou não correta do ponto de vista físico.

A lei de Hubble

Utilizando um gráfico semelhante ao que você obteve na atividade anterior, Hubble estimou a idade do Universo. Essa estimativa pode ser obtida com base no valor do coeficiente A do gráfico.

Em primeiro lugar, precisamos saber qual é a unidade de A que corresponde à inclinação da reta. A inclinação de uma reta é dada pela razão de um intervalo de valores do eixo Y por um intervalo de valores do eixo X. A unidade de A é, então, a relação da unidade da velocidade que está no eixo Y (km/s) pela unidade da distância no eixo X (km), ou seja, a unidade de A é 1/s. O inverso de A é, portanto, uma grandeza que tem dimensão de tempo. Na realidade, ele fornece a idade do Universo.

Para entender a razão, vamos imaginar uma corrida de maratona na qual todos os corredores começam no mesmo local e instante. Se alguém chegar depois do início da corrida, perceberá que os corredores mais rápidos estarão mais distantes, enquanto os mais lentos estarão mais próximos da partida. Podemos, portanto, retroceder o tempo para as galáxias: o fato de as distâncias com as quais elas se afastam de nós serem linearmente proporcionais a suas velocidades mostra que elas estiveram em um mesmo local em um instante do passado, assim como estavam juntos os corredores na hora da partida. Em síntese, as experiências de Hubble mostraram que o Universo está em expansão e que todas as galáxias estavam muito próximas tempos atrás.

Vamos determinar o tempo T sabendo que ele é igual a $1/A$. Considerando $A = 1{,}14 \times 10^{-17}$ s^{-1}, temos que $T = 8{,}8 \times 10^{16}$ s. Como 1 ano tem $3{,}15 \times 10^7$ s ($365 \times 24 \times 60 \times 60$ s), obtemos que o tempo T em que as galáxias acima estavam muito próximas foi de $2{,}8 \times 10^9$ anos, ou seja, 2,8 bilhões de anos. Como veremos adiante, a teoria mais aceita hoje é a de que houve uma grande expansão nessa época, chamada de *Big Bang*, e esse tempo define a idade do Universo.

Como você deve ter percebido quando fez a regressão linear dos dados do gráfico *Velocidade* versus *distância das galáxias*, alguns pontos experimentais ficaram bem afastados da reta que melhor ajusta todos os dados. Dessa forma, a precisão dos valores das constantes A e B é pequena, ou seja, o erro é grande.

De fato, nos últimos cem anos, o aperfeiçoamento dos telescópios e dos métodos teóricos de análise permitiu a obtenção de dados cada vez mais precisos. O telescópio espacial Hubble tem realizado medidas do afastamento das galáxias a distâncias maiores para determinar com maior precisão a evolução do Universo em expansão. Com os novos dados obtidos, a idade estimada do Universo é diferente daquela obtida por Hubble, mas a relação linear entre a distância da galáxia e sua velocidade de afastamento continua válida. Os dados mais atuais fornecem o valor da idade do Universo como aproximadamente 14 bilhões de anos.

> De acordo com a **lei de Hubble**, as galáxias estão se afastando umas das outras em velocidades que aumentam conforme mais distantes elas estiverem umas das outras.
> A extrapolação da expansão para o passado mostra que houve um evento inicial, o *Big Bang*, que ocorreu cerca de 14 bilhões de anos atrás.

O eco do *Big Bang*

Em 1965, quando trabalhavam na companhia ATT-Bell Laboratories, os pesquisadores Arno Penzias (1933-) e Robert Wilson (1941-) tiveram dificuldade em eliminar um ruído captado por antenas que seriam destinadas à comunicação por micro-ondas em radares. Inicialmente, eles acreditaram que as antenas estavam com defeito, porém, após entrar em contato com trabalhos de pesquisadores que tentavam entender a expansão do Universo, associaram o ruído de micro-ondas captado ao eco de uma grande explosão. A detecção dessa radiação foi considerada um forte indício da validade da teoria do *Big Bang*.

Penzias e Wilson em frente à antena de micro-ondas Holmdel, c. 1963.

A busca pelo entendimento da constituição da matéria nos levou a concebê-la como sendo formada por partículas, inicialmente consideradas indivisíveis, mas que se revelaram compostas de outras mais elementares, como o átomo. Este é constituído de elétrons, prótons e nêutrons, e os dois últimos são formados por *quarks*. Nos grandes aceleradores de partículas, o objetivo é quebrar as partículas e verificar quais delas são elementares, ou seja, indivisíveis. É como se quiséssemos voltar no tempo.

O chamado *Big Bang* ocorreu há cerca de 14 bilhões de anos. No início, o Universo era tão quente que não havia os átomos, apenas uma sopa de partículas elementares. Com a expansão, a temperatura do Universo diminuiu, e as partículas elementares combinaram-se e formaram estruturas maiores. Os prótons e os nêutrons formaram-se dos *quarks* e, cerca de 300 mil anos depois do *Big Bang*, foram constituídos os primeiros átomos, com a combinação de elétrons, prótons e nêutrons. Veja a seguir uma representação de alguns eventos importantes na história do Universo.

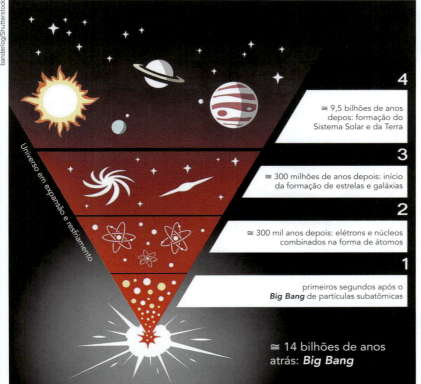

Representação da evolução do Universo conforme a teoria do *Big Bang*. Os elementos não estão representados em proporção e distâncias. Cores fantasia.

91

Na prática — Investigação

A dilatação do tempo e a contração do espaço

Na Mecânica newtoniana, o tempo e o espaço são quantidades absolutas, isto é, não se modificam em função do movimento dos corpos. No entanto, com a teoria da relatividade de Einstein, esses conceitos deixaram de ser absolutos e passaram a depender da velocidade dos corpos. Nesta atividade, iniciaremos nossas reflexões sobre a relatividade.

O que fazer

Observe as tirinhas a seguir.

Tirinha representando o paradoxo dos gêmeos.

Tirinha representando um dos efeitos previstos pela teoria da relatividade.

Reflexão

1. Como você interpreta cada uma das tirinhas? Escreva um pequeno texto apresentando sua compreensão sobre cada uma delas.

A teoria da relatividade

1905: um ano miraculoso

Há 100 anos, um jovem físico, trabalhando como técnico de terceira classe em um escritório de patentes em Berna (Suíça), publicou cinco trabalhos. [...] Dois deles mostrariam [...] como poderia ser demonstrada experimentalmente a realidade física de átomos e moléculas, assunto ainda controverso no início do século passado. Poucos anos depois, graças a essas ideias, a teoria atômica receberia sua consagração final [...]. Os três artigos restantes alteraram profundamente a face da física moderna. No primeiro [...], o jovem [...] propôs o que mais tarde ele classificaria como a ideia mais revolucionária de sua vida: a luz, sob certos aspectos, apresenta uma natureza granular. Em julho e setembro, concluiu os dois últimos artigos de 1905 [...] [que], em conjunto, dariam origem à teoria da relatividade, que destruiria o caráter absoluto atribuído, durante séculos, ao tempo e ao espaço. Seu nome: Albert Einstein.

MOREIRA, I. C. 1905: um ano miraculoso. *Ciência Hoje*, Rio de Janeiro, 1º fev. 2005. Disponível em: https://cienciahoje.org.br/artigo/1905-um-ano-miraculoso/. Acesso em: 7 dez. 2021.

Mas o que é mesmo relativo na teoria da relatividade? Para responder a essa pergunta, vamos definir o que é um referencial. Considerando apenas o espaço, precisamos inicialmente escolher um ponto que será a origem desse referencial, ou o ponto zero. Uma vez determinada a origem, precisamos de três valores para definir as coordenadas cartesianas de qualquer outro ponto P nesse espaço, que são as coordenadas x, y e z. Podemos considerar, por exemplo, que a origem esteja em um trem que se desloque em linha reta e com velocidade constante, em movimento retilíneo uniforme (MRU). De acordo com o princípio de Galileu, esse referencial também é inercial. Na figura a seguir, estão representados dois sistemas de eixos cartesianos inerciais: o sistema (x, y, z), em repouso, e o sistema (x', y', z'), que se move em linha reta na direção x e com velocidade constante v.

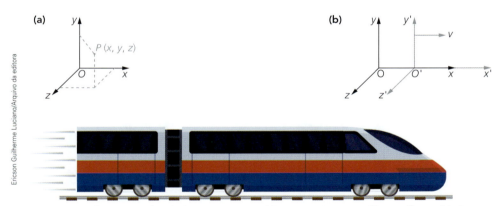

Representação de sistemas de referência em repouso (a) e em movimento retilíneo uniforme (b). Os elementos não estão representados em proporção. Cores fantasia.

De acordo com as previsões da Mecânica de Galileu, se você estiver em um veículo que se move a 30 km/h e correr para trás com velocidade de 10 km/h, para um observador que esteja fora do veículo essa velocidade será de 20 km/h para a frente. No entanto, no referencial do próprio veículo, sua velocidade será de 10 km/h para trás. Ou seja, a velocidade é relativa, pois depende do referencial inercial que escolhemos para representá-la.

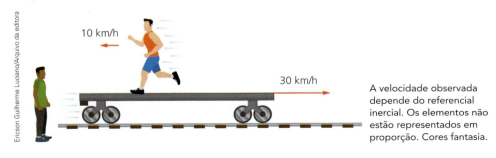

A velocidade observada depende do referencial inercial. Os elementos não estão representados em proporção. Cores fantasia.

A teoria da relatividade surgiu da necessidade de resolver uma contradição entre a Mecânica e o Eletromagnetismo em relação à velocidade da luz. De acordo com as predições de Galileu, a velocidade depende do referencial inercial de onde se observa. No entanto, conforme a teoria eletromagnética de Maxwell (1831-1879), a velocidade da luz tem um valor único, que é de c = 299 792 450 m/s (aproximadamente 3 × 10⁸ m/s). Einstein optou pelo Eletromagnetismo e estabeleceu o seguinte postulado:

A velocidade da luz é a mesma em qualquer referencial inercial.

Para resolver essa contradição, Einstein abriu mão das predições de Galileu sobre transformações de referenciais inerciais e usou uma formulação desenvolvida pelo físico holandês Hendrik Lorentz (1853-1928) para essas mesmas transformações. Duas consequências importantes dessa nova formulação foram a previsão da dilatação do tempo e a contração do espaço para corpos em movimento.

As equações a seguir, propostas por Einstein, mostram como um intervalo de tempo $\Delta t'$ e um intervalo de espaço $\Delta x'$ em um referencial em movimento com velocidade v se relacionam, respectivamente, com um intervalo de tempo Δt e de espaço Δx em um referencial em repouso. Como o termo dentro da raiz quadrada é menor que 1, o intervalo de tempo dilata-se, isto é, passa mais devagar para os corpos em movimento, e os corpos em movimento se contraem na direção do movimento.

$$\Delta t' = \frac{\Delta t}{\sqrt{1 - \frac{v^2}{c^2}}} \qquad \Delta x' = \Delta x \cdot \sqrt{1 - \frac{v^2}{c^2}}$$

Relógio estacionário

Relógio em movimento

87% da velocidade da luz

Representação que mostra que corpos em movimento se contraem na direção do movimento e que o tempo se dilata (passa mais devagar) para o referencial em movimento.

Atividades

1. Será que a relatividade afeta a vida cotidiana? Vamos voltar às duas tirinhas da atividade *A dilatação do tempo e a contração do espaço* e avaliar a contração do espaço e a dilatação do tempo. Suponha que a astronauta viaje por cinco anos com a velocidade de 1 080 km/h (300 m/s). O intervalo de tempo medido por ela seria diferente daquele medido por seu amigo na Terra? No caso do gato, que possui um comprimento de repouso de 30 cm, se sua velocidade for de 18 km/h (5 m/s), a redução de seu comprimento na direção do movimento seria significativa? Proponha respostas a essas questões, avaliando o termo $\sqrt{1 - \frac{v^2}{c^2}}$, em que v é a velocidade da astronauta, ou do gato, e c é a velocidade da luz.

2. O que você concluiu a respeito do efeito da relatividade sobre corpos que se movem a baixas velocidades?

3. Suponha que a astronauta e o gato se movam a velocidades muito próximas à da luz, por exemplo, 0,9c (90% da velocidade da luz c). Nesse caso, quais seriam os valores dos intervalos de tempo e de comprimento para as mesmas situações descritas na atividade 1?

Teoria da relatividade no dia a dia

Como a curvatura do espaço-tempo afeta o dia a dia?

Vimos que a teoria da relatividade não influencia no movimento dos corpos no dia a dia, mas o GPS usa as predições da teoria da relatividade para determinar localizações com precisão. Se essa teoria não fosse levada em conta, não seria possível chamar um táxi por aplicativo no centro de uma cidade, por exemplo.

O Sistema de Posicionamento Global (GPS) utiliza a teoria da relatividade para determinar a direção das ondas eletromagnéticas emitidas pelo satélite em movimento e captadas pelo celular. Os elementos não estão representados em proporção. Cores fantasia.

Apesar de a dilatação do tempo no referencial do satélite ser pequena, ela é suficiente para afetar a localização de um ponto na superfície da Terra usando um GPS, uma vez que o sinal do satélite enviado para o receptor tem a velocidade da luz. Como os satélites estão em movimento, a relatividade prevê que os relógios a bordo ficam atrasados em relação aos relógios na Terra por causa da dilatação do tempo. Essa correção deve ser feita para que a medida de um GPS seja precisa.

Além do efeito da dilatação do tempo, as órbitas dos satélites estão bem acima da superfície da Terra, onde a força da gravidade é menor. Assim, a curvatura do espaço-tempo em decorrência da massa da Terra na órbita do satélite é menor do que na superfície da Terra. Isso faz com que as ondas eletromagnéticas de comunicação entre o satélite e uma antena na Terra sofram um desvio nesse caminho. Esse desvio deve ser levado em consideração para que o GPS forneça uma localização precisa.

O espaço-tempo: a associação indissolúvel entre o espaço e o tempo

Na Mecânica clássica desenvolvida após os trabalhos de Galileu e Newton, espaço e tempo são características totalmente distintas. A velocidade de um corpo envolve tanto o espaço como o tempo, pois é uma variação de distância dividida por um intervalo de tempo. Quando Einstein postulou que a velocidade da luz é a mesma em todos os referenciais inerciais (teoria da relatividade especial ou restrita), ele acoplou o espaço ao tempo, de modo que uma variação no tempo esteja atrelada a uma variação no espaço. Em vez de haver um espaço com três dimensões, independentemente do tempo, que tem uma dimensão, precisamos agora considerar uma entidade chamada **espaço-tempo**, que tem quatro dimensões: x, y, z e t.

Entre 1915 e 1917, Einstein desenvolveu a **teoria da relatividade geral** para explicar a gravitação. Newton havia explicado a gravitação como decorrente de uma força de atração entre dois corpos, mas não apresentou explicações sobre a natureza desse fenômeno. Einstein propôs equações matemáticas que forneceram a relação entre a geometria do espaço-tempo e as propriedades da matéria. De acordo com essa teoria, uma massa provoca uma curvatura no espaço-tempo, e a força gravitacional é a manifestação de um corpo que se desloca em um espaço-tempo curvo. Quanto maior a massa, maior a curvatura do espaço-tempo.

De fato, não conseguimos fazer uma representação gráfica de um espaço-tempo com quatro dimensões. Podemos ter uma ideia do espaço-tempo se não considerarmos uma das dimensões espaciais (a direção z, por exemplo) e utilizá-la para representar o tempo. A representação a seguir retrata essa situação. Nesse caso, o espaço tem duas dimensões, x e y, que estão no plano, e o tempo t está representado no eixo vertical.

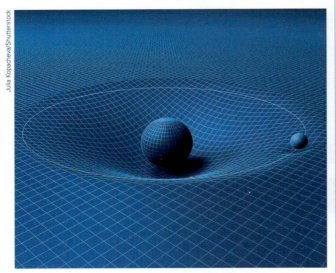

Representação da força gravitacional de acordo com a teoria da relatividade geral: a massa maior provoca a curvatura do espaço-tempo e a massa menor desloca-se circulando em torno da curva. A massa menor movimenta-se como uma esfera em um jogo de roleta. Na roleta, a esfera dá várias voltas, mas depois cai no centro, em virtude das forças de atrito que dissipam a energia mecânica. Se não houvesse atrito, a esfera da roleta continuaria a circular indefinidamente em torno do centro da roleta. O movimento de translação da Terra em torno do Sol é semelhante ao da esfera na roleta, porém sem atrito.

Para demonstrar que sua teoria estava correta, Einstein sugeriu que a curvatura do espaço-tempo poderia ser medida por meio da observação da luz de uma estrela distante durante um eclipse do Sol. Ao passar próximo ao Sol, a luz da estrela observada sofreria um desvio em sua direção de propagação. A medição desse desvio seria um indício de que as previsões de Einstein estavam corretas.

No dia 29 de maio de 1919, foi realizada em Sobral uma série de fotografias que permitiram a observação da curvatura da luz das estrelas ao passarem perto do Sol. Essa experiência foi considerada a confirmação da teoria da relatividade geral formulada por Albert Einstein: a luz, ao passar próximo a um corpo celeste de massa grande, sofre um desvio.

Em 2019, físicos, astrônomos, astrofísicos e historiadores da ciência reuniram-se em Sobral, em um evento organizado pela Sociedade Brasileira para o Progresso da Ciência (SBPC), para celebrar o centenário desse experimento.

(a) Fotografia tirada durante o eclipse solar de 29 de maio de 1919 para observar a trajetória da luz de uma estrela ao passar próximo ao Sol. (b) População de Sobral, no Ceará, observa o trabalho dos cientistas.

Atividades

4. O desvio da luz da estrela foi considerado uma evidência a favor da teoria proposta por Einstein. Explique a relação entre o desvio e a curvatura do espaço-tempo.

5. Para afirmar que a luz da estrela foi desviada pela presença do Sol, os cientistas compararam a posição da estrela vista no dia do eclipse com sua posição em uma noite comum. Por que foi necessário observar a estrela em um dia de eclipse?

Buracos negros e ondas gravitacionais

Uma das predições matemáticas da teoria da relatividade geral de Einstein é a existência de buracos negros. Um buraco negro é uma região do espaço-tempo em que a gravidade é tão intensa que nem as partículas nem a luz escapam dela. Eles são negros porque não emitem radiação. A curvatura do espaço-tempo é tão intensa que dá origem a uma singularidade, representada ao lado.

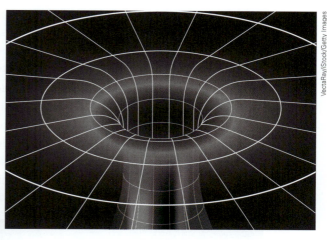

Curvatura do espaço-tempo de um buraco negro.

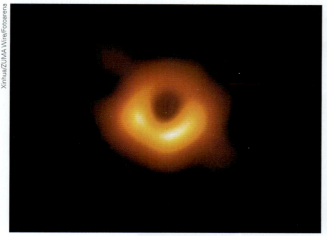

A existência dos buracos negros foi evidenciada há várias décadas, com base em seu efeito gravitacional sobre outros astros visíveis próximos a eles. No entanto, a primeira imagem de um buraco negro só foi feita em 2019, por meio de uma combinação de várias imagens obtidas por oito radiotelescópios espalhados pelo mundo.

Primeira imagem de um buraco negro, obtida em 2017. O buraco negro é a parte escura no centro do anel e as partes claras são suas bordas.

De acordo com a teoria da relatividade, objetos massivos acelerados, como estrelas de nêutrons ou buracos negros orbitando um ao outro, perturbariam o espaço-tempo. Essa perturbação daria origem a ondas de espaço-tempo, que se propagariam em todas as direções com a velocidade da luz e levariam consigo informações sobre suas origens, bem como sobre a natureza da gravidade. Em 2016, foi divulgada a primeira observação direta de ondas gravitacionais que se originaram da fusão de dois buracos negros. Em razão dessa descoberta, representada por meio de uma simulação computacional na figura a seguir, Rainer Weiss (1932-), Kip Thorne (1940-) e Barry Clark Barish (1936-) ganharam o prêmio Nobel de Física de 2017.

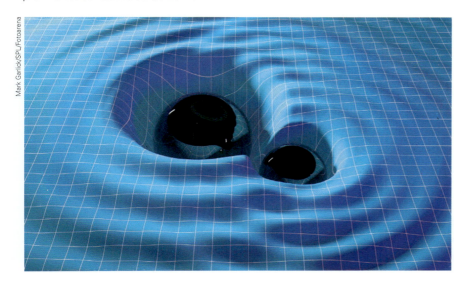

Representação da simulação computacional de ondas gravitacionais originadas da fusão de dois buracos negros.

A expansão acelerada do Universo: matéria e energia escura

Como discutimos, os astrônomos e físicos demonstraram nas últimas décadas, por meio de diversas evidências, que o Universo está em expansão. Fazendo a extrapolação dessa expansão para o passado, concluiu-se que toda a matéria e a energia do Universo estiveram concentradas em uma pequena região há cerca de 14 bilhões de anos. A pergunta a respeito de como essa expansão evoluirá no futuro sempre intrigou a comunidade científica.

A primeira questão a ser considerada é se a velocidade da expansão tem variado com o passar do tempo, ou seja, se ela tem aumentado ou diminuído, ou se ela tem se mantido constante. Como a força gravitacional é atrativa, ela deve desacelerar a expansão, já que as galáxias se atraem mutuamente. Em função disso, acreditou-se, durante muitas décadas, que a expansão do Universo estaria em processo de desaceleração. Nesse caso, as perguntas seguintes seriam: O Universo continuará em expansão para sempre ou a força gravitacional será capaz de freá-la completamente e, a partir daí, o Universo virá a se contrair até colapsar em alguma região? Seria possível, então, que tivesse ocorrido outro *Big Bang* e o Universo fosse pulsante, com sucessivas expansões e contrações?

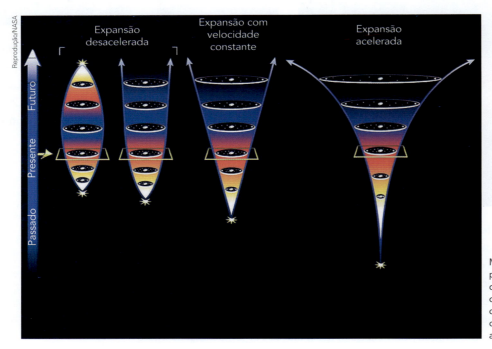

Modelos possíveis para a expansão do Universo: desacelerada, com velocidade constante e acelerada.

Em 1998, dois grupos de pesquisadores independentes realizaram observações em estrelas supernovas distantes e constataram que a velocidade com que os objetos do Universo se afastam está aumentando com o tempo, ou seja, a expansão do Universo está **acelerada**. As medidas foram realizadas com o telescópio espacial Hubble e com telescópios terrestres no Chile, na Europa e nos Estados Unidos. Adam Riess (1969-), um dos três membros da equipe ganhadora do prêmio Nobel de Física de 2011 pela descoberta, afirmou que a evidência de confirmação da expansão acelerada do Universo veio do telescópio espacial Hubble.

De acordo com a teoria da relatividade geral, uma expansão acelerada pode ser explicada em virtude da presença de um tipo diferente de energia, denominada **energia escura**, que é distinta de toda forma de energia que conhecemos. Além disso, os físicos constataram que existe outro tipo de matéria no Universo, denominada **matéria escura**, que é distinta da matéria que conhecemos, como os elétrons, os prótons, os nêutrons e todas as demais partículas elementares.

No início da segunda década do século XXI, o grande desafio é entender a origem da matéria e da energia escura.

Atividade

6. Faça uma pesquisa sobre a energia escura e a matéria escura. Procure saber qual é o percentual de energia escura e de matéria escura no Universo em relação à quantidade de energia e de matéria que conhecemos.

Evolução das estrelas

Além do brilho, as estrelas apresentam cores diversas, embora só se possa notar essa diferença a olho nu em estrelas muito brilhantes. Visualmente, temos pouca percepção da cor das estrelas, o que nos dá a impressão de que elas são brancas. Os fatores que determinam a cor das estrelas são, principalmente, a temperatura superficial e os elementos químicos de que elas são constituídas.

Relação da cor e da temperatura superficial das estrelas.

Uma estrela vermelha é considerada fria e sua temperatura é da ordem de 3 850 K. Uma estrela azul é bem mais quente, com temperatura de 60 000 K. O Sol apresenta temperatura superficial de 6 000 K (K é o símbolo usado para representar a unidade de temperatura kelvin; uma temperatura em kelvin é igual à temperatura em grau Celsius menos 273).

Podemos descobrir os elementos químicos constituintes das estrelas com base no espectro da luz emitida por elas. Os espectros são obtidos por meio de um aparelho denominado **espectrômetro**, que separa espacialmente as frequências que compõem um feixe de luz. Cada elemento químico produz um espectro de emissão ou de absorção característico que pode ser comparado com o espectro da luz das estrelas. O Sol contém diversos elementos químicos que são identificados da mesma maneira.

As estrelas possuem uma evolução que se diferencia por sua massa inicial. O tempo de vida de uma estrela é inversamente proporcional à sua massa. As mais massivas duram milhões de anos, e as menos massivas, trilhões de anos. Observe a figura a seguir. Ela indica a estimativa do tempo de vida das estrelas de acordo com sua massa.

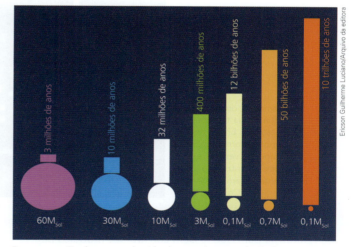

Representação do tempo de vida das estrelas em relação à sua massa, indicadas em função da massa solar (M_{Sol}).

A evolução estelar não pode ser estudada pela observação do ciclo de vida de uma única estrela, pois essa duração excede nosso tempo de vida e o de nossa civilização. Em vez disso, os astrofísicos tentam entender como as estrelas evoluem pela observação de numerosas estrelas, cada uma delas em um ponto específico do ciclo da vida, e pela simulação da estrutura estelar utilizando modelos em computador.

As estrelas nascem das nebulosas, que são nuvens de poeira e gás, principalmente hidrogênio. A atração gravitacional das partículas em uma nebulosa promove uma pressão interna altíssima no núcleo, o que provoca a elevação da temperatura e leva à formação de uma protoestrela. Tem início a fusão nuclear do hidrogênio, que produz gás hélio e luz, e, então, a nuvem começa a brilhar: a estrela nasceu.

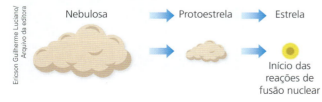

Representação das etapas do nascimento de uma estrela. Os elementos não estão representados em proporção. Cores fantasia.

99

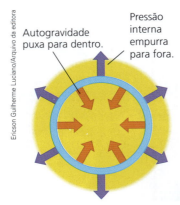

Forças agindo na formação das estrelas da sequência principal.

Ocorre, assim, um equilíbrio entre essa pressão interna para fora e a atração gravitacional do gás que envolve o núcleo para dentro. Nessa fase estável, a estrela encontra-se na chamada **sequência principal**.

O diagrama de Hertzsprung-Russell, conhecido como **diagrama HR**, mostra uma relação entre a luminosidade de uma estrela (energia irradiada por unidade de tempo) e sua temperatura efetiva. No gráfico a seguir, a luminosidade do Sol é utilizada como referência ($L_w = 1$). As linhas pontilhadas na diagonal indicam estrelas cujo raio é múltiplo do raio solar (R_w). No diagrama, estão em destaque as estrelas que fazem parte da sequência principal e o grupo das gigantes vermelhas e das anãs brancas.

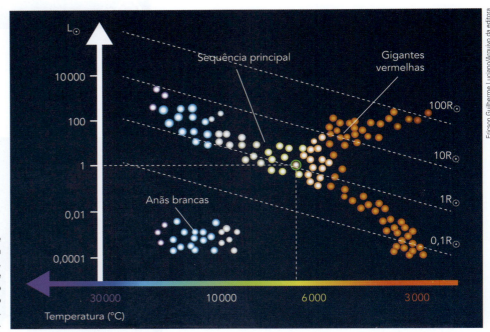

Diagrama HR, da magnitude em função da temperatura das estrelas. Em destaque, no ponto correspondente a 1 no eixo vertical, está o Sol. Os elementos não estão representados em proporção. Cores fantasia.

O diagrama HR foi usado para uma classificação geral das estrelas nas proximidades do Sol. Esta, por sua vez, serviu de referência para que fossem construídos modelos de evolução das estrelas. A luminosidade está representada no eixo vertical, e a temperatura, no horizontal. A luminosidade (ou magnitude absoluta) para estrelas de distâncias conhecidas pode ser encontrada por meio da magnitude aparente, e a temperatura superficial de uma estrela pode ser obtida com base em sua cor ou seu tipo espectral.

Depois de atingir a sequência principal, a vida da estrela segue caminhos diferentes, dependendo de sua massa. Estrelas menores, como o Sol, transformam-se em gigantes vermelhas, depois em uma nebulosa planetária e, por fim, em uma anã branca. O ciclo de vida do Sol tem duração de 14 bilhões de anos; destes, já se passaram cerca de 4 a 5 bilhões de anos.

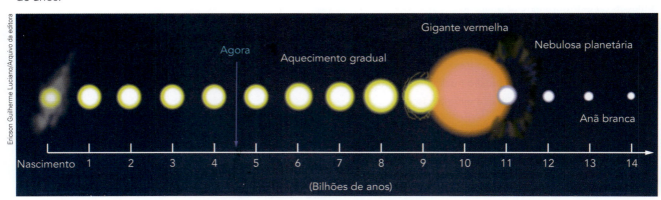

Ciclo de vida do Sol. Os elementos não estão representados em proporção. Cores fantasia.

Estrelas maiores atingem a fase de supernova até se tornarem uma estrela de nêutrons, ou um buraco negro, caso tenham massa muito elevada (como é o caso das estrelas Wolf-Rayet, ou WR).

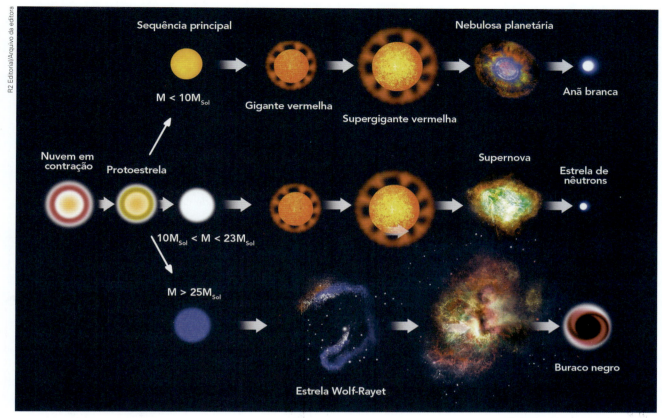

Ciclo de vida das estrelas. Os elementos não estão representados em proporção. Cores fantasia.

Para que uma nebulosa se torne uma estrela, é necessário que ela tenha massa superior a 5% da massa solar. Júpiter, o planeta gigante do Sistema Solar, tem 0,1% da massa solar e, portanto, não tem pressão suficiente para iniciar a fusão do hidrogênio, motivo pelo qual não se transformou em uma estrela.

Representação mostrando o tamanho da Terra em comparação com Júpiter e com algumas estrelas. O planeta Júpiter não tem massa suficiente para se tornar estrela.

A origem dos elementos químicos

Os elementos químicos estão em toda parte, e seus átomos são constituintes do ar que respiramos, de nosso corpo, de nossa comida e bebida, assim como de tudo aquilo com o que interagimos diariamente. Mas não costumamos pensar muito neles, a não ser quando visitamos um museu de Mineralogia ou nos deparamos com uma tabela periódica, na qual os elementos químicos estão organizados. Um motivo para não prestarmos muita atenção nos elementos é o fato de que eles são uma constante no mundo. Quando uma reação química ocorre, os átomos dos elementos separam-se de seus vizinhos e estabelecem novas ligações, formando novas substâncias, mas os átomos dos elementos em si não sofrem grandes alterações.

Para entendermos o que os átomos de um elemento têm de semelhante entre si e o que muda nos outros elementos, precisamos utilizar um modelo para os átomos. Há diversos modelos atômicos e, neste momento, vamos utilizar o desenvolvido por Ernest Rutherford (1871-1937). Nele, Rutherford propôs que todos os átomos têm um núcleo, uma parte central em que praticamente toda a massa e toda a carga positiva estão concentradas. Esse núcleo é muito pequeno em relação ao tamanho do átomo e contém dois tipos de partícula: os prótons, de carga elétrica positiva; e os nêutrons, que, como o nome indica, não têm carga. Ao redor desse núcleo existem elétrons, de carga elétrica negativa. Todos os átomos que têm o mesmo número de prótons pertencem ao mesmo elemento químico. Um exemplo disso é o elemento hidrogênio, que tem apenas um próton no núcleo atômico. Existem variantes dos núcleos de hidrogênio (chamadas de **isótopos**), nas quais, além do único próton, há um ou dois nêutrons. No entanto, todos são átomos de hidrogênio, pois têm apenas um próton.

Gincana dos elementos químicos

No dia a dia, não pensamos muito nos elementos químicos com os quais interagimos. Nesta atividade, vamos conferir os elementos que estão próximos de nós.

Material

- Folha impressa com a tabela periódica.
- Lápis ou caneta.

O que fazer

1. Cada grupo de estudantes receberá uma folha contendo a tabela periódica dos elementos químicos.
2. Quando o professor iniciar a gincana, os grupos deverão consultar a tabela e anotar os elementos que estão presentes na sala de aula e onde eles se encontram, incluindo tudo o que estiver ali, como mobília, material escolar e pessoas.
3. Ao término do tempo estabelecido pelo professor, os grupos deverão socializar os resultados com os colegas.
4. Por fim, a turma pode criar um quadro para registrar, organizar e compartilhar as anotações dos grupos. A plataforma Miro (disponível em: https://miro.com/?utm_source=public_board; acesso em: 8 dez. 2021) é uma ferramenta digital que poderá auxiliá-los nessa etapa.

Reflexão

1. Quais elementos foram comuns a todos os grupos?
2. Quais elementos foram citados por apenas um dos grupos? Onde eles estão presentes?
3. É possível separar em grupos distintos os elementos que constituem os objetos daqueles que constituem as pessoas?
4. Escolha cinco elementos de sua lista e diga como eles são obtidos na natureza.

Os elementos químicos e o *Big Bang*

Os elementos químicos estão à nossa volta, mas como eles se originaram? Existem estudos e propostas teóricas que procuram propor explicações para essa questão.

Em 1948, um artigo intitulado "A origem dos elementos químicos" foi publicado por Ralph Alpher (1921-2007), Hans Bethe (1906-2005) e George Gamow (1904-1968). O artigo, conhecido como αβγ (já que o sobrenome dos autores lembrava as letras gregas alfa, beta e gama), propunha uma teoria para a formação dos elementos após a ocorrência do *Big Bang*. No artigo, os autores apontavam que, após a expansão e o resfriamento inicial provocados pelo *Big Bang*, a matéria encontrava-se na forma de um gás de nêutrons altamente comprimido e denso. À medida que esse gás se expandia e sua temperatura diminuía, formavam-se outras partículas, como prótons e elétrons. Um único próton forma o núcleo de um átomo de hidrogênio, que seria, assim, o primeiro elemento a se originar. Quando o próton captura um nêutron, continuamos com o mesmo elemento hidrogênio, mas então ele passa a se chamar **deutério**, um isótopo do hidrogênio. Se dois nêutrons se juntam ao próton, temos outro isótopo do hidrogênio, denominado **trítio**.

O segundo elemento, com dois prótons, é o hélio. Como a massa do átomo praticamente vem apenas de seu núcleo e a massa de um próton é aproximadamente a mesma da de um nêutron, basta somar os prótons e os nêutrons para termos o **número de massa (A)** de um átomo. Indicamos esse número como um coeficiente no lado esquerdo do símbolo do átomo, conforme mostrado na figura a seguir.

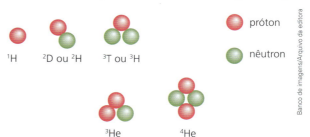

Representação do núcleo dos isótopos de hélio e hidrogênio. Os elementos não estão representados em proporção. Cores fantasia.

A teoria αβγ apontava para a formação de elementos químicos no *Big Bang*. Uma vez formados, a quantidade deles (sua abundância no Universo) estaria fixa. Essa visão da origem dos elementos, no entanto, seria completamente modificada nos anos seguintes.

Na prática Investigação

De onde vêm os elementos químicos

PARTE A – Leitura de texto de divulgação científica

Nesta atividade, vamos usar um texto retirado de um livro de divulgação científica com o objetivo de compreender a origem dos elementos químicos. Ao lermos um texto sobre um assunto com o qual não estamos muito familiarizados, podemos usar algumas estratégias de leitura para localizar os pontos mais relevantes e organizar nossas ideias.

A leitura de um texto envolve uma interação entre o que o leitor já sabe sobre o assunto e o conteúdo do texto. Vamos conhecer uma sequência de passos que auxiliam na compreensão do texto, dividindo esse processo em três partes: o antes, o durante e o depois da leitura.

Material

- Texto "De onde vêm os átomos?".
- Dicionário.

O que fazer

Antes da leitura, siga os passos 1 a 3.

1. Leia o título do texto. De acordo com o que você já sabe do assunto, escreva no caderno ou em um editor de textos as principais ideias que espera encontrar nele.

2. Retomando a ideia de elemento químico apresentada anteriormente, liste algumas palavras que você imagina que possam aparecer no texto.

3. Liste questões que você espera que o texto responda sobre o tema da origem dos elementos químicos. Ao realizarmos a leitura do texto, vamos identificar algumas ideias importantes. Para orientar esta etapa, é importante já termos uma ideia de quais respostas procuramos, mesmo antes de iniciar a leitura. Leia o texto com essas perguntas em mente, fazendo anotações para suas respostas. Caso encontre palavras desconhecidas, tente respondê-las no contexto no qual aparecem. Apenas confira palavras no dicionário

Na prática

quando você perceber que é necessário ter certeza da ideia apresentada na sentença.

Durante a leitura, lembre-se de suas perguntas e considere os itens 4 a 7.

4. Como se deu a evolução das ideias dos cientistas sobre a origem dos elementos químicos? Liste os momentos em que a teoria sobre os elementos se modificou.
5. O que a teoria do *Big Bang* não conseguiu explicar em relação à origem dos elementos?
6. De onde vem a energia das estrelas?
7. Na teoria mais atual, qual é o processo que leva à origem dos elementos químicos?

De onde vêm os átomos: "Todos somos feitos do material das estrelas"

De onde vêm os elementos? A visão comum que dominou a ciência durante séculos era de que não vinham de parte alguma. Havia um bocado de pelejas metafísicas sobre quem (ou Quem) poderia ter criado o cosmos e por quê, mas o consenso era de que o tempo de vida de todos os elementos coincidia com a vida do universo. Eles não são criados nem destruídos: os elementos simplesmente são. Teorias posteriores, como a teoria do Big Bang, nos anos 1930, incorporaram essa visão em sua tessitura. Já que a cabeça de alfinete que existia lá atrás, há 14 bilhões de anos, continha toda a matéria do universo, tudo à nossa volta deveria ter sido ejetado daquela partícula. Não ainda na forma de tiaras de diamantes, latas de estanho e folhas de alumínio, mas era o mesmo material básico. (Um cientista calculou que o Big Bang levou dez minutos para criar toda a matéria conhecida, depois gracejou: "Os elementos foram cozidos em menos tempo que se leva para fazer um pato com batatas coradas".) Mais uma vez, é o senso comum – uma tabela astro-histórica estável dos elementos.

Essa teoria começou a se desgastar ao longo das décadas seguintes. Em 1939, cientistas alemães e norte-americanos provaram que o Sol e outras estrelas se aquecem fundindo hidrogênio para formar hélio, um processo que liberava uma quantidade de energia desproporcional ao minúsculo tamanho do átomo. Alguns cientistas disseram: Tudo bem, a população de hidrogênio e hélio pode mudar, mas só um pouco, e não há prova de que as populações de outros elementos mudem também. Mas com o aperfeiçoamento dos telescópios surgiram outros quebra-cabeças. Em teoria, o Big Bang deveria ter ejetado os elementos de maneira uniforme em todas as direções. Porém os dados provavam que a maior parte das estrelas mais jovens contém apenas hidrogênio e hélio, enquanto estrelas mais velhas borbulham com dezenas de elementos. E ainda por cima, elementos muito instáveis, como o tecnécio, que não existe na Terra, existem em certas classes de "estrelas quimicamente peculiares". Alguma coisa deve estar forjando esses elementos para renová-los todos os dias.

Em meados dos anos 1950, um punhado de astrônomos perspicazes percebeu que as próprias estrelas são vulcões celestiais. Embora não estivessem sozinhos, Geoffrey Burbidge, Margaret Burbidge, William Fowler e Fred Hoyle fizeram o máximo para explicar a teoria da nucleossíntese estelar num famoso estudo de 1957 conhecido simplesmente, para os peritos, como B^2FH. De uma forma não muito comum em trabalhos acadêmicos, o B^2FH abre com duas portentosas e contraditórias citações de Shakespeare sobre se as estrelas governam ou não o destino da humanidade. E segue argumentando que sim. Primeiro sugere que o universo já foi uma pasta fluida de hidrogênio com uma pitada de hélio e lítio. Com o tempo, o hidrogênio se encaroçou para formar estrelas, e a extrema pressão gravitacional dentro das estrelas começou a fundir o hidrogênio em hélio, um processo que alimenta todas as estrelas do céu. Porém, por mais importante que seja do ponto de vista cosmológico, o processo é cientificamente chato, pois só o que as estrelas fazem é produzir hélio durante bilhões de anos. Só quando o hidrogênio se esgota, sugere o B^2FH – e aqui está sua verdadeira contribuição –, as coisas começam a acontecer. Estrelas que ruminam hidrogênio durante éons se transformam de uma forma mais radical do que qualquer alquimista se atreveria a sonhar.

Desesperadas para manter suas altas temperaturas, as estrelas com falta de hidrogênio começam a queimar e a fundir hélio em seus núcleos. Às vezes átomos de hélio se juntam para formar elementos de números pares, e às vezes prótons e nêutrons se desgarram para formar elementos de números ímpares. Em pouco tempo, quantidades consideráveis de lítio, boro, berílio e em especial de carbono se acumulam no interior das estrelas (e só no interior – a camada mais externa continua formada principalmente por hidrogênio durante todo o ciclo de vida da estrela). Infelizmente, a queima do hélio produz menos energia que a queima do hidrogênio, por isso as estrelas esgotam seu hélio em alguns milhões de anos, no máximo. Algumas pequenas estrelas chegam a "morrer" nesse estágio, criando massas de carbono derretido conhecidas como anãs brancas. Estrelas mais pesadas (oito ou mais vezes maiores que o Sol) continuam lutando, comprimindo o carbono para formar mais seis elementos, até o magnésio, o que lhes dá mais algumas centenas de anos. Nesse ponto mais algumas estrelas perecem, mas as maiores e mais quentes (cujos interiores chegam a 5 bilhões de graus) queimam esses elementos também, por mais alguns milhões de anos. O B^{2}FH rastreia essas diversas reações de fusão e explica a receita para produzir tudo até o ferro: não é nada menos do que a evolução aplicada aos elementos. Em decorrência do B^{2}FH, hoje os astrônomos podem considerar, sem discriminação, todos os elementos entre o lítio e o ferro como "metais" estelares, e quando encontram ferro em uma estrela não precisam se preocupar em procurar nada menor – sempre que o ferro é identificado, é seguro supor que o resto da tabela periódica até esse ponto estará representado.

O senso comum sugere que os átomos de ferro logo se fundem nas estrelas maiores, e que os átomos resultantes também se fundem, formando assim todos os elementos até a base da tabela periódica. Porém, mais uma vez o senso comum não se aplica. Quando se faz as contas e se examina quanta energia é produzida pela fusão atômica, fica claro que fundir qualquer coisa até os 26 prótons do ferro custa energia. Isso quer dizer que a fusão pós-ferrosa não faz nada bem a uma estrela faminta de energia. O ferro é o último repicar dos sinos na vida natural de uma estrela.

KEAN, S. A colher que desaparece – e outras histórias reais de loucura, amor e morte a partir dos elementos químicos. Rio de Janeiro: Zahar, 2011. p. 67.

Reflexão

1. Retome as questões listadas na etapa de pré-leitura (passos 1 a 3). O texto conseguiu respondê-las de maneira adequada?

2. Uma estratégia de leitura interessante é a construção de um resumo visual. Nesse tipo de resumo, as ideias principais do texto são organizadas em quadrados ou em outras formas geométricas, que são conectadas por setas. O resumo pode ser complementado por pequenos desenhos, marcadores para dar destaque a partes mais importantes ou outros componentes, de forma bem flexível. Faça um resumo visual do texto que mostre a evolução das ideias e como os elementos se formam nas estrelas.

3. Compare seu resumo com o dos colegas e discutam as diferenças na interpretação do texto.

Parte B – Análise de gráfico

De acordo com o texto, a resposta para a origem dos elementos químicos está dentro das estrelas. As enormes temperatura e pressão no interior, especialmente das maiores estrelas, promovem a fusão dos núcleos atômicos e criam átomos cada vez mais pesados. Esse processo gera a energia que mantém as estrelas. Ao final do texto, o autor acrescenta que, ao contrário do que podíamos esperar pelo senso comum, esse processo não funciona para a criação de todos os elementos da tabela periódica.

Para entender o porquê de esse processo só funcionar até o ferro, faremos a análise de um gráfico.

Material

- Gráfico disponibilizado a seguir.

O que fazer

Analise o gráfico a seguir, que mostra a energia necessária para separar dois componentes do núcleo atômico, como prótons ou nêutrons.

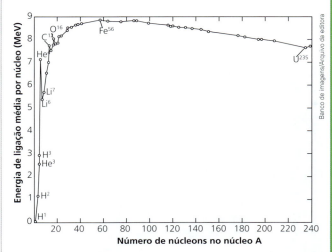

WIKIMEDIA Commons. Disponível em: https://commons.wikmedia.org/wiki/File:Binding_energy_curve_-_common_isotopes.svg. Acesso em: 1º set. 2021.

Energia necessária para separar os componentes de um núcleo atômico.

Na prática

Reflexão

1. Se compararmos a energia de um núcleo de deutério (^{2}H) com a de um próton e um nêutron separados, qual situação possui uma energia menor?

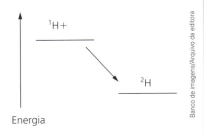

2. Explique por que a fusão do hidrogênio para formar hélio no interior das estrelas libera energia.

3. Observe a tendência do gráfico até o elemento ferro (Fe) e do ferro em diante e explique por que a fusão do ferro para formar elementos mais pesados não ocorre.

Formação de elementos mais pesados que o ferro

Para entendermos como os elementos químicos mais pesados que o ferro são formados, precisamos conhecer o ciclo de vida das estrelas. Como vimos na representação desse ciclo, as estrelas nascem de nuvens de gás conhecidas como **nebulosas**. As reações nucleares no centro das estrelas consomem o hidrogênio. Estrelas maiores consomem o hidrogênio mais rapidamente e têm vida mais curta. De qualquer forma, em algum momento seu combustível acabará e seu destino dependerá do tamanho da estrela. Estrelas como o Sol seguem um caminho no qual elas esfriam, mudam de cor e se expandem, transformando-se em gigantes vermelhas. Elas passam por uma fase de nebulosa planetária e, depois, se transformam em anãs brancas.

Os elementos naturais que vêm depois do ferro são criados em uma situação muito especial, que ocorre no fim da vida de estrelas muito grandes, pelo menos doze vezes maiores que o Sol. As estrelas transformam seu combustível e passam pelos elementos mais leves até atingir o magnésio e o silício. Em um tempo muito curto, a estrela forma um núcleo de ferro e não tem mais como prosseguir na queima dos elementos. Ela não consegue manter seu tamanho e, com sua imensa gravidade, implode com uma enorme velocidade. Esse aumento de pressão no centro da estrela é tão grande que reações que geralmente não seriam possíveis começam a acontecer, liberando uma enorme quantidade de energia e fazendo a estrela explodir. É o evento chamado de **supernova**. Na explosão de uma supernova, os núcleos de ferro se fundem e formam todos os outros elementos naturais, que são espalhados pelo Universo. Centenas de milhões de explosões de supernovas ocorreram em nossa galáxia, e uma delas deu origem ao Sistema Solar. Após a explosão de uma supernova, a estrela pode formar uma **estrela de nêutrons** ou, caso seja uma estrela muito grande, um **buraco negro**.

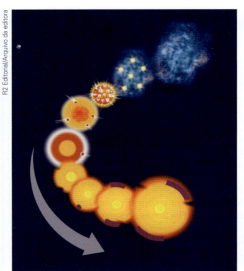

A formação da Terra

A Terra se formou há cerca de 4,5 bilhões de anos, em consequência do processo de acreação da nebulosa solar. **Acreação** é o fenômeno de acúmulo de matéria na superfície de um astro gerado pela força gravitacional. No caso da Terra e de outros planetas do Sistema Solar, a acreação ocorreu na nebulosa solar, uma nuvem formada por gás interestelar, poeira e rocha que orbitava ao redor do centro de nossa galáxia.

Representação esquemática da formação da Terra em decorrência do processo de acreação da nebulosa solar. Os elementos não estão representados em proporção. Cores fantasia.

Houve colisões frequentes com outros corpos e, em uma delas, com um planeta conhecido como Theia, possivelmente foi gerada a Lua.

Representação da formação da Lua após o impacto entre a Terra primordial e o planeta Theia. Os elementos não estão representados em proporção e distâncias. Cores fantasia.

Ao longo do tempo, as rochas sólidas formaram-se à medida que a Terra perdia calor para o espaço. Esse processo de resfriamento e consolidação que gerou as rochas na superfície terrestre (litosfera) também levou à liberação de gases que deram origem a uma camada gasosa que envolve a Terra (atmosfera) e à ocorrência de água líquida na superfície terrestre (hidrosfera).

A **crosta terrestre** é formada por uma camada que varia entre 30 km e 70 km de profundidade. Ela termina à medida que minerais que a formam ficam viscosos e fluidos em virtude de alterações na temperatura e na pressão do interior da Terra. A crosta terrestre não é uma camada estática, apesar de a experiência cotidiana dar essa impressão. O relevo, as rochas e os minerais estão em constante processo de transformação.

Parte dessas mudanças se deve a **agentes exógenos** gerados na atmosfera, como a ação de ventos, rios, mares, chuvas e seres vivos. Os **agentes endógenos**, por sua vez, provêm de forças internas do planeta, como vulcanismo e atividades tectônicas. O tectonismo resulta da movimentação e do contato das placas que formam a litosfera.

Abaixo da crosta, o interior da Terra apresenta uma formação que varia em constituição e em condições de temperatura e pressão. O **manto**, camada inferior à crosta, é formado por rochas silicosas, ricas em magnésio e ferro. É uma camada mais espessa que a crosta, com cerca de 2 900 km de profundidade e altas temperaturas, que geram um material viscoso de magma. A porção central da Terra é formada pelo **núcleo**, que é constituído principalmente de ferro e níquel. Sua porção externa, o **núcleo externo**, se mantém em estado líquido e a uma profundidade que varia entre 2 900 km e 5 150 km. Sua porção interna, o **núcleo interno**, se mantém em estado sólido, o que é gerado pela altíssima pressão no interior da Terra, e a uma profundidade que atinge até aproximadamente 6 400 km.

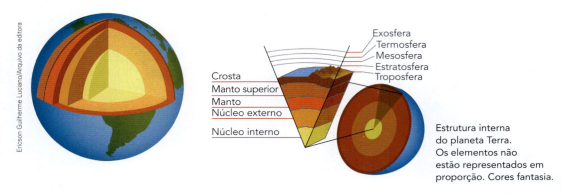

Estrutura interna do planeta Terra. Os elementos não estão representados em proporção. Cores fantasia.

A atmosfera surgiu dos gases expelidos do interior da Terra em seu processo de perda de calor. A fumaça vulcânica expeliu, além da lava e de outros compostos, nitrogênio (N_2), vapor de água (H_2O) e dióxido de carbono (CO_2). A princípio, a atmosfera continha uma concentração bem pequena de gás oxigênio, que hoje é fundamental para grande parte dos seres vivos. O vapor de água, que era liberado da crosta, formava camadas espessas de nuvens e chuvas constantes. Ao longo do tempo, essa água se acumulou em regiões de baixo relevo, o que deu origem aos primeiros oceanos, rios e lagos da Terra.

A atmosfera atual é formada pelos gases nitrogênio (aproximadamente 78%), oxigênio (quase 21%) e argônio (quase 1%). Outros gases que constituem o restante da atmosfera são dióxido de carbono, metano, vapor de água, ozônio e óxido nitroso. Além disso, há outros materiais e compostos em concentração bem menor, como cinzas vulcânicas, poeira e poluentes.

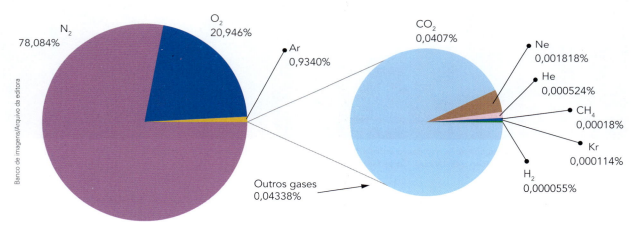

Concentração de gases na atmosfera terrestre atualmente.

Na unidade 2, *A vida na Terra e as evidências de sua origem*, compreenderemos como a ação de organismos vivos levou à alteração da atmosfera terrestre e criou condições favoráveis à sobrevivência de determinadas formas de vida. Veremos, também, como o processo de fotossíntese levou às concentrações atuais de oxigênio atmosférico.

Saiba + +++

- Assista ao documentário da série **Cosmos**, de Carl Sagan, sobre a formação das estrelas e dos elementos. A vida das estrelas (ep. 9). **Cosmos** [seriado]. Direção de Adrian Malone. Estados Unidos: Public Broadcasting Service, 1980 (1 h).
- Em 2019, pesquisadores em Astrofísica da UFMG descobriram 25 aglomerados estelares na Via Láctea e criaram um método em que aliam a tecnologia com supervisão de cada passo do processo e, dessa forma, facilitaram a busca por novos aglomerados nas galáxias. Deram aos novos aglomerados o nome da UFMG. Disponível em: https://g1.globo.com/mg/minas-gerais/noticia/2020/07/04/estudante-da-ufmg-descobre-25-aglomerados-de-estrelas-e-amplia-conhecimentos-sobre-a-via-lactea.ghtml. Acesso em: 8 dez. 2021.

#EnemVestibular

1. (UFU-MG) Um famoso truque de mágica é aquele em que um ilusionista caminha sobre a água de uma piscina, por exemplo, sem afundar. O segredo desse truque é haver, sob a superfície da água da piscina, um suporte feito de acrílico transparente, sobre o qual o mágico se apoia, e que é de difícil detecção pelo público. Nessa situação, o acrílico é quase transparente porque

a) seu índice de refração é muito próximo ao da água da piscina.
b) o ângulo da luz incidente sobre ele é igual ao ângulo de reflexão.
c) absorve toda a luz do meio externo que nele é incidida.
d) refrata toda a luz que vem do fundo da piscina.

2. (PUC-RJ) Uma onda eletromagnética com comprimento de onda de 500 nm se propaga em um meio cujo índice de refração é 1,5. Qual é a frequência da onda, nesse meio, em Hz? Considere a velocidade da luz no vácuo $c = 3,0 \times 10^8$ m/s.

a) $4,0 \times 10^{14}$
b) $6,0 \times 10^{14}$
c) $9,0 \times 10^{14}$
d) $1,5 \times 10^{15}$
e) $2,3 \times 10^{15}$

3. (UFRGS-RS) Um feixe de luz monocromática, propagando-se em um meio transparente com índice de refração n_1, incide sobre a interface com um meio, também transparente, com índice de refração n_2. Considere θ_1 e θ_2, respectivamente, os ângulos de incidência e de refração do feixe luminoso. Assinale a alternativa que preenche corretamente as lacunas do enunciado abaixo, na ordem em que aparecem.

Haverá reflexão total do feixe incidente se //////////////// e se o valor do ângulo de incidência for tal que será igual a ////////////////.

a) $n_1 < n_2$ — sen $\theta_1 < n_2/n_1$
b) $n_1 < n_2$ — sen $\theta_1 > n_2/n_1$
c) $n_1 = n_2$ — sen $\theta_1 = n_2/n_1$
d) $n_1 > n_2$ — sen $\theta_1 < n_2/n_1$
e) $n_1 > n_2$ — sen $\theta_1 > n_2/n_1$

4. (Fuvest-SP) Uma pessoa observa uma vela através de uma lente de vidro biconvexa, como representado na figura:

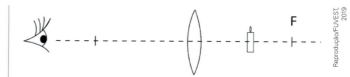

Considere que a vela está posicionada entre a lente e o seu ponto focal F. Nesta condição, a imagem observada pela pessoa é

a) virtual, invertida e maior.
b) virtual, invertida e menor.
c) real, direita e menor.
d) real, invertida e maior.
e) virtual, direita e maior.

5. (UEMG) Ao posicionar a mão à frente de um espelho esférico, Alice verificou a imagem da sua mão conforme a figura a seguir:

O tipo de imagem formada da mão e o espelho utilizado são, respectivamente:

a) virtual e côncavo.
b) virtual e convexo.
c) real e convexo.
d) real e côncavo.

6. (Uerj) Considera-se a morte de uma estrela o momento em que ela deixa de emitir luz, o que não é percebido de imediato na Terra. A distância das estrelas em relação ao planeta Terra é medida em anos-luz, que corresponde ao deslocamento que a luz percorre no vácuo durante o período de um ano.

Admita que a luz de uma estrela que se encontra a 7 500 anos-luz da Terra se apague. O tempo para que a morte dessa estrela seja visível na Terra equivale à seguinte ordem de grandeza, em meses:

a) 10^3
b) 10^4
c) 10^5
d) 10^6

#EnemVestibular

7. (Udesc) De acordo com o paradoxo dos gêmeos, talvez o mais famoso paradoxo da relatividade restrita, pode-se supor a seguinte situação: um amigo da sua idade viaja a uma velocidade de 0,999c para um planeta de uma estrela situado a 20 anos-luz de distância. Ele passa 5 anos neste planeta e retorna para casa a 0,999c. Considerando que $\gamma = \dfrac{1}{\sqrt{1 - \dfrac{v^2}{c^2}}} = 22{,}4$,

assinale a alternativa que representa corretamente quanto tempo seu amigo passou fora de casa do seu ponto de vista e do ponto de vista dele, respectivamente

a) 20,00 anos e 1,12 ano.
b) 45,04 anos e 1,79 ano.
c) 25,00 anos e 5,00 anos.
d) 45,04 anos e 6,79 anos.
e) 40,04 anos e 5,00 anos.

8. (Unicamp-SP) A Agência Espacial Brasileira está desenvolvendo um veículo lançador de satélites (VLS) com a finalidade de colocar satélites em órbita ao redor da Terra. A agência pretende lançar o VLS em 2016, a partir do Centro de Lançamento de Alcântara, no Maranhão.

a) Considere que, durante um lançamento, o VLS percorre uma distância de 1 200 km em 800 s. Qual é a velocidade média do VLS nesse trecho?
b) Suponha que no primeiro estágio do lançamento o VLS suba a partir do repouso com aceleração resultante constante de módulo a_r. Considerando que o primeiro estágio dura 80 s, e que o VLS percorre uma distância de 32 km, calcule a_r.

9. (Fuvest-SP) Uma criança de 30 kg está em repouso no topo de um escorregador plano de 2,5 m de altura, inclinado 30° em relação ao chão horizontal. Num certo instante, ela começa a deslizar e percorre todo o escorregador.

Note e adote:

Forças dissipativas devem ser ignoradas.
A aceleração local da gravidade é 10 m/s².
sen 30° = cos 60° = 0,5
sen 60° = cos 30° = 0,9

Determine:

a) o módulo F da força de contato entre a criança e o escorregador;
b) o módulo a da aceleração da criança.

10. (UFRJ) Um bloco de massa 2,0 kg está sobre a superfície de um plano inclinado, que está em movimento retilíneo para a direita, com aceleração de 2,0 m/s², também para a direita, como indica a figura a seguir.

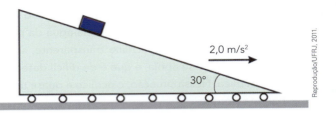

A inclinação do plano é de 30° em relação à horizontal. Suponha que o bloco não deslize sobre o plano inclinado e que a aceleração da gravidade seja g = 10 m/s². Usando a aproximação raiz de 3 ≈ 1,7, calcule o módulo e indique a direção e o sentido da força de atrito exercida pelo plano inclinado sobre o bloco.

11. (UFBA)

As fibras ópticas são longos fios finos, fabricados com vidro ou materiais poliméricos, com diâmetros da ordem de micrômetros até vários milímetros, que têm a capacidade de transmitir informações digitais, na forma de pulsos de luz, ao longo de grandes distâncias, até mesmo ligando os continentes através dos oceanos.

Um modo de transmissão da luz através da fibra ocorre pela incidência de um feixe de luz, em uma das extremidades da fibra, que a percorre por meio de sucessivas reflexões. As aplicações das fibras ópticas são bastante amplas nas telecomunicações e em outras áreas, como a medicina, por exemplo. Uma vantagem importante da fibra óptica, em relação aos fios de cobre, é que nela não ocorre interferência eletromagnética.

Supondo que uma fibra óptica encontra-se imersa no ar e que o índice de refração da fibra óptica é igual a

$\sqrt{\dfrac{3}{2}}$, calcule o maior ângulo de incidência de um raio de luz em relação ao eixo da fibra, para que ele seja totalmente refletido pela parede cilíndrica.

12. (UFG-GO) Uma lente convergente de vidro possui distância focal f quando imersa no ar. Essa lente é mergulhada em glicerina, um tipo de álcool com índice de refração maior que o do ar. Considerando-se que o índice de refração do vidro é o mesmo da glicerina (iguais a 1,5), conclui-se que o diagrama que representa o comportamento de um feixe de luz incidindo sobre a lente imersa na glicerina é o seguinte:

a)

b)

c)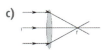

d)

e)

13. (Ufes) As caravelas portuguesas utilizavam para desembarque rápido de mercadorias uma prancha plana de madeira recoberta com gordura animal. Sobre essa rampa, caixas de madeira eram desembarcadas com atrito desprezível. Considerando que $|\vec{F_A}|$, $|\vec{F_B}|$ e $|\vec{F_C}|$ sejam, respectivamente, o módulo da força resultante sobre uma caixa nos pontos representados na figura esquemática ao lado, é correto afirmar que

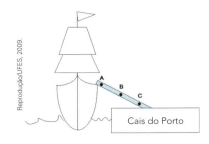

a) $|\vec{F_A}| < |\vec{F_B}| < |\vec{F_C}|$
b) $|\vec{F_A}| > |\vec{F_B}| > |\vec{F_C}|$
c) $|\vec{F_A}| = |\vec{F_B}| = |\vec{F_C}|$
d) $|\vec{F_A}| = 0$; $|\vec{F_B}| < |\vec{F_C}|$
e) $|\vec{F_A}| = 0$; $|\vec{F_B}| > |\vec{F_C}|$

14. (UFMT) Uma vela é colocada perpendicularmente ao eixo principal, em duas posições, 30 cm e depois 10 cm, de uma lente esférica delgada convergente de distância focal |f| = 20 cm. A imagem da vela nas duas posições, respectivamente, é:

a) Real, direita e maior que a vela; virtual, direita e maior que a vela.
b) Virtual, invertida e maior que a vela; real, direita e maior que a vela.
c) Virtual, direita e maior que a vela; real, invertida e menor que a vela.
d) Real, invertida e menor que a vela; virtual, direita e menor que a vela.
e) Real, invertida e maior que a vela; virtual, direita e maior que a vela.

15. (UFPA) Belém tem sofrido com a carga de tráfego em suas vias de trânsito. Os motoristas de ônibus fazem frequentemente verdadeiros malabarismos, que impõem desconforto aos usuários devido às forças inerciais. Se fixarmos um pêndulo no teto do ônibus, podemos observar a presença de tais forças. Sem levar em conta os efeitos do ar em todas as situações hipotéticas, ilustradas abaixo, considere que o pêndulo está em repouso com a relação ao ônibus e que o ônibus move-se horizontalmente.

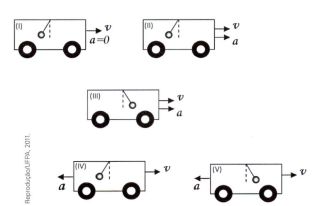

Sendo <u>v</u> a velocidade do ônibus e <u>a</u> sua aceleração, a posição do pêndulo está ilustrada corretamente

a) na situação (I).
b) nas situações (II) e (V).
c) nas situações (II) e (IV).
d) nas situações (III) e (V).
e) nas situações (III) e (IV).

111

#EnemVestibular

16. (UFPA) Os índios amazônicos comumente pescam com arco e flecha. Já na Ásia e na Austrália, o peixe arqueiro captura insetos, os quais ele derruba sobre a água, acertando-os com jatos disparados de sua boca. Em ambos os casos a presa e o caçador encontram-se em meios diferentes. As figuras abaixo mostram qual é a posição da imagem da presa, conforme vista pelo caçador, em cada situação.

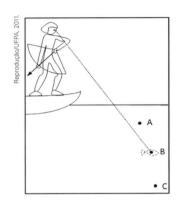
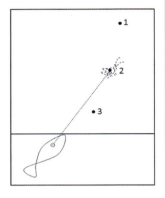

Identifique, em cada caso, em qual dos pontos mostrados, o caçador deve fazer pontaria para maximizar suas chances de acertar a presa.

a) Homem em A; peixe arqueiro em 1
b) Homem em A; peixe arqueiro em 3
c) Homem em B; peixe arqueiro em 2
d) Homem em C; peixe arqueiro em 1
e) Homem em C; peixe arqueiro em 3

17. (UFRGS-RS) A figura abaixo representa esquematicamente o braço e o antebraço de uma pessoa que está sustentado em um peso P. O antebraço forma um ângulo de 90° com o braço.

F_B é a força exercida pelo bíceps sobre o antebraço, e F_C é a força na articulação do cotovelo.

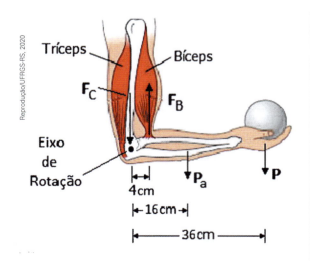

Sendo o módulo do peso P = 50 N e o módulo do peso do antebraço P_a = 20 N, qual é o módulo da força F_B?

a) 70 N
b) 370 N
c) 450 N
d) 460 N
e) 530 N

18. (UFRGS-RS) Em maio de 2019, comemorou-se o centenário do eclipse solar total observado desde a cidade de Sobral, no Ceará, por diversos cientistas de todo o mundo.

No momento em que a Lua encobriu o Sol, câmeras acopladas a telescópios registraram, em chapas fotográficas, posições de estrelas que apareciam próximas ao Sol, destacando-se as duas mais próximas, uma de cada lado, conforme figura 1 abaixo.

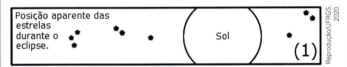

Alguns meses após o eclipse, novas fotografias foram tiradas da mesma região do céu. Nelas as duas estrelas estavam mais próximas uma da outra, conforme figura 2 abaixo.

A comparação entre as duas imagens mostrou que a presença do Sol havia desviado a trajetória da luz proveniente das estrelas, conforme esquematizado na figura 3 abaixo.

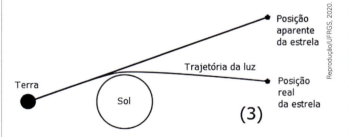

Os desvios observados, durante o eclipse, serviram para comprovar uma previsão

a) das Leis de Kepler.
b) da Lei da Gravitação Universal.
c) da Mecânica Newtoniana.
d) da Relatividade de Einstein.
e) da Mecânica Quântica.

19. (UFRGS-RS) Na figura abaixo, **O** representa um objeto pontual luminoso, **E** representa um espelho plano e **X** um observador.

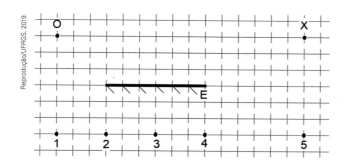

A imagem do objeto **O** está corretamente posicionada no ponto

a) 1.
b) 2.
c) 3.
d) 4.
e) 5.

20. (Enem) Durante uma faxina, a mãe pediu que o filho a ajudasse, deslocando um móvel para mudá-lo de lugar. Para escapar da tarefa, o filho disse ter aprendido na escola que não poderia puxar o móvel, pois a Terceira Lei de Newton define que se puxar o móvel, o móvel o puxará igualmente de volta, e assim não conseguirá exercer uma força que possa colocá-lo em movimento.

Qual argumento a mãe utilizará para apontar o erro de interpretação do garoto?

a) A força de ação é aquela exercida pelo garoto.
b) A força resultante sobre o móvel é sempre nula.
c) As forças que o chão exerce sobre o garoto se anulam.
d) A força de ação é um pouco maior que a força de reação.
e) O par de forças de ação e reação não atua em um mesmo corpo.

21. (UFF-RJ) Uma criança se balança em um balanço, como representado esquematicamente na figura ao lado. Assinale a alternativa que melhor representa a aceleração $\vec{a}$ da criança no instante em que ela passa pelo ponto mais baixo de sua trajetória.

a) $\vec{a} = 0$
b) $\vec{a} \rightarrow$
c) $\vec{a} \uparrow$
d) $\vec{a} \downarrow$
e) $\leftarrow \vec{a}$

22. (UFRGS-RS) Os múons cósmicos são partículas de altas energias, criadas na alta atmosfera terrestre. A velocidade de alguns desses múons (v) é próxima da velocidade da luz (c = 3 × 10^8 m/s), tal que v^2 = 0,998 · c^2, e seu tempo de vida em referencial em repouso é aproximadamente t$_0$ = 2 · 10^{-6} s. Pelas leis da mecânica clássica, com esse tempo de vida tão curto, nenhum múon poderia chegar o solo, no entanto eles são detectados na Terra. Pelos postulados da relatividade restrita, o tempo de vida do múon em um referencial terrestre (t) e o tempo (t$_0$) são relacionados pelo fator relativístico

$$\gamma = \frac{1}{\sqrt{1 - \frac{v^2}{c^2}}}$$

Para um observador terrestre, a distância que o múon pode percorrer antes de se desintegrar é, aproximadamente, de:

a) 6,0 · 10^2 m
b) 6,0 · 10^3 m
c) 13,5 · 10^3 m
d) 17,5 · 10^3 m
e) 27,0 · 10^3 m

#Multiplicar

Afinal, qual é a forma da Terra?

É bastante provável que, nos últimos anos, você tenha acompanhado o ressurgimento de um debate que parecia estar resolvido há muitos séculos: afinal, a Terra é plana ou esférica?

As dúvidas lançadas por algumas pessoas sobre a questão da forma da Terra parecem estar relacionadas ao fato de que não temos um referencial apropriado para observar o planeta em toda sua extensão. Se pegarmos uma bola de futebol nas mãos, é fácil dizer que ela tem a forma esférica, pois temos acesso a toda sua extensão. De modo mais profundo, essa dúvida está ligada a uma falsa percepção sobre como a ciência produz e valida seus conhecimentos. A proposta deste projeto é a realização de um experimento para verificar a esfericidade de nosso planeta, bem como a elaboração de um vídeo, destinado ao público leigo, comunicando os dados obtidos com o experimento e sua interpretação. Vocês vão analisar evidências que a natureza nos oferece para verificarmos o fato, que aprendemos desde cedo, de que a Terra tem a forma aproximada de uma esfera. Além disso, vão elaborar argumentos que sustentem o modelo de Terra esférica baseados nessas evidências.

Existem vários fatos que são usados para que esse modelo aproximadamente esférico seja aceito: o experimento de Eratóstenes, a altura das estrelas ou constelações, o sentido do movimento das estrelas nos dois hemisférios da Terra, entre outros. Neste projeto, propomos um experimento similar ao realizado pelo matemático e astrônomo grego Eratóstenes de Cirene por volta do ano 200 a.C. Ele foi diretor da famosa biblioteca de Alexandria, um dos maiores centros de produção do conhecimento na Antiguidade.

> Na Ciência, para que um conhecimento seja consolidado pelos humanos, propõe-se uma teoria ou um modelo, baseado nas chamadas evidências científicas, que são fatos que ocorrem na natureza e que não dão margem a dúvidas, que está disponível para todos. A queda de uma pedra, os raios que ocorrem nas tempestades, o arco-íris e um pedaço de madeira boiando na água são exemplos de evidências que a natureza nos fornece e de cuja existência ninguém tem dúvida. Para explicar todos esses fenômenos, usam-se modelos que são criados, e sobre eles são formuladas teorias que podem ser confirmadas ou refutadas.

O experimento de Eratóstenes

Eratóstenes verificou que na cidade de Siena (atual Assuã, ao sul do Egito), no dia do solstício de verão, em torno do meio-dia, o Sol ficava a pino, ou seja, no ponto mais alto do céu. Esse fato fazia com que o Sol, nessa hora, iluminasse o fundo de um poço ou, também, que uma vara fincada perpendicularmente ao solo produzisse sombra nula de si mesma. Essa foi a primeira evidência observada por Eratóstenes. A segunda evidência foi que, nesse mesmo dia, em outro ano, ele observou que na cidade de Alexandria, situada ao norte do Egito, esse fato não acontecia, isto é, no dia 21 de junho, quando o Sol estava no ponto mais alto do céu, não iluminava o fundo de um poço nem produzia sombra zero em uma vara vertical. Eratóstenes, então, contratou itinerantes (pessoas treinadas para caminhar com passadas muito regulares) para medir a distância das cidades em passos, algo comum na época. Foi verificado que essa distância era de 5 040 estádios (a unidade de medida de distância usada na época). Em Alexandria, no dia 21 de junho, ele fincou uma vareta na posição vertical e, ao meio-dia, mediu o tamanho da sombra, proporcionalmente ao comprimento da vara; dessa forma, determinou o ângulo dos raios solares com a vertical, encontrando o valor de 7,2°, como representado a seguir.

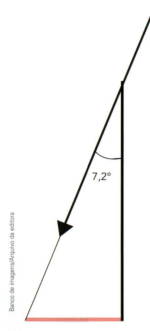

Para explicar essas duas evidências ele criou um modelo de uma Terra esférica. Pelo fato de o Sol estar a uma distância muito grande de nós, os raios solares chegam paralelos até a Terra. O raio solar que atinge o fundo do poço em Assuã tem a direção do centro da Terra, pois o poço está na direção vertical; o raio solar que incide sobre a haste vertical em Alexandria forma o ângulo de 7,2°. Então, temos uma figura geométrica em que duas retas paralelas (formada pelos raios solares) cortadas por uma reta transversal (a da haste vertical fincada em Alexandria) formam os ângulos "alternos internos" que são iguais a 7,2°, como na figura a seguir.

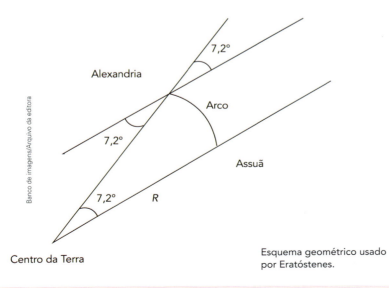

Esquema geométrico usado por Eratóstenes.

#Multiplicar

Com base nessas medições, Eratóstenes formulou a seguinte proporção: o arco está para o ângulo de 7,2° assim como o comprimento da circunferência (C) está para 360°, calculando o valor de C. Eratóstenes já conhecia a relação entre o comprimento da circunferência e seu raio: $C = 2\pi R$. Dessa forma, determinou o raio (R) da Terra. O valor por ele encontrado difere muito pouco dos resultados atuais, mesmo tendo sido feito com instrumentos rudimentares.

Antes de começar o projeto, assista ao vídeo *Carl Sagan prova que a Terra não é plana* (disponível em: https://www.youtube.com/watch?v=Wd9mlJaju5E; acesso em: 8 dez. 2021). Carl Sagan (1934-1996) foi astrônomo e escreveu mais de vinte livros de divulgação científica.

Proposta de nosso projeto

Para realizar este projeto, você deve escolher dois locais na superfície da Terra com latitudes diferentes. Em um dos locais, ao meio-dia, o Sol deve estar a pino.

Será importante relembrar o significado de latitude, mas também os significados de longitude, paralelos e meridianos. Os meridianos são linhas semicirculares que vão de um polo a outro, e paralelos são círculos cujos planos são paralelos ao plano do equador.

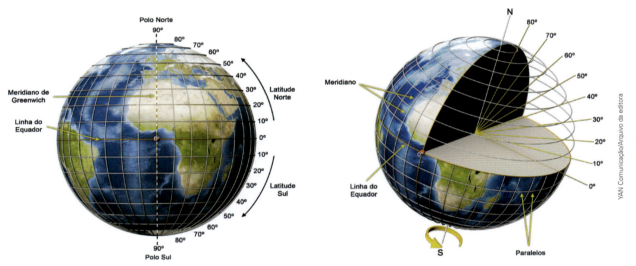

Representação dos meridianos e paralelos e dos ângulos de longitude e latitude. Os elementos não estão representados em proporção. Cores fantasia.

A longitude é o ângulo medido ao longo da linha do equador, tendo como referência o meridiano de Greenwich. Ele é medido em graus, podendo variar entre 0° e 180° para leste ou para oeste. A latitude é o ângulo medido ao longo do meridiano local, com origem na linha do equador. Ele também é medido em graus, podendo variar entre 0° e 90° para norte ou para sul.

Nos locais situados na linha do equador, isto é, nos locais de latitude zero, o Sol estará a pino, ao meio-dia, nos dias de equinócio.

A cidade de Macapá, no estado do Amapá, é um desses locais por onde passa a linha do equador. Em Macapá existe um monumento, chamado de Marco Zero, erguido exatamente sobre a linha do equador. Nos dias de equinócio, a edificação de concreto de 30 m de altura, com um círculo vazado na parte superior, projeta um círculo de luz sobre a linha do equador desenhada na sua base. Nesses dias, a sombra do monumento se alinha com o equador na parte da tarde.

Monumento Marco Zero, na cidade de Macapá (AP).

Em outras cidades situadas no mesmo meridiano, ao norte ou ao sul da linha do equador, o Sol já não estará a pino nos dias de equinócio. Nesses dias, ao colocar uma haste vertical no chão, observamos que a menor sombra (que acontecerá por volta do meio-dia) possui certo comprimento. Você deverá medir esse comprimento, assim como a altura da haste.

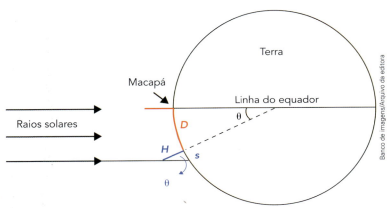

Esquema de dois locais da Terra com hastes verticais sob a luz solar.

A figura mostra, ao meio-dia, uma haste vertical (vermelha) colocada na linha do equador tendo sombra nula. Nesses mesmos dia e hora, outra haste vertical (azul) de altura H, situada em outra latitude, mas no mesmo meridiano, terá uma sombra de comprimento s. Os dois locais estão separados por uma distância D. Pela geometria, um ângulo em radianos é igual à razão entre o arco de um círculo e seu raio. Dessa forma, podemos escrever:

$$\theta \text{ (rad)} = \frac{arco}{raio} = \frac{D}{R}$$

em que R é o raio da Terra. A projeção da sombra da haste azul forma um triângulo retângulo e, então, $\tan \theta = \left(\frac{s}{H}\right)$ e, portanto, $\theta = \text{arc tan}\left(\frac{s}{H}\right)$. Para ângulos pequenos (menores que 7°), $\tan \theta \approx \theta$ e, então, $R = \frac{(D \cdot H)}{s}$. Mas para ângulos maiores que 7°, deve-se escrever $\theta = \text{arc tan}\left(\frac{s}{H}\right) = \frac{D}{R}$. Conhecendo-se as medidas de s, H e D, determina-se R.

Cada grau de latitude que caminhamos no globo terrestre ao longo de um mesmo meridiano corresponde, aproximadamente, a uma distância de 111,3 km. Portanto, a distância entre o paralelo zero e o paralelo cuja latitude é de 5° é de aproximadamente 5 × 111,3 km = 556,5 km.

Se esse experimento for feito, por exemplo, na cidade de Vila Rica (MS), que está situada a 10° de latitude sul e longitude 51° oeste, a mesma de Macapá, a distância D será de 10 × 113,3 km = 1 133 km. No dia 23 de setembro de 2022, dia do equinócio, mede-se s, isto é, a menor sombra de uma haste vertical de altura H, e calcula-se o raio da Terra pela equação $R = \frac{(1\ 133 \text{ km} \cdot s)}{H}$.

#Multiplicar

Se a atividade for realizada, por exemplo, na cidade de Lavínia (SP), que está situada a 21° de latitude sul e longitude 51° oeste, a mesma de Macapá, a distância *D* será de 21 × 113,3 km = 2 379,3 km. No dia 23 de setembro de 2022, dia do equinócio, mede-se *s*, isto é, a menor sombra de uma haste vertical de altura *H*, e calcula-se o raio da Terra pela equação $R = (2\ 379{,}3\ \text{km}) \times \arctan\left(\dfrac{s}{H}\right)$.

Se as cidades escolhidas não estiverem na mesma longitude 51° oeste, o cálculo de *D* deve ser feito pela distância entre os paralelos, e não pela distância entre as cidades. Para a cidade de Belo Horizonte (MG), por exemplo, que se encontra, aproximadamente, na latitude 20° sul e longitude 44° oeste, o cálculo de *D* será: *D* = 20 × 113,3 km = 2 266 km. Justifica-se esse método pelo fato de que o meio-dia solar acontece em horários diferentes nos dois locais, ou seja, quando é meio-dia em Macapá, não é meio-dia em Belo Horizonte.

Os pontos da Terra onde teremos Sol a pino estão localizados entre os dois trópicos, o de Câncer, cuja latitude é de 23,5° N, e o de Capricórnio, com latitude de 23,5° S. Nas latitudes com valores maiores que 23,5°, o Sol não fica a pino. No Brasil, em todas as cidades dos estados de Santa Catarina e do Rio Grande do Sul, não haverá Sol a pino em nenhum dia do ano. Na mesma situação estarão algumas cidades ao sul de São Paulo e de Mato Grosso do Sul e grande parte das cidades do Paraná.

Para determinar quando o Sol ficará a pino em cada latitude, pode-se gerar uma tabela de declinação do Sol ao longo do ano e verificar em que data a declinação é igual à latitude do lugar.

A declinação (δ) do Sol (ou de qualquer corpo celeste) é o ângulo que a linha imaginária que liga o centro da Terra ao Sol faz com o plano equatorial.

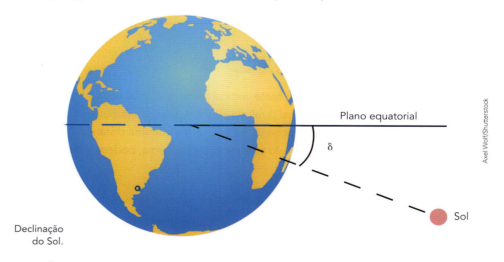

Declinação do Sol.

A figura acima mostra uma declinação solar de aproximadamente –20°. O valor negativo da declinação indica que o Sol se encontra no hemisfério sul; quando esse valor for positivo, o Sol estará no hemisfério norte. Se o Sol estiver na direção da linha do equador, sua declinação será nula.

O programa *Stellarium* (disponível em: https://stellarium.org/pt/; acesso em: 8 dez. 2021) pode ser usado para gerar uma tabela de declinação do Sol. A tabela gerará oito colunas, incluindo os valores da declinação do Sol. Você pode eliminar as outras colunas, deixando apenas as de data e de declinação do Sol.

Mãos à obra

Para a realização deste projeto, você precisará escolher dois locais para fazer as medidas da sombra da haste vertical. Um deles é o local de sua escola, na sua cidade. O segundo pode ser outra escola ou local em que você e os colegas possam realizar as medidas de forma colaborativa. Quanto maior for a diferença de latitude entre os dois locais, melhor, pois a precisão dos resultados será maior. Você deve, portanto, se programar para a realização das duas medidas, escolhendo a melhor data.

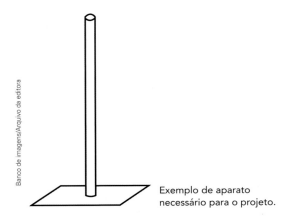

Exemplo de aparato necessário para o projeto.

Você, os colegas e os estudantes do outro local escolhido deverão fazer o mesmo tipo de montagem para que as medidas sejam mais precisas. A figura anterior mostra uma vara de madeira (um cabo de vassoura, por exemplo) fixada em uma pequena tábua. O comprimento da vara pode ser de 1 m de altura, e ela deve ficar na posição vertical; por isso, usem um esquadro ou um fio de prumo para posicioná-la corretamente.

Na data escolhida, meçam a sombra da haste e utilizem as informações para efetuarem o cálculo da circunferência da Terra.

Refletindo e compartilhando as informações

A partir das perguntas a seguir, reflita sobre a atividade realizada e os resultados obtidos.

Quais foram os dados com os quais você trabalhou no experimento?

Em sua avaliação, esses dados são suficientes para afirmar que a Terra é esférica?

Se você repetisse esse experimento em outras regiões da Terra, obtendo mais dados sobre sombras em vários países, mudaria sua resposta à questão anterior?

Você se baseou em alguma construção teórica, algum modelo, ao usar seus dados como evidência para afirmar que a Terra é esférica? Se sim, qual(is)? Esse(s) modelo(s) foi/foram obtido(s) pela observação?

Por fim, a turma deverá criar um vídeo sobre o experimento realizado. Nele, façam uma breve descrição do experimento, enfatizando os argumentos que permitem defender a esfericidade da Terra a partir dos dados obtidos. Lembrem-se de enfatizar que, entre os dados obtidos pela observação do fenômeno (os diferentes comprimentos das sombras) e sua explicação (a Terra é esférica), há um trabalho criativo de interpretação do resultado, com base em um modelo teórico, realizado por quem executa o experimento. O objetivo é que o vídeo seja divulgado nas redes sociais e compartilhado com os colegas da outra escola que participaram da coleta de dados.

UNIDADE 2
A origem da vida

Representação artística das condições da Terra primitiva há 3,5 bilhões de anos, cerca de 1 bilhão de anos depois da sua formação, quando surgiram os primeiros indícios de vida. Você consegue imaginar o surgimento de formas vivas em um ambiente como esse?

#TáNoFeed

Origem da vida na Terra

Ao longo do tempo, diversos povos propuseram diferentes formas de explicar a origem da vida, por meio de suas crenças ou da observação da natureza. Questões que remetem à origem da vida nos levam a refletir sobre os critérios, métodos e modelos utilizados pela ciência para compreender eventos tão remotos.

No trecho a seguir, o físico e astrônomo brasileiro Marcelo Gleiser descreveu as condições da Terra no período que ele chamou de "infância" do nosso planeta, e destacou o desafio de montar o quebra-cabeça desse passado remoto.

> Reconstruir o surgimento da vida na Terra é um dos grandes desafios da ciência. Primeiro pelo fato de que, ao entendermos a origem da vida, estaremos entendendo parte da nossa. Depois porque, ao entendermos a sua origem aqui, poderemos talvez descobrir se ela existe em outras partes do cosmo.
>
> A infância da Terra foi extremamente violenta. Durante o primeiro bilhão de anos, cometas e asteroides bombardeavam constantemente sua superfície, aquecendo-a e depositando rochas e compostos químicos em seu oceano. Os continentes não existiam. A composição química da atmosfera era muito diferente, com quase nenhum oxigênio. A vida que podia existir então tinha características muito diferentes das que vemos hoje. A Terra primitiva era, efetivamente, outro planeta.
>
> [...]

GLEISER, Marcelo. A sopa da vida. *Folha de S.Paulo*, Ciência, 17 abr. 2005. Disponível em: https://www1.folha.uol.com.br/fsp/ciencia/fe1704200502.htm. Acesso em: 17 dez. 2021.

Com base nas informações da imagem e do texto, faça uma pesquisa sobre o tema para responder às questões a seguir.

1. Como eram os primeiros organismos vivos que habitaram o planeta Terra?
2. Que condições físicas, químicas e geológicas da Terra favoreceram ou limitaram o surgimento da vida como a conhecemos?
3. Como os cientistas investigam as formas de vida atuais e extintas?

Conheça a unidade

Justificativa

Ao longo do estudo desta unidade, você vai compreender como a ciência constrói evidências sobre a origem da vida, que tipos de dados são analisados e como as hipóteses são investigadas. Também vai compreender como os cientistas, ao longo da história, discutiram e compartilharam hipóteses, dúvidas e explicações sobre a origem da vida.

Objetivos de aprendizagem

- Interpretar textos relacionados a diferentes temas abordados nos tópicos, a fim de analisar os argumentos e as conclusões dos autores e avaliar criticamente a credibilidade das fontes consultadas.
- Reconhecer as diversas formas de manifestação da vida, a fim de compreender sua classificação e organização em diferentes níveis.
- Analisar e discutir como os cientistas reúnem evidências sobre eventos ocorridos há milhões, ou até bilhões, de anos para estudar o passado remoto da Terra e reconstituir a origem da vida, bem como compreender os critérios científicos utilizados nesse processo.

A BNCC nesta unidade

Competências gerais: 1, 2, 3, 4, 7, 9 e 10.
Competências específicas: 2 e 3.
Habilidades: EM13CNT201, EM13CNT202, EM13CNT301 e EM13CNT303.

A vida na Terra e as evidências de sua origem

Observe as fotografias a seguir. Elas mostram exemplos de ambientes extremos, com condições que se acredita serem similares às da Terra primitiva, e que suscitaram hipóteses com relação às origens da vida em nosso planeta.

A Grand Prismatic Spring, do Parque Nacional de Yellowstone, é a terceira maior fonte de água termal do mundo. A temperatura de suas águas atinge 87 °C, e, ainda assim, alguns seres vivos conseguem sobreviver nessa condição. Acredita-se que esses organismos sejam similares aos primeiros seres vivos da Terra. Wyoming, Estados Unidos da América, 2018.

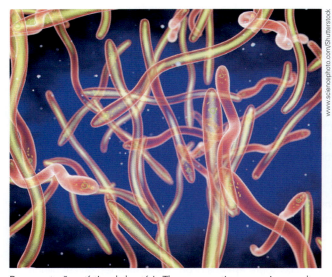

Representação artística da bactéria Thermusaquaticus, que vive nas altas temperaturas das águas termais do Parque Nacional de Yellowstone.

Fonte hidrotermal fotografada em grande profundidade no Oceano Pacífico. Próximo a essas fontes foram descobertas bactérias e arqueas, termófilas extremas, que sobrevivem em temperaturas acima dos 100 °C. Esses organismos também foram encontrados em fontes de água sulfurosa. A capacidade de sobrevivência de organismos em ambientes extremos pode fornecer pistas sobre a origem da vida.

Ao longo dos próximos tópicos, apresentamos alguns critérios científicos utilizados para estudar a origem da vida. Você vai conhecer formas de fazer inferências sobre acontecimentos que ocorreram há milhões ou até bilhões de anos e as evidências identificadas por inúmeros pesquisadores que permitiram reconstruir a origem da vida. Além disso, veremos como as explicações sobre o surgimento das primeiras formas de vida na Terra modificaram-se ao longo do tempo.

Contudo, para iniciar nossa jornada, partiremos de uma discussão fundamental: **O que é vida?**

Na prática — Projeto

O que é vida?

Os critérios utilizados para determinar o que é vivo ou não são o foco de nossa discussão inicial. Com isso, vamos estudar diferentes formas de manifestação da vida, buscando compreender sua classificação e organização em diferentes níveis. Neste projeto, vamos realizar discussões com base em uma questão de importância central na compreensão de toda a narrativa desenvolvida nesta unidade: **Como definir o que é vida?**

A princípio, essa pergunta pode parecer óbvia. Qualquer um sabe, por exemplo, que uma cadeira não é algo vivo, mas sim a madeira que deu origem a ela. Apesar disso, definir **vida** não é uma tarefa fácil. Aqui, você vai dar início às primeiras discussões sobre os significados de **vida** e de **seres vivos**.

Material

- Fontes de consulta diversas, como livros, internet, entre outras.

O que fazer

1. Em duplas, debatam sobre esta situação: vocês devem explicar a um extraterrestre o que nós, terráqueos, entendemos por **vida**. Respondam às questões a seguir para se prepararem.

   a) Entre as opções a seguir, escolham a que consideram ser o melhor exemplo de vida.

Vírus	Cogumelo	Ser humano	Grama	Célula
Pedra	Cabra	Biosfera	Coqueiro	Ecossistema
Príons	Molécula de carboidrato	Molécula de DNA
Vírus de computador

   b) Agora, justifiquem sua escolha, indicando argumentos capazes de sustentá-la.

2. Juntem-se com outra dupla, formando um grupo para apresentar e debater as escolhas e os argumentos levantados na questão anterior. Procurem argumentar até chegar a um consenso sobre a resposta final e a apresentem ao professor.

3. Ainda em grupos, conversem sobre as manchetes a seguir, considerando as legendas que as acompanham, e registrem suas respostas para as questões propostas.

   a) O *tweet* de um *site* de tecnologia relata que cientistas pesquisadores de vida artificial afirmam que alguns programas computacionais podem ser considerados seres vivos – aquilo que acontece na tela do computador não seria uma simulação de seres vivos, mas legítimos seres vivos.

   Reprodução/Twitter @Tec_Mundo

   > **TecMundo** @Tec_Mundo · 14 de mar de 2018
   > **Cientistas copiam cérebro** biológico para um robô e treinam novo ser vivo nzn.me/a128145 #tecmundo

   Que argumentos esses cientistas poderiam utilizar para defender essa ideia?

   b) Um robô pode ser considerado um ser vivo? Em caso afirmativo, apresentem argumentos que sustentem a resposta. Em caso negativo, indiquem o que seria necessário para que fosse considerado vivo.

   c) A manchete a seguir apresenta um campo de pesquisa que tem crescido nas últimas décadas: a Astrobiologia, ou Exobiologia, que visa estudar a vida fora da Terra.

   Reprodução/www.noticias.r7.com

   > **Cientistas brasileiros lançam grupo para estudar vida extraterrestre**
   > Sociedade Brasileira de Astrobiologia é apresentada nesta quarta (6), na USP

   Para vocês, existe vida extraterrestre? Justifiquem.

   d) Ao considerar que realmente existe vida extraterrestre, que critérios deveriam ser usados para decidir se esses seres são vivos ou não? Enumerem, no mínimo, três possíveis critérios.

   e) A chamada de um *site* que publica artigos na área do Direito destaca uma ideia já antiga da Biologia: a hipótese de Gaia. Para os defensores dessa proposta, todo o ambiente químico e biológico da superfície da Terra constitui um único ser vivo.

   Reprodução/www.ambitojuridico.com.br

   > **Gaia com voz? Uma análise da hipótese de gaia e sua correlação com o princípio da preservação ambiental: meio ambiente ecologicamente equilibrado e dignidade da pessoa humana em pauta**
   > Em 1 de julho de 2017 - às 00:00

   Na opinião de vocês, por que o planeta Terra, como um todo, poderia ser considerado um único ser vivo? Justifiquem.

123

Na prática

4. Iniciem uma conversa com a turma toda em roda e comentem as respostas dadas às questões da etapa anterior.

5. Retomem, especialmente, os itens **b** e **c** da atividade 3, façam um levantamento com toda a turma e respondam: qual dessas duas questões gerou maior discordância nas respostas?

6. Com base na informação obtida na etapa anterior, reorganizem-se em três grupos para um debate. O tema pode ser aquele que causou maior discordância na turma; veja as sugestões a seguir.

- **Tema 1** – A vida dos robôs e programas de computador

    - **Grupo 1:** Estudantes que consideram que robôs e programas de computador podem ser considerados vivos.
    - **Grupo 2:** Estudantes que consideram que robôs e programas de computador não podem ser considerados vivos.
    - **Grupo 3:** Estudantes que não têm opinião formada. Esse grupo deverá ser responsável por analisar os argumentos dos dois primeiros grupos para tomar uma decisão.

- **Tema 2** – A hipótese de Gaia

    - **Grupo 1:** Estudantes que pensam que o planeta Terra pode ser considerado um único organismo vivo.
    - **Grupo 2:** Estudantes que pensam que o planeta Terra não pode ser considerado um único organismo vivo.
    - **Grupo 3:** Estudantes que não têm opinião formada. Esse grupo deverá ser responsável por analisar os argumentos dos dois primeiros grupos para tomar uma decisão.

Veja, no esquema ao lado, uma sugestão de disposição de sala de aula para a realização do debate.

7. Os grupos 1 e 2 devem se reunir para levantar dados que considerem importantes para defender suas respectivas posições. Sugerimos pesquisar artigos recentes na internet, livros e vídeos sobre a temática escolhida.

8. O grupo 3 deve se reunir, estudar ambas as posições e elaborar algumas questões para que possa tomar decisões sobre o debate.

9. O desenvolvimento do debate deve compreender três momentos:

    a) Defesa das ideias do grupo que inicia a fala.

    b) Réplica do grupo com posição contrária.

    c) Tréplica do grupo que iniciou a fala.

    Esse ciclo de três momentos pode se repetir até que as diversas propostas, dados e argumentos preparados pelos grupos tenham sido compartilhados. O grupo 3 deve permanecer atento às colocações dos colegas e fazer suas anotações.

10. Após o debate, o grupo 3 deve se reunir em um espaço reservado, a fim de discutir, ponderar e tomar uma decisão sobre a discussão. A posição assumida pelo grupo 3 deve ser redigida, justificando a escolha com base nos argumentos trazidos pelos grupos 1 e 2. A decisão será lida por um dos membros do grupo 3 para toda a turma.

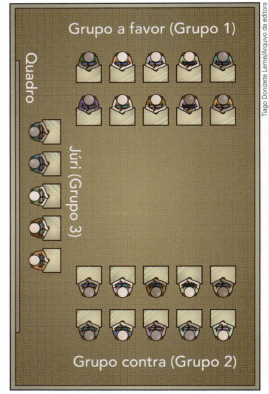

Sugestão de disposição da sala de aula para a realização do debate.

Reflexão

1. Retomem a resposta à primeira questão proposta no projeto. Com base nos debates e conhecimentos construídos, proponham uma nova resposta para a questão.

> **Atenção!**
> Atentem à confiabilidade das fontes que serão consultadas – elas devem ser explicitamente mencionadas durante o debate. Caso necessário, peçam ajuda ao professor.

Formas de caracterizar a vida

No passado, **naturalistas** consideravam que todo ser vivo tinha uma força vital, algum tipo de substância misteriosa responsável pela vida. Essa corrente de pensamento, conhecida como **vitalismo**, não é mais aceita no meio científico. Isso porque evidências indicam que a vida é resultado de uma série de fenômenos e características próprias, e não é determinada por uma substância ou uma força especial.

naturalista: pessoa que estuda plantas, animais e rochas.

Como pudemos ver, os cientistas geralmente não definem **vida**, mas a reconhecem com base nas características daquilo que é vivo, isto é, definem processos vitais considerando atributos dos seres vivos, que objetos inanimados não apresentam.

Observe a seguir algumas das propriedades associadas à manifestação da vida. Essas propriedades são utilizadas por biólogos para definir processos de vida.

Mata Atlântica brasileira no município de Tapiraí, SP, 2020.

Uso de energia
A energia é necessária para todas as atividades vitais, como movimentar-se, crescer, reproduzir-se e uma série de atividades celulares. A fonte primária dessa energia é o Sol. A conversão da energia solar em energia química (em geral, por plantas e algas) favorece seu uso por outros seres vivos. Nas folhas das plantas, existem pigmentos capazes de absorver a luz solar; com isso, é gerada energia química pelo processo de fotossíntese. Esse é apenas um exemplo de como a energia flui entre os seres vivos.

Broto de pau-brasil (*Paubrasilia echinata*) levemente curvado em direção a uma fonte luminosa. A árvore pode chegar a 15 metros de altura.

Crescimento e desenvolvimento
A informação genética herdada de uma geração determina as características das gerações seguintes. Além da informação genética, o crescimento e o desenvolvimento dos organismos podem ser influenciados por respostas às condições físico-químicas do ambiente. Algumas plantas, por exemplo, têm a direção de seu crescimento influenciada pela posição em que incide uma fonte de luz.

A víbora *Protobothrops mangshanensis* (até 2 metros de comprimento) é uma serpente da família Viperidae, mesmo grupo das cascavéis e das jararacas encontradas no Brasil.

Adaptação evolutiva
A víbora-de-mangshan (*Protobothrops mangshanensis*) – espécie endêmica da China – se camufla na vegetação das montanhas, favorecendo a sua sobrevivência. As adaptações dos seres vivos foram desenvolvidas ao longo de centenas de milhares de anos. O sucesso da capacidade reprodutiva dos indivíduos com características mais adaptadas ao ambiente é o responsável por essa propriedade.

Ganso canadense (*Branta canadensis*) no rio Tâmisa, em Londres, Inglaterra, 2019.

Regulação
Os seres vivos estão submetidos às influências do ambiente que habitam. Quando o ambiente externo é alterado, regular o ambiente interno de seu organismo, mantendo-o em equilíbrio, é fundamental para a manutenção das atividades celulares. Animais endotérmicos, como o ganso canadense (*Branta canadensis*), reduzem a perda de calor para o ambiente com a produção própria de calor. O sangue quente que circula do centro do corpo pelas artérias transfere calor para o sangue mais frio, que retorna das extremidades do corpo pelas veias.

Cachorro (*Canis familiaris*). Pode medir até 110 centímetros de altura.

Reprodução e hereditariedade
Seres vivos podem gerar descendentes. Isso significa que um ser vivo se origina de organismos preexistentes. A informação genética recebida por uma nova geração tem origem na geração parental.

Classificação dos seres vivos

Cerca de 8,7 milhões de espécies de seres vivos habitam o planeta. Para conhecer e estudar todos esses organismos, os biólogos organizam os seres vivos em três grandes grupos, chamados **domínios**: **Bacteria**, **Archaea** e **Eukarya**. Veremos que essa classificação remete à relação evolutiva dos organismos que compõem cada domínio. Esses domínios contêm representantes atuais que surgiram ao longo da história da Terra.

As arqueas e as bactérias são unicelulares, isto é, são formadas por uma única célula, que realiza todas as suas funções vitais. Outra característica importante desses grupos é que seus representantes são **procariontes**, ou seja, não têm um compartimento celular delimitado por membrana que abriga seu material genético.

Representação esquemática de um organismo procarioto atual. Observe que seu material genético (DNA) está no citoplasma. Os elementos não estão representados em proporção. Cores fantasia.

Apesar de algumas semelhanças, os grupos Archaea e Bacteria são muito diferentes. Seus processos metabólicos geram resíduos distintos, há diferenças na composição da parede celular de cada grupo, além de diferenças genéticas. Estudos apontam que os Archaea são mais parecidos com o grupo Eukarya do que com os organismos do domínio Bacteria.

Veja, nas imagens a seguir, obtidas por microscopia eletrônica de varredura, exemplos de organismos dos dois grupos formando colônias: cada célula é um organismo vivo.

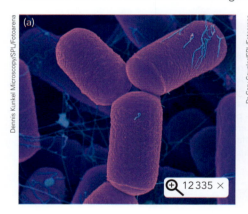

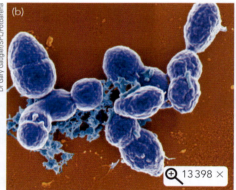

(a) Ser vivo do domínio Archaea, unicelular e procarioto: *Methanobrevibacter smithii*. Cores fantasia.

(b) Ser vivo do domínio Bacteria, unicelular e procarioto: *Streptococcus pneumoniae*. Cores fantasia.

O domínio Eukarya, por sua vez, agrupa organismos formados por uma célula, os unicelulares, e organismos formados por um conjunto de células com diferentes funções, os pluricelulares. Ao contrário dos organismos que compõem os outros domínios, os seres do grupo Eukarya têm células que apresentam uma membrana interna que delimita um compartimento que contém o material genético, chamado núcleo. Por essa razão, são denominados **eucariontes**, palavra que é derivada do grego *eu*, que significa "verdadeiro", e *karyon*, "cerne". Isso os diferencia de Bacteria e Archaea, grupos procariotos, do grego *pro*, que significa "antes".

Representação esquemática de uma célula eucarionte animal (10 μm a 50 μm de diâmetro, em média). Observe que o material genético fica localizado no interior do núcleo e as organelas, muitas inexistentes em células procarióticas, exercem diferentes funções no metabolismo celular. Os elementos não estão representados em proporção. Cores fantasia.

O domínio Eukarya é formado por quatro **reinos**.

- **Protoctista:** representado pelos protistas, reúne organismos bastante diversos unicelulares ou pluricelulares e autótrofos ou heterótrofos, como paramécios, amebas, euglenas, esporozoários, flagelados e algas.

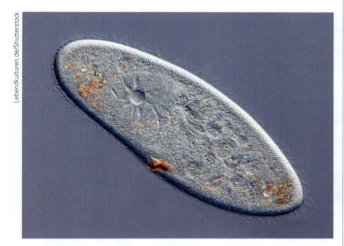

Paramécio, um protozoário, visto ao microscópio óptico (mede entre 50 μm e 300 μm de comprimento; cores artificiais).

- **Fungi:** representado pelos fungos, reúne organismos heterótrofos unicelulares ou pluricelulares, como cogumelos, mofos, orelhas-de-pau e leveduras.

Cogumelo, um fungo pluricelular (mede cerca de 5 centímetros de comprimento).

- **Metaphyta** ou **Plantae:** representado pelas plantas, reúne organismos autótrofos e pluricelulares, como árvores frutíferas, pinheiros, samambaias e musgos.

A planta comigo-ninguém-pode é tóxica: suas folhas, se ingeridas, podem causar graves e intensas reações (mede cerca de 50 centímetros de comprimento).

- **Metazoa** ou **Animalia:** representado pelos animais, reúne organismos heterótrofos e pluricelulares, como insetos, vermes, esponjas e vertebrados.

O lobo-guará é um mamífero terrestre (mede cerca de 1 metro de comprimento).

Atividades

1. Elabore um parágrafo que responda à seguinte questão: O que é vida para você?
2. A maioria dos seres vivos que atualmente habitam a Terra é bastante diferente daqueles que deram origem à vida. Você considera que eles seriam mais semelhantes a que grupo: **Bacteria**, **Archaea** ou **Eukarya**? Justifique.

Na prática | Investigação

Seu sistema de classificação

Estudamos como os biólogos caracterizam e organizam os seres vivos. Devido à grande biodiversidade existente no planeta, é fundamental organizá-los por meio de sistemas de classificação. Além dos domínios estudados até o momento, existem outros níveis de classificação, dos quais você já deve ter ouvido falar, como famílias, gêneros e espécies.

Nesta investigação, vamos compreender como trabalham os taxonomistas e sistematas, biólogos responsáveis por descrever e categorizar os seres vivos por meio do estudo de espécimes.

Material

- Tesoura de poda.
- Folhas brancas de papel sulfite.
- Fita adesiva transparente.

O que fazer

1. Em trios, façam uma caminhada por diferentes áreas da escola, identificando diferentes plantas e coletando delas algumas amostras de folhas. Deem preferência a folhas caídas no chão. Caso necessário, peçam auxílio ao professor.

Exemplos de diferentes tipos de folhas.

2. Cada trio deve coletar entre **6 e 12 folhas de plantas diferentes**. Os grupos também podem trazer folhas de casa, se a escola não tiver quantidade de plantas suficiente para a coleta ou se o acesso às plantas for difícil.

3. Com base no conjunto de folhas coletado, o trio pode propor uma forma de organizá-las em grupos e classificá-los. A decisão sobre o critério de organização é uma tarefa do trio, que pode definir quantos grupos de classificação são necessários.

4. Utilizando a fita adesiva, fixem as folhas que pertencem a cada grupo em um papel branco diferente e deem um nome a esse agrupamento de folhas.

5. Agora, os trios devem se unir formando grupos com seis estudantes. Cada trio deve explicar para o outro a sua forma de classificação.

Reflexão

1. O nome que o trio escolheu para cada grupo tem relação com os critérios de classificação adotados? Em caso positivo, indique qual é a relação.

2. Quais as semelhanças e diferenças entre os critérios utilizados por seu trio e pelo outro?

3. Se você propusesse uma nova classificação, adotaria os critérios utilizados pelo outro trio? Justifique.

4. Na turma, foram propostos diferentes conjuntos de critérios para classificar os seres vivos. Os cientistas buscam utilizar critérios universais de classificação dos seres vivos, ou seja, tentam chegar a um acordo sobre quais critérios usar. Quais são as vantagens para a ciência e a sociedade de serem propostos critérios universais?

Saiba + +++

Formas de classificação utilizadas pelas ciências ao longo da história

Práticas de categorização e classificação dos elementos existentes no mundo são próprias da humanidade ao longo de sua história. Ao discutir a classificação das folhas na atividade anterior, você estabeleceu certos critérios. Os cientistas também estabelecem critérios e regras para organizar os seres vivos.

Observe o nome de cada ser vivo apresentado até aqui. Repare que, para nomear a espécie dos seres vivos, são usados dois nomes em latim. Essa é a forma padronizada da **nomenclatura científica** de espécie dos seres vivos em todo o mundo. Note, ainda, que o primeiro nome sempre aparece com letra maiúscula e que os dois nomes estão destacados em itálico (quando escritos à mão, devem ser sublinhados separadamente).

Espécie, entre inúmeros conceitos, pode ser definida como grupo de indivíduos que, em condições naturais, podem se acasalar e gerar descendentes férteis.

As espécies estão inseridas em grupos mais abrangentes de classificação. Por exemplo, o cogumelo *Amanita caesarea* retratado pertence a um grupo maior de cogumelos semelhantes denominado gênero *Amanita*. Nesse gênero, há cerca de 600 espécies de fungos que se caracterizam por ter um anel abaixo do píleo ("chapéu" do cogumelo). Observe ainda que o nome do gênero corresponde ao primeiro nome da espécie – essa também é uma regra de nomenclatura biológica. Nesse caso, há um critério morfológico nítido para a organização do gênero. Porém, pode haver outros critérios, como aspectos fisiológicos, bioquímicos e genéticos.

Gêneros relacionados entre si são organizados em grupos mais amplos, chamados família. No caso do fungo *Amanita caesarea*, a família é Amanitaceae.

Além de espécie, gênero e família, há grupos sucessivamente mais abrangentes: ordem, classe, filo, reino e domínio. Observe a classificação do fungo *Amanita caesarea* no quadro.

Fungo conhecido popularmente como cogumelo-dos-césares, laranjinha ou amanita-real.

Reino	Fungi
Filo	Basidiomycota
Classe	Homobasidiomycetes
Subclasse	Hymenomycetes
Ordem	Agaricales
Família	Amanitaceae
Gênero	*Amanita*
Espécie	*Amanita caesarea*

Cada categoria dentro dessa classificação agrega um conjunto mais abrangente de organismos e pode haver, em muitos casos, subdivisões entre elas. Observe que há uma subclasse entre a ordem e a classe de *Amanita caesarea*.

Esse sistema de classificação, utilizado até hoje, foi proposto no século XVIII pelo naturalista Carl von Linné (1707-1778), conhecido como Lineu, em sua obra *Systema Naturae*.

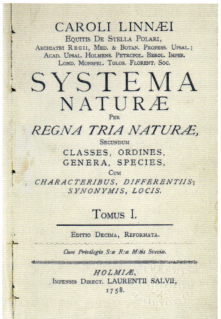

As regras para a classificação dos seres vivos foram propostas por Lineu há mais de 200 anos e são utilizadas pelos biólogos atualmente.

A classificação de Aristóteles (c. 384 a.C.-322 a.C.) prevalecia antes das propostas de Lineu e utilizava como critério o estabelecimento de atributos comuns a todos os seres de um grupo. Assim, era preciso identificar as características comuns a todos os animais, por exemplo, para categorizá-los. Outras classificações também foram propostas; Teofrasto (c. 372 a.C.--287 a.C.), por exemplo, propôs uma classificação das plantas organizando os grupos árvores, arbustos, pequenos arbustos e ervas.

Apesar dessas e de outras propostas, os critérios aristotélicos eram mais aceitos e organizavam os seres do mundo em três grupos: animais, plantas e minerais. Ao longo da história, a ciência passou a indicar distinções que apontavam uma maior proximidade entre as plantas e os animais; e os seres passaram a ser organizados em dois grupos: seres vivos e matéria bruta. Com Lineu, o critério central da classificação dos seres vivos passou a ser as características anatômicas e estruturais dos organismos. Além disso, Lineu propôs essa série de normas de nomenclatura que passaram a incorporar a Taxonomia.

Taxonomia é o ramo científico que trabalha com a descrição, a identificação e a classificação dos seres vivos.

Desde Lineu, a Biologia sofreu diversas mudanças. Atualmente, apesar de utilizarmos o sistema de classificação proposto por ele, não utilizamos os mesmos critérios apresentados no século XVIII. A Taxonomia conta hoje com outros dados igualmente importantes, como as relações evolutivas entre os organismos e as informações genéticas e moleculares.

Dialogando com Ciências Humanas e Sociais Aplicadas

Etnobiologia

Diferentes culturas desenvolveram formas diversas de catalogar o mundo natural, interpretar fenômenos biológicos e criar maneiras específicas de se relacionar com a natureza. Essas formas são objeto de estudo da **Etnobiologia**, ramo das ciências biológicas que busca tratar da relação entre diferentes grupos culturais e os seres vivos. Essa área se organiza do seguinte modo:

Etnobotânica: estuda a relação das diferentes sociedades humanas com as plantas.

Etnoentomologia: estuda a relação das diferentes sociedades humanas com os insetos.

Etnotaxonomia: estuda a relação das diferentes sociedades humanas com a classificação biológica.

No Brasil, grande parte desses estudos é desenvolvida com as comunidades tradicionais indígenas e ribeirinhas.

João Barbosa Rodrigues (1842-1909), botânico brasileiro de ascendência indígena, desenvolveu as primeiras análises etnotaxonômicas no Brasil. Uma de suas contribuições foi a organização hierárquica de plantas com características comuns em grupos maiores com nomes comuns. Leia alguns exemplos no trecho a seguir.

Exsicata elaborada por Barbosa Rodrigues no estado do Pará, terra dos Maués, em 1872. Encontra-se no acervo do herbário do Jardim Botânico do Rio de Janeiro, RJ.

> [...] para o gênero *Astrocarium*, percebeu que existiam naturalmente três divisões (seções). As subseções foram designadas pelos nomes vulgares, tais como *Yauary*, *Chambira*, *Mumbaca*, *Mumbacuçu*, *Ayry*, bem como *Murumuru*. O autor explica que os nomes vulgares são todos de origem *Karany* (guarany), dá o significado de cada um e observa que esses nomes usados pelos indígenas refletem, de fato, as características observadas, como listado abaixo:
>
> *Yauary*: fruto cujo tronco vive dentro da água (*ua*: tronco); *y* (água). Com efeito, ela cresce na água.
>
> *Mumbaca*: árvore que expele os frutos (*mum*: expelir, fazer sair); *ibac* (árvore com fruto). O epicarpo e o endocarpo se rasgam e expelem as sementes.
>
> [...] *Airy*: corruptela de *uáyry*, que quer dizer: fruto que dá na água (*Uá*: fruto); *yry* (que dá na água). Dos frutos dessa espécie só se aproveita a água, quando eles estão verdes.
>
> *Murumuru*: é uma corruptela de *Moromburu*, que significa: muito maldito (*moro*, prefixo que torna o verbo absoluto); *mburu* (maldito). Na verdade, toda a planta é coberta por espinhos muito malditos, pois eles são muito venenosos e longos como punhais afiados.
>
> PEIXOTO, A. L. *et al*. Saberes e práticas sobre plantas: a contribuição de Barbosa Rodrigues. *Revista Brasileira de História da Ciência*, Rio de Janeiro, v. 5, p. 24-26, 2012. Disponível em: https://ainfo.cnptia.embrapa.br/digital/bitstream/item/161182/1/24623.pdf. Acesso em: 17 set. 2021.

exsicata: amostra para estudo de fragmento, ou exemplar vegetal, desidratado e prensado, acompanhada de etiquetas com sua identificação (espécie, local de coleta, data, nome do coletor, etc.).

As classificações adotadas pelas comunidades indígenas não ocorriam de maneira arbitrária. As espécies eram designadas com base em características morfológicas de folhas, flores e frutos ou de características como sabor, dureza de sementes, cheiro, coloração, uso e toxicidade. Os seres vivos eram agrupados em conjuntos gradativamente mais amplos, recebendo o nome da planta mais típica.

A Etnobiologia nos ajuda a compreender que não há conhecimento superior ou inferior. As classificações taxonômicas, por exemplo, usam critérios de organização e agrupamento que pertencem a momentos históricos diferentes, cujos objetivos para cada comunidade e cultura são distintos.

Atividades

3. Retome os critérios de classificação dos seres vivos utilizados por Aristóteles, na Antiguidade, e por Lineu, no século XVIII. Compare-os com os critérios propostos pelo seu grupo na atividade *Seu sistema de classificação*. Qual deles se assemelha mais à proposta de vocês?

4. Retome o sistema de nomenclatura de Lineu. Dê novos nomes aos grupos organizados por seu trio, utilizando os critérios de Lineu. Lembre-se de que você pode usar a criatividade para pensar em nomes "em latim".

5. Retome os organismos vivos mostrados na galeria de imagens anterior. Faça uma pesquisa especificamente taxonômica de duas espécies: o lobo-guará (*Chrysocyonbrachyurus*) e a levedura (*Saccharomyces cerevisiae*).

6. Retome a classificação da levedura *Saccharomyces cerevisiae*. Utilizar somente os critérios morfológicos propostos por Lineu seria suficiente para fazer essa classificação completa? Justifique.

Atividades

7. Com base nas classificações da levedura, do lobo-guará e do cogumelo *Amanita caesarea* mencionadas no texto anterior, responda:

   a) O que você observa em comum entre o cogumelo e a levedura?

   b) O que há em comum entre o cogumelo e o lobo-guará?

   c) O que há em comum entre essas três espécies?

   d) Retome a classificação do lobo-guará. Quantas espécies compõem o gênero do lobo-guará? Por que isso acontece?

8. Faça uma pesquisa sobre a classificação taxonômica do lobo-cinzento e indique:

   a) Semelhanças e diferenças entre a classificação do lobo-cinzento e do lobo-guará.

   b) Por que as classificações recentes do lobo-guará não o incluem no gênero *Canis*?

   c) Dê exemplos de outros animais que pertencem ao gênero *Canis*, além do lobo cinzento.

Pensando a vida a partir de níveis de organização

Além dos níveis de classificação, para caracterizar e melhor compreender a vida e suas manifestações, pesquisadores desenvolvem estudos a partir de diferentes **níveis de organização**. Muitas vezes, na escola, essas categorias parecem ter apenas propósito didático. Contudo, você verá que os níveis de organização favorecem a compreensão das propriedades da vida que foram apresentadas anteriormente.

Observe a imagem.

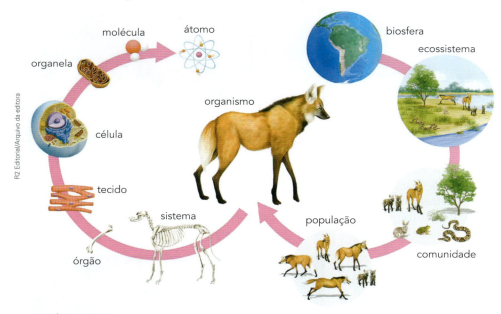

Elaborado com base em: REECE, J. B. *et al. Campbell Biology*. 10. ed. Glenview: Pearson, 2014.

Representação esquemática dos níveis de organização dos seres vivos. Os elementos não estão representados em proporção. Cores fantasia.

Na figura anterior, consideramos a **biosfera** o nível de organização mais abrangente. Consiste em toda forma de manifestação de vida no planeta e se estabelece em diferentes regiões, climas, relevos, altitudes e diversas outras variações.

Em seguida, encontramos outro nível de organização, o **ecossistema**, que é um conjunto de seres vivos que ocupam uma área e interagem com relevo, recursos hídricos e outros fatores.

O conjunto de todos os seres vivos que habitam determinado local é chamado de **comunidade biológica**. Uma população é o conjunto de seres vivos de uma mesma espécie que compõem uma comunidade. Assim, o conjunto de lobos-guará, *Chrysocyonbrachyurus*, que vivem em uma mesma região constitui uma **população**. Nesse exemplo, cada lobo-guará é um **organismo**.

Se continuarmos a avançar nos níveis de organização, o organismo é constituído sucessivamente de **sistemas**, **órgãos** e **tecidos**. Com um microscópio, podem ser visualizadas as **células** que formam cada tecido. Em escalas ainda menores, aquelas que nem mesmo a maioria dos microscópios possibilita visualizar, existem as **moléculas** e os **átomos**.

Na prática | Investigação

Elaborando perguntas e trabalhando com dados

Ao investigarem questões sobre o mundo natural, cientistas trabalham com dados que permitem a elaboração de afirmações sobre os processos investigados, tanto aqueles que ocorreram em um passado remoto quanto os que ocorrem no presente. Porém, ao fazerem perguntas sobre o passado, os pesquisadores são levados a utilizar tipos de dados distintos daqueles utilizados para investigar o presente. Nesta atividade, faremos uma análise dessas diferentes formas de elaborar perguntas científicas e dos dados que podem ser utilizados para a construção de explicações.

Material
- Algum suporte para anotações, digital ou em papel.

O que fazer

1. Leia com atenção cada uma das quatro fichas que contêm afirmações científicas.

Ficha 1

Nos estágios iniciais de vida de uma borboleta, a lagarta passa esse período se alimentando e crescendo. Depois de algum tempo, forma-se a pupa, que fica contida no interior de um casulo. Nessa etapa, células se modificam e formam o indivíduo adulto, a borboleta, que emerge da pupa.

Borboleta do gênero *Morpho* sp. após a metamorfose. Espécies desse gênero podem variar de 7 centímetros a 20 centímetros de envergadura.

Ficha 2

Em seres humanos e outros mamíferos, observa-se a produção de hormônios por uma glândula chamada tireoide. Esses hormônios regulam a taxa metabólica dos seres humanos, além de atuar na manutenção da pressão sanguínea e do batimento cardíaco.

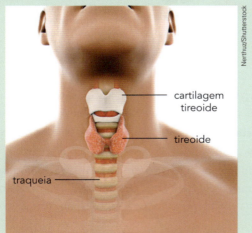

Representação esquemática da glândula tireoide. Os elementos não estão representados em proporção. Cores fantasia.

Ficha 3

Em torno de 540 milhões de anos atrás, havia em nosso planeta uma grande diversidade de seres vivos. Já foram descritos cerca de 120 grupos que habitavam a Terra nesse período, como moluscos, cnidários, esponjas, equinodermos e artrópodes.

Representação artística da biota que habitou a Terra há cerca de 540 milhões de anos. Os elementos não estão representados em proporção.

132

Ficha 4

No tempo em que os primeiros seres vivos surgiram na Terra, a atmosfera do planeta era pobre em gás oxigênio (O_2). No entanto, há cerca de 2,4 bilhões de anos, a concentração de oxigênio começou gradativamente a aumentar.

Representação artística da formação do oxigênio nas primeiras eras do planeta Terra. Os elementos não estão representados em proporção.

Reflexão

1. Em trios, construam um quadro, como o mostrado a seguir, em um editor digital de textos, de planilhas ou em uma folha de papel. Completem-no com os dados que os cientistas tiveram de coletar para elaborar cada uma das afirmações apresentadas nas fichas.

Afirmação	Dados possivelmente utilizados
Ficha 1	////////////////////////////
Ficha 2	////////////////////////////
Ficha 3	////////////////////////////
Ficha 4	////////////////////////////

2. Após a conclusão do quadro, juntem os trios, formando grupos com seis pessoas. Os grupos devem trocar informações sobre os dados levantados.

    a) Os dois trios levantaram os mesmos dados?

    b) Se houve alguma discordância, os grupos devem chegar a uma conclusão sobre qual seria o melhor conjunto de dados para cada afirmação. Anotem cada discordância e, em seguida, o consenso do grupo.

3. Agora, compartilhem e debatam com a turma os dados e os pontos de concordância e discordância.

4. Os dados dos outros grupos foram semelhantes? Quais os pontos de concordância e discordância na turma? Registrem as informações levantadas e, se necessário, criem um documento para reunir os registros.

Atividade

1. Ao longo desta unidade, a pergunta que nos orientou e instigou foi: **O que é vida?** Apesar de os biólogos não terem uma resposta única para essa questão, diversas áreas de pesquisa analisam fenômenos relacionados à vida. A Biologia é a ciência que estuda a vida, ou seja, tudo o que os biólogos pesquisam está, de uma forma ou de outra, relacionado a algum processo de vida. Para iniciar os estudos, os pesquisadores (biólogos, físicos, químicos, etc.) partem de perguntas que os norteiam. Vamos debater agora como uma pergunta inicial sobre a vida pode ser feita e como o trabalho com dados pode ser desenvolvido para a construção de respostas científicas.

    Em trios, retomem o tópico *Pensando a vida a partir de níveis de organização*, que explora os níveis de organização da vida, e escolham um desses níveis para o estudo.

    a) Elaborem uma possível pergunta relacionada ao nível de organização escolhido e que poderia ser pesquisada por um biólogo.

    b) Pensem em uma possível resposta a essa pergunta, ela será a hipótese de vocês. Para sustentar ou rejeitar sua hipótese, que tipo de dado o biólogo precisaria coletar?

    c) Comparem a pergunta elaborada por vocês com a pergunta de outro trio. Indiquem uma semelhança e uma diferença entre as duas perguntas.

    d) Analisem as duas perguntas e indiquem se seria possível utilizar o mesmo tipo de dado para respondê-las. Justifiquem.

Exercícios

1. (Enem) Nas recentes expedições espaciais que chegaram ao solo de Marte, e através dos sinais fornecidos por diferentes sondas e formas de análise, vem sendo investigada a possibilidade da existência de água naquele planeta. A motivação principal dessas investigações, que ocupam frequentemente o noticiário sobre Marte, deve-se ao fato de que a presença de água indicaria, naquele planeta:

a) a existência de um solo rico em nutrientes e com potencial para a agricultura.
b) a existência de ventos, com possibilidade de erosão e formação de canais.
c) a possibilidade de existir ou ter existido alguma forma de vida semelhante à da Terra.
d) a possibilidade de extração de água visando ao seu aproveitamento futuro na Terra.
e) a viabilidade, em futuro próximo, do estabelecimento de colônias humanas em Marte.

2. (Unicamp-SP) Considere os seguintes componentes celulares:

I. parede celular
II. membrana nuclear
III. membrana plasmática
IV. DNA

É correto afirmar que as células de

a) fungos e protozoários possuem II e IV.
b) bactérias e animais possuem I e II.
c) bactérias e protozoários possuem II e IV.
d) animais e fungos possuem I e III.

3. (UFRR) Observando-se o nome científico do inseto da ordem Trichoptera, *Helicopsyche* (*Cochliopsyche*) *amica* (Johanson, 2003), é correto afirmar que os termos *Helicopsyche* e Johanson se referem, respectivamente, a:

a) gênero e espécie;
b) espécie e variedade;
c) espécie e subespécie;
d) gênero e autor;
e) espécie e sinonímia.

4. (UFPR) O conhecimento da biodiversidade é fundamental para sua conservação e para o uso sustentável. No entanto, a biodiversidade sobre a Terra é tão grande que, para estudá-la, faz-se necessário inicialmente nomeá-la. Os seres vivos não podem ser discutidos ou tratados de maneira científica sem que sejam denominados e descritos previamente. Os nomes científicos dão um significado universal de comunicação, uma linguagem essencial do conhecimento da biodiversidade, servindo também como um banco de dados único de informação. É inerente ao ser humano a necessidade de organização dos objetos em grupos, simplificando a informação a fim de facilitar seu entendimento. Nesse contexto se insere a classificação biológica. Considere as afirmativas a seguir, correlacionadas com o texto acima:

1. As categorias taxonômicas são, em ordem hierárquica: Reino, Filo, Família, Ordem, Classe, Gênero e Espécie.
2. Os seres vivos estão distribuídos nos seguintes reinos: Monera, Protista, Fungi, Metaphyta (Plantae) e Metazoa (Animalia).
3. A partir do texto, deduz-se que as regras de nomenclatura garantem uma única linguagem universal da informação biológica.
4. O processo de identificação de um ser vivo consiste em estabelecer uma correlação de identidade entre o exemplar objeto da identificação e aquele que já foi classificado, definindo assim seu nome científico.

Assinale a alternativa correta:

a) Somente as afirmativas 2 e 3 são verdadeiras.
b) Somente as afirmativas 2, 3 e 4 são verdadeiras.
c) Somente as afirmativas 1, 3 e 4 são verdadeiras.
d) Somente as afirmativas 1 e 2 são verdadeiras.
e) Somente as afirmativas 1 e 4 são verdadeiras.

5. (Ufla-MG) Com relação às características dos seres vivos, marque a alternativa que apresenta um organismo unicelular e um organismo pluricelular, respectivamente.

a) Animais; Plantas
b) Bactéria; Animais
c) Plantas; Protozoário
d) Bactéria; Protozoário

6. (Cesgranrio-RJ) Uma simples noz caída na floresta pode garantir a sobrevivência de besouros, formigas, musgos etc. A noz, ambiente abiótico, abrigando uma série de seres vivos interagindo uns com os outros, é um exemplo de:

a) comunidade.
b) população.
c) ecossistema.
d) hábitat.
e) biosfera.

7. (Ufla-MG) Existem células de diferentes tamanhos, formas e funções. Mas, independentemente dessas variações, elas são classificadas em dois tipos: procarióticas e eucarióticas. Exemplos de células procarióticas são:

a) Vírus
b) Fungos
c) Bactérias
d) Protozoários

8. (FGV-SP) Durante a aula de campo, a professora chamou a atenção para o fato de que, naquela área, havia inúmeros formigueiros, cada um deles de uma diferente espécie de formiga e todos eles interagindo pelos recursos daquela área. Em Ecologia, cada formigueiro em particular e o conjunto de formigueiros naquela área referem-se, respectivamente, a:

a) ecossistema e população.
b) comunidade e ecossistema.
c) população e ecossistema.
d) comunidade e população.
e) população e comunidade.

9. (UTFPR) Sobre os níveis de organização do corpo humano, considere as afirmativas abaixo.

I. Pele, fígado e cérebro são órgãos, pois são formados por diferentes tecidos.
II. Conjuntivo, cartilaginoso e ósseo são exemplos de sistemas.
III. Diafragma, traqueia e laringe fazem parte do sistema respiratório.

Está(ão) correta(s):

a) apenas I.
b) apenas II.
c) apenas III.
d) II e III.
e) I e III.

10. (UERGS-RS) Com base na ilustração a seguir, a qual esquematiza uma ordem crescente de complexidade na natureza.

Considerando os níveis de organização dos seres vivos, é correto substituir os números **1, 2, 3 e 4**, respectivamente, por

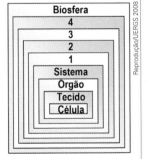

a) Organismo, Indivíduo, População, Ecossistema.
b) Organismo, População, Ecossistema, Comunidade.
c) Organismo, População, Comunidade, Ecossistema.
d) Indivíduo, Organismo, População, Ecossistema.
e) Indivíduo, População, Ecossistema, Comunidade.

11. (UFPR) Desde o começo da vida, os sistemas biológicos passaram por grandes mudanças evolutivas, representadas por grandes saltos em complexidade. Esses eventos foram fundamentais na configuração e diversificação da vida na Terra e resultaram em uma organização hierárquica da vida, conhecida como níveis de organização biológica (célula, tecido, órgão, sistema, indivíduo, população, comunidade, ecossistema, biosfera). Esses níveis são vinculados entre si e, cada vez que um evolui de outro (saltos), o nível resultante é mais complexo que o anterior. Por exemplo, a origem da vida e da célula está diretamente associada à organização de moléculas em células; células se agrupam e formam tecidos; tecidos formam órgãos, que formam sistemas e assim por diante. Cada um desses saltos em complexidade (ou mudança de nível biológico) resulta no aparecimento de propriedades que não estavam presentes no nível preexistente. São as chamadas propriedades emergentes.

Com isso em mente e conhecendo as propriedades dos níveis associados à ecologia, as propriedades emergentes associadas a indivíduo, população, comunidade e ecossistema, são, respectivamente

a) proporção de sexos, fluxo de energia, idade e diversidade
b) peso, natalidade, riqueza de espécies e ciclo de nutrientes
c) mortalidade, altura, estrutura trófica e ciclo de nutrientes
d) idade, ciclo de nutrientes, natalidade e estrutura trófica
e) estrutura etária, proporção sexual, ciclo de nutrientes e riqueza de espécies

12. (UEPG-PR) A Biologia é a ciência que se ocupa do estudo dos seres vivos, em vários níveis de organização, desde o molecular até o das relações entre os seres vivos e entre eles e o mundo não vivo. Sobre este assunto, assinale o que for correto.

a) O pâncreas é um órgão e a insulina é uma molécula.
b) O sangue é um tecido conjuntivo líquido.
c) As mitocôndrias são células.
d) A membrana plasmática é um orgânulo celular.

13. (Unesp-SP) A sequência indica os crescentes níveis de organização biológica:

célula → I → II → III → população → IV → V → biosfera.

Os níveis **I, III e IV** correspondem, respectivamente, à

a) órgão, organismo e comunidade.
b) tecido, organismo e comunidade.
c) órgão, tecido e ecossistema.
d) tecido, órgão e bioma.
e) tecido, comunidade e ecossistema.

135

A busca de evidências para compreender a origem da vida

A partir de agora, duas perguntas acompanharão nossos estudos:

- O que aconteceu na Terra ao longo dos últimos bilhões de anos?
- Sob quais condições a vida surgiu no planeta Terra?

O Universo tem uma história muito mais longa do que nossa rápida experiência temporal, restrita a algumas décadas, permite imaginar. Uma analogia que poderia ser utilizada, para efeitos de comparação, é que, se toda a história dos seres humanos fosse uma única gota de água, a história da vida na Terra seria o reservatório de um caminhão-pipa cheio, com cerca de 25 mil litros de água. Outra analogia possível seria considerar que a história da vida seria a Torre Eiffel e que a dos seres humanos seria a última demão de tinta no topo da torre.

A escala do tempo geológico é usada pelos cientistas para demarcar eras e períodos e recontar a história da vida em nosso planeta. Essa representação temporal, assim como as analogias anteriormente apresentadas, sustenta a ideia de que as escalas são necessárias para compreendermos a magnitude do tempo geológico.

Tempo geológico			Alguns eventos marcantes na história da vida
Era	Período	Milhões de anos (m.a.)	
Cenozoica	Quaternário	1,8	Evolução dos hominídeos
	Terciário	65	Radiação dos mamíferos e das angiospermas
Mesozoica	Cretáceo	145	Extinção de dinossauros não avianos
	Jurássico	200	Surgimento das angiospermas / Surgimento das aves
	Triássico	251	Florestas de gimnospermas / Diversificação dos répteis
Paleozoica	Permiano	297	Radiação dos répteis
	Carbonífero	359	Florestas de pteridófitas / Domínio dos anfíbios em terra
	Devoniano	416	Diversificação dos peixes
	Siluriano	444	Diversificação das plantas vasculares primitivas
	Ordoviciano	488	Primeiros organismos em ambiente terrestre
	Cambriano	542	Surgimento das partes duras dos animais
Pré-Cambriano		1,5 bilhão de anos	Surgimento de organismos pluricelulares
		1,8 bilhão de anos	Surgimento de células eucarióticas
		3,8 bilhões de anos	Primeiros registros de vida na Terra: organismos unicelulares procariotos

Elaborada com base em: REECE, J. B. et al. Campbell Biology. 10. ed. Glenview: Pearson, 2014.

Como não há forma de voltar no tempo nem existem imagens dos eventos passados, cientistas desenvolvem formas de reconstruir esses acontecimentos.

Na atividade prática *Elaborando perguntas e trabalhando com dados*, você observou algumas diferenças no modo de pesquisar dos cientistas que estudam o passado e no daqueles que investigam o presente. Como você já deve imaginar, uma evidência importante na construção de respostas para as perguntas do passado é o estudo dos **fósseis**.

> Fósseis são restos ou evidências de seres vivos preservados em materiais diversos, como sedimentos, rochas, gelo, resina, etc.

Eles são classificados em dois tipos:

Restos	Vestígios
Quando alguma parte ou a totalidade do ser vivo é encontrada preservada.	Quando apenas evidências indiretas de sua passagem ou existência são encontradas preservadas.
Exemplos: crânios, ossos, garras; ossadas completas, etc.	Exemplos: fezes, pegadas, instrumentos, etc.

Os fósseis trazem evidências, diretas ou indiretas, da morfologia e do hábitat dos seres vivos que ocuparam a Terra no passado. As rochas também trazem evidências valiosas sobre a vida no tempo remoto. Apenas uma pequena parte de restos ou vestígios de seres vivos extintos foi fossilizada. Isso porque a maioria dos seres vivos vive e morre em ambientes com grande disponibilidade de gás oxigênio e agentes decompositores, condições favoráveis à decomposição (os tecidos "moles" dos seres vivos servem de alimento para agentes decompositores). Além disso, muitos dos organismos que ficaram presos em rochas acabaram destruídos pelos processos geológicos naturais de transformação dessas rochas.

Grande parte dos fósseis conhecidos é de animais que tinham partes duras, como animais marinhos com conchas, além de artrópodes, como insetos e crustáceos.

Fóssil de trilobita, grupo extinto de artrópodes com cerca de 17 mil espécies. Suas partes duras favoreceram a fossilização de restos (o próprio exoesqueleto) e de vestígios (o molde dele na rocha). Esses animais desapareceram há cerca de 250 milhões de anos.

Afinal, como podemos saber quando esses seres vivos habitaram o planeta? Geólogos e paleontólogos combinam as informações obtidas de fósseis com outros tipos de dado para caracterizar ambientes da Terra e, assim, obter informações sobre a antiguidade do fóssil.

A pesquisa em paleontologia envolve descrever e analisar a vida no passado para desvendar eventos da história do planeta. Na imagem, a pesquisadora Lucy Souza, doutora em paleontologia e pesquisadora do Museu da Amazônia (Musa), que estuda a morfologia e a evolução dos crocodilianos.

Uma forma de mapear a distribuição de fósseis ao longo do tempo envolve apoiar-se em características das rochas. Rochas sedimentares, por exemplo, dispõem-se em camadas (sedimentos), de modo que camadas mais recentes vão se depositando sobre as mais antigas.

No processo de degelo, as geleiras liberavam grandes fragmentos de rochas (seixos – ao centro da foto), que caíam sobre o material mais fino depositado no leito de um rio, por exemplo. Ao longo do tempo, diversas camadas se acumulavam sobre esse fragmento, envolvendo-o completamente. Parque Geológico do Varvito, em Itu, SP, 2018.

A coleta e a análise de fósseis permitiram observar que alguns deles estavam presentes em determinados tipos de sedimentos (superior ou inferior). No século XVIII, geólogos, como o britânico e pai da geologia inglesa, William Smith (1769-1839), observaram que os fósseis encontrados em estratos superiores das rochas eram mais semelhantes aos seres vivos atuais do que aqueles encontrados em estratos inferiores. Em alguns locais, as camadas de rochas podem não estar tão organizadas ou facilmente visíveis. Nessas situações, os pesquisadores podem estimar a idade dos fósseis pela associação com outro fóssil cuja idade é conhecida, denominado **fóssil indicador** (index fossils).

Na ilustração, o fóssil da esponja vermelha se localiza na faixa temporal B e não sabemos sua idade. No entanto, ele se encontra na mesma camada de rocha na qual coexistiam os fósseis da amonita roxa e da amonita laranja, com intervalos de tempo conhecidos, portanto, **fósseis indicadores**. Assim, pode-se afirmar que o fóssil da esponja vermelha tem a idade relativa correspondente à faixa temporal próxima à extinção da amonita roxa e ao surgimento da amonita laranja.

A faixa etária de cada grupo fóssil é indicada pelas barras cinza subjacentes à figura de cada um. A extremidade inferior indica a primeira ocorrência do fóssil e a superior indica sua última ocorrência na história da vida, quando possivelmente foi extinto.

Essa é a principal forma de datar fósseis, rochas ou camadas. Assim, por meio da identificação de camadas com características específicas e da presença de certos fósseis, desde o século XIX já era possível saber a idade relativa deles. Essa conquista se deu devido aos mapeamentos bastante detalhados de algumas regiões do mundo.

Com o avanço de metodologias e análises, os cientistas têm utilizado outras ferramentas, obtendo resultados cada vez mais precisos. Uma importante ferramenta é o método do decaimento de átomos radioativos em novos isótopos para estabelecer a **idade absoluta** de rochas antigas. Esse tipo de método se fundamenta no tempo de meia-vida de isótopos radioativos.

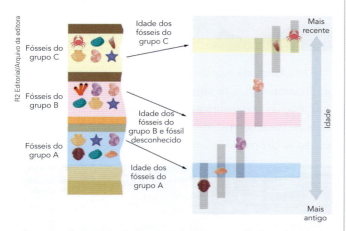

Esquema de datação de fósseis com base nos tipos de rochas de tempos geológicos distintos. Há três possíveis faixas de tempo nesse exemplo: **A**, **B** e **C**. Os elementos não estão representados em proporção. Cores fantasia.

Saiba +   +++

Tempo de meia-vida

O tempo de meia-vida é o tempo necessário para que metade dos núcleos radioativos de uma amostra se desintegre. Em outras palavras, é o tempo para que uma amostra radioativa seja reduzida à metade. Cada radioisótopo apresenta um tempo próprio de meia-vida. Os paleontólogos utilizam o radioisótopo carbono-14 (C-14) para determinar a idade das rochas sedimentares e, consequentemente, a idade dos fósseis ali encontrados.

O carbono-14 é encontrado nos seres vivos em uma concentração constante de 10 ppb (partes por bilhão). Os seres vivos absorvem esse radioisótopo ao longo da vida. Após a morte, cessa a absorção e o radioisótopo começa a se desintegrar. O resultado da desintegração do nêutron nuclear do carbono-14 origina como produto o átomo de nitrogênio-14.

Analise o gráfico e suponha que uma amostra fóssil tenha sido coletada e seu teor de C-14 fosse de 2,5 ppb. Isso corresponde a 25% do teor de C-14 encontrado em organismos vivos. Portanto, são duas meias-vidas completas:

$$100\% \Rightarrow 50\% \Rightarrow 25\%$$

5 730 anos   5 730 anos

$$5\ 730 \text{ anos} \times 2 = 11\ 460 \text{ anos!}$$

A meia-vida do C-14 é de 5 730 anos.

Além do carbono-14, são utilizados outros elementos radioativos para identificar a idade absoluta de fósseis bem mais antigos. O urânio-234, por exemplo, tem meia-vida de 80 mil anos; o urânio-235, de 704 milhões de anos; e o potássio-40, de 1,25 bilhão de anos.

Eles são classificados em dois tipos:

Restos	Vestígios
Quando alguma parte ou a totalidade do ser vivo é encontrada preservada.	Quando apenas evidências indiretas de sua passagem ou existência são encontradas preservadas.
Exemplos: crânios, ossos, garras; ossadas completas, etc.	Exemplos: fezes, pegadas, instrumentos, etc.

Os fósseis trazem evidências, diretas ou indiretas, da morfologia e do hábitat dos seres vivos que ocuparam a Terra no passado. As rochas também trazem evidências valiosas sobre a vida no tempo remoto. Apenas uma pequena parte de restos ou vestígios de seres vivos extintos foi fossilizada. Isso porque a maioria dos seres vivos vive e morre em ambientes com grande disponibilidade de gás oxigênio e agentes decompositores, condições favoráveis à decomposição (os tecidos "moles" dos seres vivos servem de alimento para agentes decompositores). Além disso, muitos dos organismos que ficaram presos em rochas acabaram destruídos pelos processos geológicos naturais de transformação dessas rochas.

Grande parte dos fósseis conhecidos é de animais que tinham partes duras, como animais marinhos com conchas, além de artrópodes, como insetos e crustáceos.

Fóssil de trilobita, grupo extinto de artrópodes com cerca de 17 mil espécies. Suas partes duras favoreceram a fossilização de restos (o próprio exoesqueleto) e de vestígios (o molde dele na rocha). Esses animais desapareceram há cerca de 250 milhões de anos.

Afinal, como podemos saber quando esses seres vivos habitaram o planeta? Geólogos e paleontólogos combinam as informações obtidas de fósseis com outros tipos de dado para caracterizar ambientes da Terra e, assim, obter informações sobre a antiguidade do fóssil.

A pesquisa em paleontologia envolve descrever e analisar a vida no passado para desvendar eventos da história do planeta. Na imagem, a pesquisadora Lucy Souza, doutora em paleontologia e pesquisadora do Museu da Amazônia (Musa), que estuda a morfologia e a evolução dos crocodilianos.

Uma forma de mapear a distribuição de fósseis ao longo do tempo envolve apoiar-se em características das rochas. Rochas sedimentares, por exemplo, dispõem-se em camadas (sedimentos), de modo que camadas mais recentes vão se depositando sobre as mais antigas.

No processo de degelo, as geleiras liberavam grandes fragmentos de rochas (seixos – ao centro da foto), que caíam sobre o material mais fino depositado no leito de um rio, por exemplo. Ao longo do tempo, diversas camadas se acumulavam sobre esse fragmento, envolvendo-o completamente. Parque Geológico do Varvito, em Itu, SP, 2018.

A coleta e a análise de fósseis permitiram observar que alguns deles estavam presentes em determinados tipos de sedimentos (superior ou inferior). No século XVIII, geólogos, como o britânico e pai da geologia inglesa, William Smith (1769-1839), observaram que os fósseis encontrados em estratos superiores das rochas eram mais semelhantes aos seres vivos atuais do que aqueles encontrados em estratos inferiores. Em alguns locais, as camadas de rochas podem não estar tão organizadas ou facilmente visíveis. Nessas situações, os pesquisadores podem estimar a idade dos fósseis pela associação com outro fóssil cuja idade é conhecida, denominado **fóssil indicador** (index fossils).

Na ilustração, o fóssil da esponja vermelha se localiza na faixa temporal B e não sabemos sua idade. No entanto, ele se encontra na mesma camada de rocha na qual coexistiam os fósseis da amonita roxa e da amonita laranja, com intervalos de tempo conhecidos, portanto, **fósseis indicadores**. Assim, pode-se afirmar que o fóssil da esponja vermelha tem a idade relativa correspondente à faixa temporal próxima à extinção da amonita roxa e ao surgimento da amonita laranja.

A faixa etária de cada grupo fóssil é indicada pelas barras cinza subjacentes à figura de cada um. A extremidade inferior indica a primeira ocorrência do fóssil e a superior indica sua última ocorrência na história da vida, quando possivelmente foi extinto.

Essa é a principal forma de datar fósseis, rochas ou camadas. Assim, por meio da identificação de camadas com características específicas e da presença de certos fósseis, desde o século XIX já era possível saber a idade relativa deles. Essa conquista se deu devido aos mapeamentos bastante detalhados de algumas regiões do mundo.

Com o avanço de metodologias e análises, os cientistas têm utilizado outras ferramentas, obtendo resultados cada vez mais precisos. Uma importante ferramenta é o método do decaimento de átomos radioativos em novos isótopos para estabelecer a **idade absoluta** de rochas antigas. Esse tipo de método se fundamenta no tempo de meia-vida de isótopos radioativos.

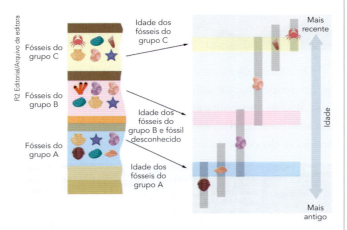

Esquema de datação de fósseis com base nos tipos de rochas de tempos geológicos distintos. Há três possíveis faixas de tempo nesse exemplo: **A**, **B** e **C**. Os elementos não estão representados em proporção. Cores fantasia.

Saiba + +++

Tempo de meia-vida

O tempo de meia-vida é o tempo necessário para que metade dos núcleos radioativos de uma amostra se desintegre. Em outras palavras, é o tempo para que uma amostra radioativa seja reduzida à metade. Cada radioisótopo apresenta um tempo próprio de meia-vida. Os paleontólogos utilizam o radioisótopo carbono-14 (C-14) para determinar a idade das rochas sedimentares e, consequentemente, a idade dos fósseis ali encontrados.

O carbono-14 é encontrado nos seres vivos em uma concentração constante de 10 ppb (partes por bilhão). Os seres vivos absorvem esse radioisótopo ao longo da vida. Após a morte, cessa a absorção e o radioisótopo começa a se desintegrar. O resultado da desintegração do nêutron nuclear do carbono-14 origina como produto o átomo de nitrogênio-14.

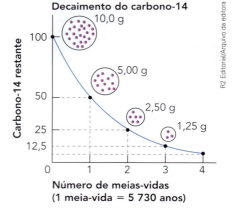

A meia-vida do C-14 é de 5 730 anos.

Analise o gráfico e suponha que uma amostra fóssil tenha sido coletada e seu teor de C-14 fosse de 2,5 ppb. Isso corresponde a 25% do teor de C-14 encontrado em organismos vivos. Portanto, são duas meias-vidas completas:

$$100\% \Rightarrow 50\% \Rightarrow 25\%$$

5 730 anos   5 730 anos

5 730 anos × 2 = 11 460 anos!

Além do carbono-14, são utilizados outros elementos radioativos para identificar a idade absoluta de fósseis bem mais antigos. O urânio-234, por exemplo, tem meia-vida de 80 mil anos; o urânio-235, de 704 milhões de anos; e o potássio-40, de 1,25 bilhão de anos.

Por meio dessas metodologias, em 1913, outro geólogo britânico, Arthur Holmes (1890-1965), estabeleceu com mais precisão a idade das rochas das regiões que já haviam sido mapeadas.

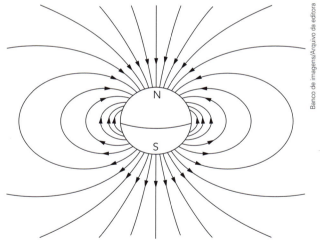

Escala de tempo geológico, com indicações da antiguidade dos períodos, proposta por Arthur Holmes, em seu livro *A idade da Terra*, de 1913.

Há, ainda, outros métodos, como a **datação paleomagnética**. Quando se formam rochas sedimentares e vulcânicas, o ferro presente nas rochas se alinha ao campo magnético da Terra. Sabe-se que, ao longo do tempo, os polos magnéticos do planeta se revertem. Porém, as rochas preservam o registro magnético de quando foram formadas, uma vez que os átomos de ferro se tornam imóveis com o endurecimento da rocha.

Modelo do campo magnético da Terra.

Desse modo, é possível estimar a idade relativa dessas rochas com base em sua relação com os padrões do magnetismo terrestre. Esse tipo de datação é utilizado quando os paleontólogos não têm certeza se determinadas rochas são contemporâneas exatas ou apenas temporalmente próximas. Se suas polaridades são diferentes, elas não podem ser contemporâneas exatas.

Outra ferramenta de medição de idade dos fósseis muito usada é o **relógio molecular**. Essa é uma técnica que utiliza conhecimentos em genética e evolução molecular. A partir de sequenciamento de moléculas de DNA ou proteínas de espécies diferentes, é possível observar diferenças moleculares entre elas. O número de diferenças observado está relacionado ao seu parentesco ao longo da história da vida. Dessa forma, quanto mais aparentados, menor o tempo de separação entre as espécies.

Atividades

1. Explique por que é difícil propor uma definição para "vida" e como os biólogos fazem esse tipo de definição atualmente.

2. Retome as propriedades que indicam processos de vida, estudadas anteriormente, escolha um organismo vivo e explique como ele apresenta cada uma dessas propriedades.

3. Que evidências são utilizadas pelos paleontólogos na reconstrução da história da vida?

4. Por que os fósseis podem ser usados como evidência direta para determinação da idade relativa das rochas?

5. Como o tempo de meia-vida de radioisótopos pode ser uma ferramenta para determinar a idade de fósseis e rochas?

6. Suponha que um paleontólogo tenha coletado o fóssil de uma presa de um tigre-dentes-de-sabre soterrada no interior de uma caverna. Análises químicas de sua composição indicam uma taxa de carbono-14 de 6,25 ppm. Sabendo que o tempo de meia-vida do carbono-14 é de 5 730 anos, calcule a idade aproximada desse fóssil.

Na prática Investigação

Análise do registro fóssil

No Brasil, há vários locais onde foram encontrados registros fósseis de pegadas de animais que ficaram petrificadas e que podem ser observadas atualmente. Nesta investigação, faremos nossas primeiras aproximações desse tipo de estudo, fundamental para compreendermos o modo como os cientistas reconstroem a história da vida.

Material
- Material para anotação.

O que fazer

1. Observe as imagens a seguir. O Monumento Natural Vale dos Dinossauros, localizado no município de Sousa (PB), é um importante sítio paleontológico no bioma Caatinga, com área protegida de 700 km². No local, é possível observar pegadas fossilizadas de diversos tipos de dinossauros. A análise de pegadas permite construir ilustrações que descrevem como era o ambiente naquela época e como eram os dinossauros que ali viviam.

CARVALHO, I. de S.; BORGHI, L.; LEONARDI, G. Preservation of dinosaur tracks induced by microbial mats in the Sousa Basin (Lower Cretaceous). *Cretaceous Research*, v. 44, p. 112-121, 2013.

Pegadas descobertas no Monumento Nacional Vale dos Dinossauros, em Sousa (PB), 2020.

2. Observe, agora, a ilustração a seguir.

Elaborado com base em: NATIONAL Academy of Sciences. *Teaching about Evolution and the Nature of Science*. Washington, DC: The National Academies Press, 1998. Disponível em: https://doi.org/10.17226/5787. Acesso em: 18 set. 2020.

Representação esquemática de registros fósseis hipotéticos de pegadas.

Reflexão

1. Em trios, retomem as informações do item 1 e respondam: Como vocês acreditam que os padrões de pegadas podem ser usados para reconstruir os ambientes passados?

2. Analisem a imagem do item 2 e respondam:
   a) O que é possível afirmar sobre o tamanho das pegadas e dos animais que as fizeram?
   b) As pegadas foram feitas ao mesmo tempo?
   c) Quantos animais estariam envolvidos?
   d) Haveria animais de diferentes espécies?
   e) Proponham um episódio que poderia ter ocorrido, tendo como evidências os registros fósseis das pegadas dos animais.

3. Quais evidências adicionais poderiam dar mais sustentação à explicação de vocês sobre o evento relatado no item **e** da questão **2**?

4. Apresentem sua explicação para outro trio e exponham seus argumentos.

5. Se tivessem de decidir qual das propostas é mais consistente, qual escolheriam? Justifiquem a escolha.

6. Quais foram os critérios utilizados por vocês para escolher a explicação mais consistente?

Os primeiros seres vivos e seu impacto no ambiente do planeta

Quais foram os primeiros seres vivos a surgir no planeta? Quais eram suas características? Como sabemos que eram seres vivos? Para pensarmos sobre os primeiros seres vivos na Terra, vamos lançar mão, inicialmente, dos registros das rochas mais antigas do planeta. Essas rochas ficam na Groenlândia e datam em torno de 3,8 bilhões de anos. Foram encontrados nelas alguns traços químicos que podem ser evidência das primeiras formas de vida na Terra. Porém, essa é uma evidência incerta, pois esses traços podem ter sido gerados por processos químicos não biológicos.

As primeiras evidências fósseis mais seguras de células vivas são de rochas encontradas no mar, denominadas **estromatólitos**.

Estromatólitos encontrados em águas salinas da praia Hamelin Pool, na Austrália, 2019. Ainda hoje, há estromatólitos se formando em alguns locais do mundo, mas são mais raros, restritos a praias quentes e altamente salinas.

Atualmente, ainda se observa a formação de estromatólitos como esses em águas salinas de Lagoa Salgada, entre os municípios de Campos dos Goytacazes e São João da Barra (RJ), 2015.

A formação dos estromatólitos australianos mostrados na imagem deu-se por meio da organização de cianobactérias fotossintetizantes em camadas, aprisionando lama. Essa lama pôde formar uma estrutura rochosa que, ao longo do tempo, foi se repetindo, formando novas camadas mineralizadas e gerando verdadeiros recifes. Esses fósseis datam de cerca de 3,5 bilhões de anos. Assim, se nesse período havia complexidade suficiente para a formação de estruturas como estromatólitos, a origem da vida pode de fato ter ocorrido antes, há cerca de 3,8 bilhões de anos.

Se recontarmos toda a história da vida na Terra, a maior parte será protagonizada pelas cianobactérias, nos oceanos. A ação desses organismos aparentemente simples abriu novos caminhos para a diversificação da vida. Essa biota inicial era unicelular e procariota, isto é, mais próxima às características das espécies dos domínios **Bacteria** e **Archaea** que existem atualmente.

Alteração da atmosfera terrestre

Um evento fundamental para a vida como a conhecemos hoje foi a alteração de nossa atmosfera. Há muitos milhões de anos, a atmosfera era bastante pobre em oxigênio (O_2) e passou a ser rica na concentração desse gás.

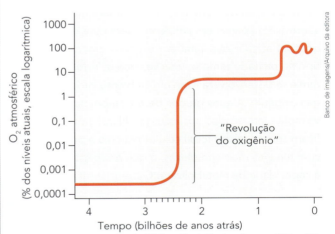

Fonte: REECE, J. B. et al. Campbell Biology. 10. ed. Glenview: Pearson, 2014. p. 528.

Perceba a complexidade envolvida na obtenção desse tipo de dado pelos pesquisadores: diferentemente dos fósseis de organismos cuja estrutura podemos observar diretamente e cujos hábitos podemos inferir, não há "fósseis" da atmosfera.

Uma das formas que os cientistas encontraram para obter esse tipo de dado foi identificar rochas com certos minerais e determinar a idade delas. A seguir, veja um exemplo desse raciocínio.

Cristais de pirita sobre rocha matriz. Museu de Ciência e Tecnologia de Pequim, China, 2019.

1. A pirita (FeS$_2$) é um mineral que reage facilmente com o oxigênio, portanto dificilmente é encontrada em ambientes ricos em oxigênio. Na Terra, há registros de rochas formadas por pirita que datam cerca de 2,5 bilhões de anos.
2. Logo, isso sinaliza que, no período de formação dessas rochas, a atmosfera era pobre em oxigênio.
3. O registro geológico indica que essas rochas sofreram lixiviação para dentro de canais fluviais e foram depositadas com diversos outros sedimentos. Esse processo seria impossível atualmente, pois a pirita reagiria rapidamente com o oxigênio do ar, gerando sulfeto de hidrogênio (H$_2$S) e ferro (Fe).

Associando essas evidências de eventos geológicos às evidências geradas pelos registros fósseis de estromatólitos, cientistas levantaram a hipótese de que organismos procariontes, ancestrais das cianobactérias, passaram a liberar gás oxigênio (O$_2$) a partir do processo de fotossíntese há cerca de 2,4 bilhões de anos. Temos aqui um primeiro exemplo de como a vida alterou características físico-químicas na Terra: o aumento gradativo de oxigênio na atmosfera.

Muitos organismos não suportaram o aumento da quantidade de O$_2$. Sabemos que há organismos atuais que sobrevivem apenas em ambientes sem esse gás. Assim, é possível afirmar que também existiam organismos desse tipo no passado remoto, uma vez que os seres vivos surgiram e se desenvolveram em um ambiente inicialmente sem gás oxigênio. Alguns grupos de procariontes foram possivelmente intoxicados por esse gás. Nesse período, identificam-se no registro fóssil células maiores e possivelmente com funções mais complexas, o que pode estar associado à capacidade de metabolizar o O$_2$.

Na imagem, microscopia de contraste de exemplares de *Chroococcus turgidus*, cianobactéria atual. Possivelmente, esses organismos guardam muitas semelhanças com as primeiras cianobactérias, responsáveis pelo aumento da concentração de oxigênio (O$_2$) na atmosfera há cerca de 2,4 bilhões de anos. São procariontes, unicelulares e compõem o plâncton de água doce ou salgada, flutuando próximos à superfície da água.

Entre 2 bilhões e 1,5 bilhão de anos atrás, a concentração de O$_2$ atmosférico elevou-se e continuou aumentando ao longo do tempo geológico. Para indicar o aumento gradativo do oxigênio atmosférico, cientistas se baseiam, por exemplo, em registros de metais abundantes na Terra, como o ferro. Há uma crescente concentração de diferentes minerais, como hematita e magnetita em sedimentados no fundo dos oceanos. Isso indica que, com a baixa concentração de oxigênio atmosférico, o ferro estava disponível sobre a superfície terrestre.

Entretanto, em contato com a nova atmosfera cada vez mais rica em O$_2$, o ferro passou a reagir. Outra evidência interessante é que, no fundo oceânico, encontramos sedimentos que alternam partes ricas e pobres em minerais de ferro. Esses sedimentos são denominados formações ferríferas bandadas, ou BIF (em inglês, *banded-iron formation*), e ocorreram no período de maior abundância de estromatólitos. Perceba, novamente, como os dados do registro fóssil e os dados geológicos estão articulados e permitem evidenciar determinados eventos ocorridos há bilhões de anos.

Outra evidência importante é a presença de camadas avermelhadas em rochas terrestres que começam a aparecer no registro geológico há cerca de 1,8 bilhão de anos. São sedimentos, como argilas, ricos em óxidos de ferro, que sinalizam uma taxa de oxigênio suficientemente alta na atmosfera, capaz de reagir com o ferro em ambientes terrestres.

Fotografia de uma formação ferrífera bandada (BIF). Essas formações são uma importante fonte de exploração de minério de ferro. Seus maiores depósitos estão no Brasil, em Carajás (PA), e na Austrália, em Hamersley.

Ao longo dos tópicos desta unidade, procuramos compreender como cientistas buscam construir explicações sobre como seriam as primeiras formas de vida na Terra. Um princípio importante e que se estende para a investigação científica de qualquer estudo é que **só é possível propor explicações se elas forem sustentadas por evidências**. Por isso, esse conjunto de dados, como fósseis, rochas, estromatólitos e BIF, deve ser considerado para compreendermos e avaliarmos essas explicações. Outro princípio importante é que a análise dessas evidências pressupõe que **processos que ocorrem no presente também ocorriam no passado**. Isso nos permite dizer, por exemplo, que possivelmente ocorreram processos de reação química entre o oxigênio e o ferro no passado, visto que essa reação acontece no presente.

WYM Design/Arquivo da editora

Dialogando com Ciências Humanas e Sociais Aplicadas

A origem da vida entre diferentes culturas

Até aqui, abordamos os modelos e os critérios adotados pelas Ciências da Natureza para explicar a origem da vida. Temas como a origem do mundo, da vida e do ser humano despertam grande curiosidade e questionamentos que parecem não ter fim. São temas que extrapolam os limites da Biologia, da Geologia e da Paleontologia, uma vez que tratam de questões filosóficas profundas, como "de onde viemos?", "quem nós somos?" ou "qual é o nosso lugar no Universo?". Essas questões têm sido pensadas ao longo da história da humanidade e estão presentes na mitologia de diferentes povos.

As culturas dos povos ameríndios, por exemplo, construíram diferentes narrativas sobre a origem da vida. Em algumas delas, Tupã foi o agente de toda a criação e fez o homem e a mulher a partir da argila.

O uso da argila é algo comum nas narrativas de origem dos povos americanos, também presente na mitologia dos incas e dos maias.

Na cultura judaico-cristã, o relato bíblico descreve que, em uma terra ainda vazia e escura, Deus criou os diferentes elementos da natureza, como a luz, a água, o céu e os seres vivos. O ser humano foi modelado da argila do solo e ganhou um sopro de vida, recebendo a missão de cuidar da criação.

No folclore japonês, ligado à tradicional religião xintoísta, os deuses irmãos Izanagi e Izanami tocaram o oceano primordial com sua lança, dando origem ao Japão. Posteriormente, sua descendência povoou as ilhas.

Pela cultura nórdica, na terra dos deuses, do choque entre o gelo e a lava, surgiu o primeiro gigante da mitologia nórdica, Ymir, que foi morto por Odin e seus irmãos, Vili e Ve. Sua carne tornou-se a terra; seu sangue, os rios e mares; seus cabelos viraram árvores; e seus grandes ossos, as montanhas de Midgard – a terra dos homens.

Na cultura grega, diz-se que, no princípio, era o caos, habitado pelo pássaro de asas negras Nyx. Ele pôs um ovo, de onde nasceu o deus do amor Eros. Uma parte da casca se tornou o céu (Urano) e a outra se tornou a terra (Gaia). Eros fez os dois se apaixonarem, e da linhagem de deuses surgidos a partir dessa união nasceu Zeus. Este pediu aos seus filhos Epimeteu e Prometeu que criassem seres para povoar a Terra, que àquela altura ainda estava vazia. Epimeteu, então, criou os animais; e Prometeu cuidou dos homens.

Na mitologia hindu, Brahma é o deus supremo, pai do Universo, dos homens e dos animais; com os deuses Vishnu e Shiva, detém os atributos fundamentais da vida, respectivamente: criação, conservação e destruição.

A cultura egípcia conta que, nas águas do oceano (Nun), surgiu Atum, que tinha um olho "que tudo vê". Atum criou, então, o ar (deus Shu) e a umidade (deusa Tefnut). Da união desses dois deuses, nasceram a terra (Geb) e o céu (Nut).

Quando o céu e a terra tomaram suas posições, Shu e Tefnut se perderam na escuridão. Atum, então, olhou para a terra em busca de seus filhos e, ao encontrá-los, chorou de felicidade. No local onde as lágrimas atingiram a terra, nasceram os primeiros seres humanos.

Pela cultura aborígene, no princípio dos tempos, os espíritos primordiais estavam adormecidos, até que o Grande Pai despertou a Mãe Sol, que abriu seus olhos iluminando a Terra. Os raios de luz espalharam a semente da vida guruwari, que deu origem às plantas; derreteram as geleiras, dando origem aos rios; e adentraram as cavernas, despertando os animais e os espíritos da Terra. Da descendência da Mãe Sol, nasceram duas crianças – os nossos primeiros ancestrais.

Algumas culturas africanas contam que Kaang, Senhor de Toda a Vida, reinava nos céus com pessoas, plantas e animais. Então, criou uma árvore gigantesca com ramos que envolviam todo o globo e, em sua base, cavou um buraco que ligava seu mundo à Terra. Por esse buraco, Kaang passou tudo o que desejava que habitasse a Terra: pessoas, plantas e animais, e os instruiu a viver em paz.

Para a Filosofia, o modo como explicamos nossas origens pode assumir diversas funções: explicar a realidade presente, acalmar as pessoas diante de seus medos, fixar exemplos de atividades significativas para uma comunidade ou dar sentido à vida humana. De modo amplo, essas diferentes funções estão relacionadas a um mesmo movimento intelectual: um retorno às origens observado em diferentes e repetidos eventos ao longo da história da humanidade.

A Teologia, por sua vez, é um campo que entende a origem da vida a partir de uma perspectiva transcendental. Transcendental, nesse caso, se refere àquilo que ultrapassa ou excede nossas explicações pautadas na ciência e na lógica formal. Nessa perspectiva, diversas formas de narrar e explicar a origem do Universo, do mundo e da vida seriam expressões de verdade para os grupos em que foram geradas. Seriam modos de explicar perguntas fundamentais do tipo "como?" e "por quê?" a partir de uma realidade divina.

Para algumas áreas da Psicologia, as diferentes explicações para a origem da vida e do ser humano são narrativas construídas para interpretar uma realidade ao mesmo tempo que se cria essa realidade. Isto é, seriam estratégias que a humanidade desenvolveu tanto para interpretar as características do mundo que observa no presente quanto para preencher lacunas sobre o próprio passado.

Exercícios

1. Retome as características centrais dos três grandes domínios de seres vivos atuais: Archaea, Bacteria e Eukarya. Os primeiros organismos vivos que habitaram a Terra seriam mais similares a qual(is) deles? Justifique.

2. Por que os estromatólitos constituem evidências das primeiras formas de vida na Terra?

3. Como os primeiros seres vivos influenciaram mudanças nas características físicas da Terra?

4. Quais eram as características das primeiras formas de vida?

5. Que transformações na biota foram observadas nos primeiros 3 bilhões de anos após o surgimento da vida?

6. (Acafe-SC)

   Encontrada a evidência de vida mais antiga

   Uma equipe internacional de geólogos, paleontólogos e nanotecnólogos encontrou, em rochas canadenses, estruturas tubulares e filamentosas que, segundo interpretam, representam bactérias fósseis. Provenientes de fumarolas hidrotermais do fundo do oceano de 3,77 a 4,28 bilhões de anos atrás, esses microfósseis representam as mais antigas evidências de vida de que temos registro até agora.

   Fonte: Jornal El País, 01/03/2017. Disponível em: http://brasil.elpais.com

   Nesse sentido, marque **V** para as afirmações verdadeiras e **F** para as falsas.

   ( ) As bactérias são organismos unicelulares que podem ou não formar colônias. Esses organismos possuem material genético disperso no citoplasma, sendo, portanto, denominados procariontes.

   ( ) Segundo a hipótese heterotrófica, os primeiros seres vivos do planeta Terra eram unicelulares, procariotos e capazes de sintetizar matéria orgânica através da fotossíntese.

   ( ) Os fósseis são restos de seres vivos ou evidências de suas atividades biológicas preservados em diversos materiais, como rochas, sedimentos e resina, por exemplo.

   ( ) Além dos fósseis, a embriologia comparada, os órgãos vestigiais, os órgãos homólogos, os órgãos análogos e a semelhança na estrutura molecular de diversos organismos podem ser considerados evidências e provas da evolução.

   ( ) De acordo com a teoria sintética da evolução, as mutações sempre trazem vantagens adaptativas em relação ao meio.

   A sequência correta, de cima para baixo, é:

   a) V – F – F – F – V
   b) V – F – V – V – F
   c) F – F – V – F – F
   d) F – V – F – V – F

7. (Unigranrio-RJ)

   Há muitos anos os pesquisadores buscam entender como eram os parentes mais antigos dos dinossauros. Alguns acreditavam que eram como minidinossauros, do tamanho de uma galinha, e que também andavam sobre duas pernas. Uma descoberta de paleontologistas do Instituto Politécnico da Universidade Nacional da Virgínia, nos EUA, traz evidências que contrariam essa ideia. O estudo, publicado pela revista "Nature" nesta quarta-feira (12/04/17), relata que fósseis de uma criatura até então desconhecida, chamada de Teleocraterrhadinus, foram encontrados no sul da Tanzânia.

   Com certa de 3 metros de comprimento, o "primo antigo" dos dinossauros viveu há cerca de **245 milhões de anos**, de acordo com os cientistas. Ele tinha cauda e pescoço longos. Em vez de andar sobre duas pernas, ele caminhava sobre quatro patas, no estilo dos crocodilos de hoje.

   (Adaptado de G1: http://g1.globo.com/ciencia-e-saude/noticia/cientistas-descobrem-primo-mais-velho-de-dinossauros-que-viveu-ha-mais-de-240-milhoes-de-anos.ghtml)

   Tomando como base a Escala Geológica de Tempo, o Teleocraterrhadinus, citado na matéria acima, viveu na **ERA**:

   a) Paleozoica
   b) Cenozoica
   c) Proterozoica
   d) Arqueano
   e) Mesozoica

8. (Enem)

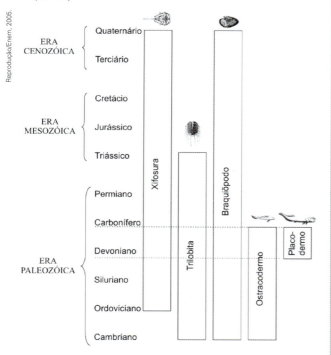

Uma expedição de paleontólogos descobre em um determinado extrato geológico marinho uma nova espécie de animal fossilizado. No mesmo extrato, foram encontrados artrópodes xifosuras e trilobitas, braquiópodos e peixes ostracodermos e placodermos.

O esquema representado na imagem mostra os períodos geológicos em que esses grupos viveram. Observando esse esquema os paleontólogos concluíram que o período geológico em que haviam encontrado essa nova espécie era o Devoniano, tendo ela uma idade estimada entre 405 milhões e 345 milhões de anos. Destes cinco grupos de animais que estavam associados à nova espécie, aquele que foi determinante para a definição do período geológico em que ela foi encontrada é

a) xifosura, grupo muito antigo, associado a outros animais.
b) trilobita, grupo típico da era Paleozoica.
c) braquiópodo, grupo de maior distribuição geológica.
d) ostracodermo, grupo de peixes que só aparece até o Devoniano.
e) placodermo, grupo que só existiu no Devoniano.

9. (Enem) Enquanto um ser está vivo, a quantidade de carbono 14 nele existente não se altera. Quando ele morre, essa quantidade vai diminuindo. Sabe-se que a meia-vida do carbono 14 é de 5 730 anos, ou seja, num fóssil de um organismo que morreu há 5 730 anos haverá metade do carbono 14 que existia quando ele estava vivo. Assim, cientistas e arqueólogos usam a seguinte fórmula para saber a idade de um fóssil encontrado: $Q(t) = Q_0 \cdot 2^{-t/5730}$ em que t é o tempo, medido em ano, $Q(t)$ é a quantidade de carbono 14 medida no instante t e Q_0 é a quantidade de carbono 14 no ser vivo correspondente. Um grupo de arqueólogos, numa de suas expedições, encontrou 5 fósseis de espécies conhecidas e mediram a quantidade de carbono 14 neles existente. Na tabela temos esses valores juntamente com a quantidade de carbono 14 nas referidas espécies vivas.

Fóssil	Q_0	$Q(t)$
1	128	32
2	256	8
3	512	64
4	1024	512
5	2048	128

O fóssil mais antigo encontrado nessa expedição foi

a) 1.   c) 3.   e) 5.
b) 2.   d) 4.

10. (Enem) Pesquisas recentes estimam o seguinte perfil da concentração de oxigênio (O_2) atmosférico ao longo da história evolutiva da Terra:

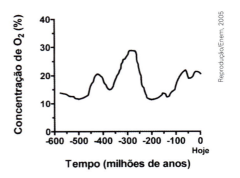

No período Carbonífero, entre aproximadamente 350 e 300 milhões de anos, houve uma ampla ocorrência de animais gigantes, como, por exemplo, insetos voadores de 45 centímetros e anfíbios de até 2 metros de comprimento. No entanto, grande parte da vida na Terra foi extinta há cerca de 250 milhões de anos, durante o período Permiano. Sabendo-se que o O_2 é um gás extremamente importante para os processos de obtenção e energia em sistemas biológicos, conclui-se que:

a) A concentração de nitrogênio atmosférico se manteve constante nos últimos 400 milhões de anos, possibilitando o surgimento de animais gigantes.

b) A produção de energia dos organismos fotossintéticos causou a extinção em massa no período Permiano por aumentar a concentração de oxigênio atmosférico.

c) O surgimento de animais gigantes pode ser explicado pelo aumento de concentração de oxigênio atmosférico, o que possibilitou uma maior absorção de oxigênio por esses animais.

d) O aumento da concentração de gás carbônico (CO_2) atmosférico no período Carbonífero causou mutações que permitiram o aparecimento de animais gigantes.

e) A redução da concentração de oxigênio atmosférico no período Permiano permitiu um aumento da biodiversidade terrestre por meio da indução de processos de obtenção de energia.

11. (Enem) Considerando apenas a composição atmosférica, isolando outros fatores, pode-se afirmar que:

I. não podem ser detectados fósseis de seres aeróbicos anteriores a 2,9 bilhões de anos.

II. as grandes florestas poderiam ter existido há aproximadamente 3,5 bilhões de anos.

III. o ser humano poderia existir há aproximadamente 2,5 bilhões de anos.

É correto o que se afirma em:

a) I, apenas.
b) II, apenas.
c) I e II, apenas.
d) II e III, apenas.
e) I, II e III.

12. (Enem) No que se refere à composição em volume da atmosfera terrestre há 2,5 bilhões de anos, pode-se afirmar que o volume de oxigênio, em valores percentuais, era de, aproximadamente,

a) 95%
b) 77%
c) 45%
d) 21%
e) 5%

13. (Enem) O gráfico abaixo representa a evolução da quantidade de oxigênio na atmosfera no curso dos tempos geológicos. O número 100 sugere a quantidade atual de oxigênio na atmosfera, e os demais valores indicam diferentes porcentagens dessa quantidade.

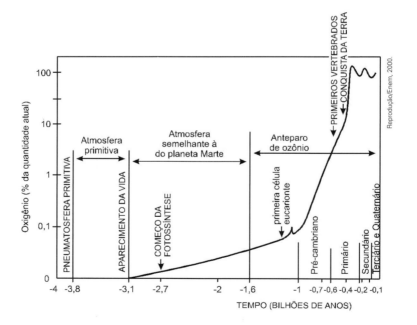

De acordo com o gráfico, é correto afirmar que:

a) as primeiras formas de vida surgiram na ausência de O_2.
b) a atmosfera primitiva apresentava 1% de teor de oxigênio.
c) após o início da fotossíntese, o teor de oxigênio na atmosfera mantém-se estável.
d) desde o Pré-cambriano, a atmosfera mantém os mesmos níveis de teor de oxigênio.
e) na escala evolutiva da vida, quando surgiram os anfíbios, o teor de oxigênio atmosférico já se havia estabilizado.

Explicações para a origem da vida

Por muito tempo, a explicação predominante para o surgimento de um novo ser vivo era a formação espontânea por meio de matéria orgânica, inorgânica ou da combinação de ambas. Assim, novos indivíduos não eram necessariamente originados de outro ser vivo preexistente. Essa explicação é conhecida como **geração espontânea**.

A geração espontânea está presente em escritos antigos encontrados na China, na Índia, na Babilônia e no Egito por mais de vinte séculos, desde a Antiguidade. De acordo com esses registros, Aristóteles (c. 384 a.C.-322 a.C.), filósofo grego de grande influência no mundo ocidental, foi quem disseminou a geração espontânea.

> Em relação aos animais, alguns nascem de pais animais conforme seu tipo, enquanto outros crescem espontaneamente e não de uma linhagem semelhante; e desses exemplos de geração espontânea alguns provêm da matéria vegetal ou terra em putrefação, como é o caso de certo número de insetos, enquanto outros são gerados espontaneamente do interior de animais, a partir de secreções de seus diversos órgãos.
>
> ARISTÓTELES. *História dos animais*, livro V, capítulo 1, 539a, p. 21-25 [conforme edição de Beker (Berlim, 1831)] *apud* MARTINS, Lilian Al-Chueyr Pereira. Aristóteles e a geração espontânea. *Cadernos de História e Filosofia da Ciência*, Campinas, v. 2, n. 2, série 2, p. 213-237, 1990.

Ilustração do busto de Aristóteles.

Aristóteles observava e realizava descrições da origem espontânea da vida em diversos seres vivos, como as enguias.

> As enguias são derivadas dos vermes da terra que crescem espontaneamente na lama ou terra úmida; de fato, já se viu enguias surgirem de tais vermes e em outras ocasiões foram vistas quando os vermes foram abertos cortando-se ou arranhando-se. Tais vermes são encontrados tanto no mar quanto nos rios, especialmente onde há matéria decomposta [...].
>
> ARISTÓTELES. *História dos animais*, livro VI, capítulo 16, 570a, p. 15-20 [conforme edição de Beker (Berlim, 1831)] *apud* MARTINS, Lilian Al-Chueyr Pereira. Aristóteles e a geração espontânea. *Cadernos de História e Filosofia da Ciência*, Campinas, v. 2, n. 2, série 2, p. 213-237, 1990.

Enguia (*Anguilla anguilla*), peixe que vive em água doce e salgada. Mede cerca de 1 metro de comprimento.

Atualmente, sabe-se que a descrição realizada por Aristóteles reflete, em grande parte, o ciclo de vida das enguias.

Aristóteles dissecou diversas enguias e não encontrou órgãos sexuais, esperma ou ovas. Além disso, não observou enguias copulando. Com isso, concluiu que as enguias eram formadas do lodo dos rios.

Contudo, atualmente, sabemos que as enguias vivem muitos anos nos rios e migram para o oceano, onde desenvolvem órgãos sexuais, copulam e põem ovos dos quais eclodem larvas. Estas se desenvolvem em leptocéfalos, formas larvais maduras. Os leptocéfalos migram para os rios continentais, arrastando-se pelo fundo lamacento dos rios, e desenvolvem-se em enguias adultas que ainda não têm órgãos sexuais.

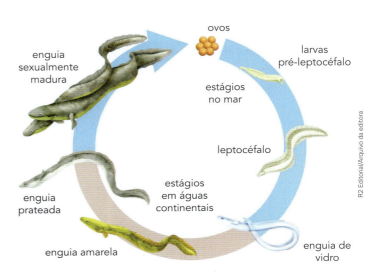

Representação do ciclo de vida da enguia europeia (*Anguilla anguilla*). Os elementos não estão representados em proporção. Cores fantasia.

Alguns mosquitos e seu ciclo de vida também foram observados e descritos por Aristóteles.

> Os mosquitos crescem dos ascárides; e esses vermes são gerados no limo dos poços e em todos os lugares onde há um depósito de terra deixada pela água. Esse limo se decompõe e primeiramente se torna branco, depois, negro, finalmente rubro; e nesse estágio, nascem dele coisas semelhantes a pequenas algas vermelhas que inicialmente se agitam permanecendo presas e depois se soltam e flutuam na água, sendo então conhecidas como ascárides. Poucos dias depois, esses vermes ficam parados verticalmente na água, sem movimento e rígidos; depois, o invólucro se rompe e sobre ele se loca o mosquito, até que o calor do Sol ou o vento o coloquem em movimento, quando então voa.
>
> ARISTÓTELES. *História dos animais*, livro V, capítulo 19, 551b 27-552a 8 [conforme edição de Beker (Berlim, 1831)] apud MARTINS, Lilian Al-Chueyr Pereira. Aristóteles e a geração espontânea. *Cadernos de História e Filosofia da Ciência*, Campinas, v. 2, n. 2, série 2, p. 213-237, 1990.

O ciclo de vida de muitas espécies de mosquitos inicia-se com a postura dos ovos, pela fêmea, na parede de um criadouro com água. Após certo período, que pode variar de acordo com a resistência dos ovos, a espécie de mosquito e a presença de água, os ovos eclodem, liberando larvas capazes de se deslocar na água. Depois de alguns dias, a larva entra na fase de pupa até se transformar no mosquito adulto.

Quais semelhanças você observou entre a figura que representa o ciclo de vida de um mosquito e a descrição de Aristóteles sobre a origem espontânea dos mosquitos?

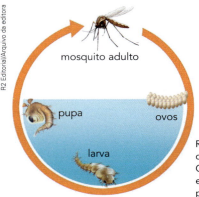

Representação do ciclo de vida de um mosquito. Os elementos não estão representados em proporção. Cores fantasia.

Atividades

1. Na descrição do ciclo de vida das enguias, identifique a fase que Aristóteles não observou e explique por que poderia ser considerada uma evidência para sustentar a geração espontânea.
2. No ciclo de vida do mosquito, quais foram as fases descritas por Aristóteles como ascárides?
3. Na descrição do ciclo de vida dos mosquitos, identifique a fase que Aristóteles não observou e explique por que poderia ser considerada uma evidência para sustentar a geração espontânea.
4. Aristóteles enumera outros exemplos de geração espontânea, além da enguia e do mosquito. Em sua opinião, qual seria a razão para Aristóteles dedicar-se a observar e descrever exemplos para a ocorrência da geração espontânea?

Com o passar dos anos, vários estudiosos defenderam a geração espontânea, como o médico e químico Van Helmont (1579-1644). Após observar escorpiões, Van Helmont propôs o seguinte experimento para obtê-los:

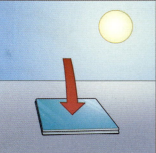
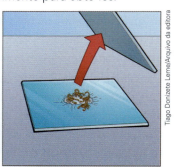

Escavar o oco de um ladrilho e nele colocar manjericão bem triturado. Colocar por cima um segundo ladrilho e deixar o dia todo ao sol. Alguns dias depois, ao haver atuado o manjericão como fermento, verás nascer pequenos escorpiões.

GIORDAN, A. *Historie de la biologie*. Paris: Lavoisier, 1987. p. 246. (Technique&Documentation). Traduzido pelos autores.

A primeira oposição experimental à geração espontânea foi proposta em 1668 pelo médico e poeta italiano Francesco Redi (1626-1697). Ele realizou um experimento em que demonstrou que moscas se originavam de larvas, e não da carne em decomposição, como seria esperado de acordo com a geração espontânea.

A proposta experimental de Redi teve importante contribuição do médico holandês Jan Swammerdam (1637-1680), que descreveu a complexidade estrutural dos insetos.

Após a criação da lupa e do microscópio, a geração espontânea começou a perder credibilidade, sendo utilizada apenas para explicar, por exemplo, a presença de vermes no intestino do ser humano e de outros animais.

Frasco 1: aberto.

Frasco 2: coberto com gaze.

Frasco 3: hermeticamente fechado.

Frasco 1

Frasco 2

Frasco 3

Frasco aberto permite que moscas depositem os ovos na carne em decomposição, surgindo as larvas após alguns dias.

Gaze impede que moscas depositem os ovos na carne em decomposição, aprisionando os ovos em sua malha. Esse frasco permite a entrada de ar.

Frasco hermeticamente fechado impede que as moscas depositem os ovos na carne em decomposição. Esse frasco não permite a entrada de ar.

Atividades

5. Qual era a hipótese que Redi estava testando em seu experimento?

6. O que os resultados do frasco 1 do experimento de Redi evidenciam em relação a essa hipótese?

7. Por que os resultados do frasco 3 não poderiam refutar, de maneira definitiva, a geração espontânea?

8. Descreva, em um pequeno texto, o experimento de Redi, incluindo os aspectos abordados nas questões anteriores.

9. Qual foi a principal conclusão obtida por Redi em seu experimento?

Representação esquemática do experimento de Francesco Redi. Os elementos não estão representados em proporção. Cores fantasia.

Na prática Investigação

Geração espontânea e evidências experimentais

Ao longo da história da ciência, a aceitação da geração espontânea pela comunidade científica passou por várias modificações, na maioria das vezes sustentadas por evidências observacionais ou experimentais. Nesta atividade, examinaremos algumas dessas evidências.

O que fazer

1. Individualmente, analise os experimentos 1 e 2 representados nas figuras a seguir.

2. Em dupla, converse sobre os experimentos com o colega.

Experimento 1

Frascos com suco nutritivo (caldo de galinha ou suco de frutas).

Aquecimento rápido, por pouco tempo.

Após alguns dias.

Frascos turvos, com contaminação por microrganismos

Etapas do experimento 1. Os elementos não estão representados em proporção. Cores fantasia.

Na prática

Experimento 2

Frascos com suco nutritivo (caldo de galinha ou suco de frutas).

Aquecimento prolongado.

Após alguns dias.

Os frascos vedados permaneceram sem contaminação.

Etapas do experimento 2. Os elementos não estão representados em proporção. Cores fantasia.

Reflexão

1. O resultado de algum dos experimentos reforça a teoria de que os seres vivos surgem por geração espontânea? Qual(is)? Justifique.

2. O resultado de algum dos experimentos refuta a teoria de que os seres vivos surgem por geração espontânea? Qual(is)? Justifique.

3. Uma importante etapa de investigação científica é a elaboração de hipóteses, que ocorre antes de iniciar os experimentos. Formule uma hipótese que poderia ter norteado cada experimento.

4. Descreva os dois experimentos.

5. Elabore uma conclusão para cada experimento.

6. Explique quais evidências levaram à elaboração das conclusões para os experimentos 1 e 2.

7. Compare e debata suas respostas às questões 5 e 6 com as do restante da turma.

O experimento 1 da atividade *Geração espontânea e evidências experimentais* foi desenvolvido por um padre irlandês, John Needham (1713-1781). No experimento, Needham refutou as conclusões de Redi, pois identificou a presença de microrganismos após ter aquecido o caldo nutritivo e fechado o frasco em seguida. Dessa forma, a vida teria sido criada de uma matéria orgânica (caldo nutritivo).

O experimento de Needham enfraqueceu as conclusões do experimento de Redi, e muitos filósofos e cientistas aderiram à explicação da geração espontânea dos infusórios (experimento 1), enquanto outros acreditavam que microrganismos contaminavam as infusões.

Durante vinte anos, nenhum outro cientista refutou ou corroborou o experimento de Needham. Somente em 1765, o sacerdote católico e fisiologista italiano Lazzaro Spallanzani (1729-1799) realizou o experimento 2 da atividade 1. Inicialmente, Spallanzani concordou com Needham, pois concluiu que, mesmo que infusões animais e vegetais fossem cuidadosamente fervidas, surgiam "germes" após serem resfriadas. No entanto, Spallanzani ferveu um frasco fechado e observou que, dias depois, não apareceram germes, refutando a hipótese de Needham e a geração espontânea.

Para Needham, ao manter os frascos fechados ao serem fervidos, destruiu-se o "princípio ativo" que existia no ar, capaz de gerar novos organismos, pelo excesso de fervura. Isso impossibilitou o surgimento da vida, uma vez que impediu uma condição fundamental.

Por volta de 1800, o confeiteiro francês Nicolas Appert (1749-1841), depois de muitos testes e de replicar os experimentos de Spallanzani, criou as conservas de Appert, nas quais os alimentos eram aquecidos em vasos hermeticamente fechados e, assim, não se deterioravam com o tempo. Esse procedimento ficou conhecido como apertização de alimentos e foi fundamental para o desenvolvimento dos alimentos enlatados atuais.

Lata de conserva criada por Appert.

O químico francês Joseph Louis Gay-Lussac (1778-1850) realizou experimentos com as conservas de Appert e constatou que nelas não havia oxigênio. Gay-Lussac concluiu, então, que a ausência de oxigênio cria a condição necessária para a conservação dos alimentos de origem animal e vegetal, visto que retira o componente essencial à vida. Assim, a conclusão de Gay-Lussac favoreceu as proposições de Needham sobre a geração espontânea.

Atividades

10. Qual é a relação entre o desenvolvimento de estudos sobre a geração espontânea e a produção de alimentos em conserva?

11. Explique por que microrganismos não conseguem se desenvolver em conservas.

12. Explique o que é o processo de apertização.

13. Estabeleça uma relação entre a produção de alimentos apertizados e a produção de lixo na atualidade.

A ideia da geração espontânea se fortaleceu com os experimentos do naturalista e médico francês Félix Pouchet (1800-1872). Ele realizou uma série de experimentos e fez novas publicações que reforçaram a geração espontânea, provocando grande agitação na Academia Francesa de Ciências.

Em um de seus experimentos, Pouchet selou um frasco de água fervente, colocando-o de cabeça para baixo em um recipiente com mercúrio. Após o resfriamento da água, abriu o frasco dentro do mercúrio e introduziu oxigênio puro e uma pequena quantidade de feno, que havia submetido, previamente, a altas temperaturas por um longo tempo. Alguns dias depois, Pouchet observou que havia surgido vida na água. Ele concluiu que, fornecendo as condições ideais para o meio, a vida poderia surgir espontaneamente.

No entanto, algumas semanas após uma publicação de Pouchet com impacto expressivo, o químico francês Louis Pasteur (1822-1895) anunciou que não estava convencido de que, na presença de ar, a vida poderia surgir da matéria não viva. Qual teria sido o argumento que sustentou essa afirmação de Pasteur?

Pasteur realizou uma série de experimentos usando frascos com pescoço em S que foram orientados para baixo. Desse modo, o material colocado no interior do frasco teria contato com o ar, mas os microrganismos ficariam retidos, por gravidade, no pescoço em S dos frascos. Em um de seus experimentos, Pasteur inseriu um preparado em putrefação (decomposição), aqueceu-o até alcançar ponto de fervura e, em seguida, observou os frascos durante semanas, sem notar o desenvolvimento de microrganismos no interior do preparado.

Ao romper o pescoço em S dos frascos e permitir que o preparado fosse exposto ao ar de maneira direta, Pasteur observou o desenvolvimento de microrganismos. Enquanto a poeira e outras partículas em suspensão foram retidas no pescoço em forma de S dos frascos, o preparado não apresentou nenhuma forma de vida. Por meio desse célebre experimento, Pasteur concluiu que o ar não continha somente gases, mas também poeira, responsável por transportar os germes que se desenvolveram no preparado ao ser exposto diretamente ao ar.

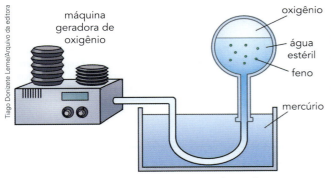

Representação esquemática do experimento de Pouchet, que fortaleceu a geração espontânea. Os elementos não estão representados em proporção. Cores fantasia.

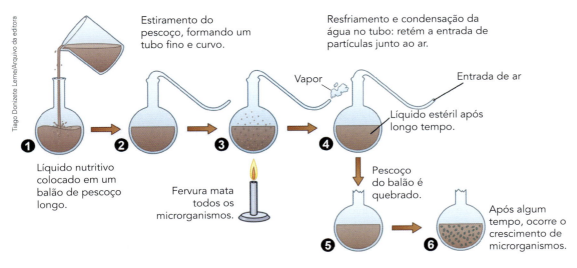

Representação esquemática do experimento de Pasteur com os frascos com pescoço em S. Os elementos não estão representados em proporção. Cores fantasia.

151

Saiba + +++

Pasteurização do leite

O processo de aquecimento do leite foi reconhecido em 1824 como benéfico, quando William Dewees, um médico americano, recomendou a fervura do leite seguida de resfriamento, antes de alimentar bebês. De acordo com ele, este tratamento aumentava a vida útil do leite, afirmando que "a tendência a se decompor era diminuída". Com o advento da industrialização em torno da virada do século 20, o aumento da produção e distribuição de leite levou a surtos de doenças veiculadas pelo leite.

As doenças comuns transmitidas pelo leite durante esse período eram febre tifoide, difteria, escarlatina, tuberculose e antraz. Entretanto, as informações sobre a destruição de patógenos pelo calor antes de 1900 eram limitadas. Curiosamente, a destruição de microrganismos patogênicos não foi o motivo por trás das primeiras versões comerciais do processo. O impacto do aquecimento do leite cru na saúde pública só se tornaria aparente nos anos posteriores, essencialmente como um benefício secundário.

A pasteurização é o processo de aquecimento de um líquido abaixo do ponto de ebulição para destruir microrganismos. Foi desenvolvida por Louis Pasteur em 1864 para auxiliar na conservação do vinho. Embora o próprio Pasteur não tenha aplicado a pasteurização do leite, ele realizou estudos posteriores demonstrando que a acidificação do leite era devido ao crescimento de microrganismos. O trabalho de Pasteur explicou o papel dos microrganismos como causa de mudanças indesejáveis nos alimentos. [...]

O primeiro equipamento comercial de operação contínua para a pasteurização do leite foi desenvolvido na Alemanha em 1882, no qual o leite era aquecido a 74-77 °C por um tempo indeterminado. Em 1884 o cientista dinamarquês Niels Johannes Fjord criou um equipamento semelhante que aquecia o leite a 70 °C.

Mais tarde, em 1886, o químico alemão Franz von Soxhlet propôs a pasteurização do leite antes do consumo, mas o processo se resumia a ferver o leite por 40 minutos. Em 1888, Niklaus Gerber desenvolveu um método de pasteurização que envolveu o aquecimento do leite engarrafado a uma temperatura de 65 °C por uma hora.

Em 1891, a taxa de mortalidade infantil na cidade de Nova York era de 240 mortes a cada 1 000 nascimentos. Acredita-se que muitas dessas mortes eram devidas ao consumo de leite cru. Em 1893, o filantropo Nathan Straus financiou um depósito para pasteurização de leite em Nova York, fornecendo leite pasteurizado para crianças de famílias pobres, a fim de combater a mortalidade infantil. O leite era aquecido em garrafas a 75 °C por 20 minutos e depois resfriado rapidamente sob água corrente.

[...]

A primeira lei a exigir a pasteurização do leite foi aprovada em Chicago em julho de 1908. A lei exigia que todo leite de vaca que entrasse na cidade fosse pasteurizado. Assim, muitas cidades seguiram o exemplo, divulgando leis semelhantes relativas à pasteurização. Como resultado, muitas instalações comerciais de processamento de leite foram construídas nos Estados Unidos para atender às necessidades de conformidade do leite, disseminando a prática da pasteurização.

Em 1924, o Serviço de Saúde Pública dos EUA desenvolveu a Portaria Padrão do Leite para ajudar os estados com programas de pasteurização voluntários. A Portaria de Leite Pasteurizado Tipo A (PMO), como é agora chamada, define práticas relacionadas à ordenha, ao projeto da planta de processamento, manuseio de leite, saneamento e padrões para a pasteurização de leite tipo A. Sabe-se que na Grã-Bretanha apenas 1,5% do leite era pasteurizado em 1926.

CASTRO, M. T. de. Pasteurização do leite: um pouco de história. *Food Safety Brazil*, 25 mar. 2019. Disponível em: https://foodsafetybrazil.org/pasteurizacao-do-leite-um-pouco-de-historia/. Acesso em: 18 dez. 2021.

Atividades

14. Que problema motivou a pesquisa desenvolvida por Pasteur que resultou no processo de pasteurização?

15. Quais são as diferenças entre os procedimentos e os interesses de Nicolas Appert e de Louis Pasteur? Justifique.

16. Por que o leite comercializado atualmente pode ser denominado **longa vida**?

17. Quais são as semelhanças e as diferenças entre o processo de pasteurização do leite e o experimento usando frascos com pescoço em S realizado por Pasteur?

Pasteur realizou e publicou diversos experimentos que refutavam a geração espontânea, enquanto Pouchet replicava os mesmos experimentos, obtendo resultados que reforçavam a geração espontânea. Esse debate perdurou por um longo período, até que a Academia Francesa de Ciências nomeou um comitê que repetiu as experiências de Pasteur, chegando às mesmas conclusões que ele. Assim, concluiu-se que a turvação dos balões se dava em razão da existência de microrganismos em suspensão no ar. Pouchet retirou-se da polêmica, acusando a comissão de favoritismo a Pasteur.

Atualmente, sabe-se que o feno, utilizado por Pouchet, contém microrganismos ou esporos resistentes à fervura e que se desenvolvem na presença de oxigênio.

A geração espontânea, após a publicação dos resultados obtidos pela comissão da Academia Francesa de Ciências, entrou em declínio e, atualmente, não é aceita pela comunidade científica. No entanto, uma vez que ficou estabelecido que seres vivos se originam de outros seres vivos preexistentes, surge uma nova pergunta: como as primeiras formas de vida se originaram? Essa é uma questão que sempre instigou a ciência e que ainda hoje gera debates significativos entre cientistas.

Exercícios

1. (Cefet-CE) É incorreto em relação à teoria da biogênese:

   a) trata-se de uma teoria contrária à da geração espontânea.
   b) teve como principal defensor o cientista francês Louis Pasteur.
   c) comprovou que os seres vivos se originam de matéria não viva.
   d) baseava-se no fato de que todo ser vivo se origina por reprodução de outro ser vivo da mesma espécie.
   e) o pesquisador italiano Lazzaro Spallanzani foi um grande aliado desta teoria.

2. (Enem) Em certos locais, larvas de moscas, criadas em arroz cozido, são utilizadas como iscas para pesca. Alguns criadores, no entanto, acreditam que essas larvas surgem espontaneamente do arroz cozido, tal como preconizado pela teoria da geração espontânea. Essa teoria começou a ser refutada pelos cientistas ainda no século XVII, a partir dos estudos de Redi e Pasteur, que mostraram experimentalmente que:

   a) seres vivos podem ser criados em laboratório.
   b) a vida se originou no planeta a partir de microrganismos.
   c) o ser vivo é oriundo da reprodução de outro ser vivo preexistente.
   d) seres vermiformes e microrganismos são evolutivamente aparentados.
   e) vermes e microrganismos são gerados pela matéria existente nos cadáveres e nos caldos nutritivos, respectivamente.

3. Quais foram as evidências que corroboraram e as que refutaram a geração espontânea?

4. Quais foram os avanços tecnológicos gerados pelas pesquisas sobre a geração espontânea? Qual é a importância desses avanços no mundo moderno?

5. Você acredita que Pasteur foi, de alguma forma, favorecido pela comissão da Academia Francesa de Ciências na discussão com Pouchet? Justifique.

6. Podemos afirmar que a construção do conhecimento científico é de interesse apenas do meio científico? Justifique.

Origem das primeiras formas de vida

Uma das maneiras de abordar a origem das primeiras formas de vida em nosso planeta é considerar as condições da Terra primitiva e tentar entender como a vida pode ter sido originada naquelas condições. Essa trajetória orientou o trabalho de vários cientistas que investigavam (e investigam) a questão.

Com a rejeição da geração espontânea, intensificaram-se os estudos e a proposição de explicações científicas para a origem da vida. As condições da matéria orgânica que levam ao surgimento de seres vivos são extremamente excepcionais e não estão presentes no planeta Terra atualmente. Para elaborar novas hipóteses, os cientistas se apoiaram no conhecimento existente sobre as condições da Terra primitiva.

Outro aspecto importante das investigações sobre a origem da vida na Terra está relacionado às propriedades ou às características da vida. Assim, as explicações sobre a origem da vida devem envolver o surgimento de estruturas, bem como de certos processos que possibilitam:

- 1. **Regulação**, de modo que o organismo seja capaz de interagir com o meio, mas preservando características próprias.
- 2. **Crescimento**.
- 3. **Uso de energia**.
- 4. **Reprodução** e **transmissão de caracteres** para seus descendentes.
- 5. **Transformações** nas características de suas populações ao longo do tempo.

Com base no conhecimento sobre as condições atmosféricas da Terra primitiva, em 1924, o bioquímico russo Aleksandr Oparin (1894-1980) e, posteriormente, em 1928, o geneticista inglês John Haldane (1892-1964) propuseram uma explicação para a origem da vida na Terra. De acordo com eles, moléculas simples formaram substâncias mais complexas e estruturas compostas de várias substâncias, que deram origem a uma célula viva. Você considera que isso é possível? Como esses cientistas teriam chegado a essa ideia?

A intensa atividade vulcânica da Terra primitiva lançava na atmosfera diversos gases, como dióxido de carbono (CO_2), dióxido de enxofre (SO_2), monóxido de carbono (CO), sulfureto de hidrogênio (H_2S) e vapor de água (H_2O).

Até aquele momento, os estudos indicavam que a atmosfera primitiva da Terra era composta de amônia, hidrogênio, metano e vapor de água. O vapor de água condensava-se, originando chuvas intensas. Muitas vezes, mesmo antes de chegar ao solo, a água da chuva evaporava rapidamente, uma vez que a superfície terrestre era muito quente. Os gases presentes na atmosfera primitiva, associados às constantes descargas elétricas e à radiação ultravioleta intensa do Sol, possibilitaram a formação de biomoléculas na atmosfera, como aminoácidos, açúcares e lipídios.

A água das chuvas teria levado as biomoléculas da atmosfera para a superfície terrestre, onde as condições eram favoráveis para que elas reagissem entre si. Essa reação deu origem a moléculas complexas, como os polipeptídios, que constituem as proteínas. Com as constantes chuvas, as moléculas foram carregadas para lagos, onde as proteínas interagiam com a água, formando estruturas denominadas **coacervados**.

Os coacervados não são seres vivos, mas um sistema semi-isolado, isto é, um conjunto de moléculas orgânicas reunidas em grupos e envoltas por moléculas de água. Os coacervados podem trocar substâncias com o meio externo, e diversas reações químicas ocorrem em seu interior.

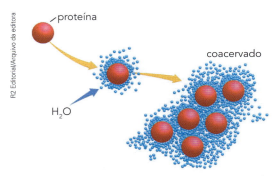

Representação esquemática da formação dos coacervados na Terra primitiva. Os elementos não estão representados em proporção. Cores fantasia.

Ainda segundo a proposta de Oparin e Haldane, a estrutura dos coacervados teria se modificado com o passar de milhares de anos, com a origem de outras biomoléculas e de estruturas internas com reações químicas cada vez mais complexas. Da evolução dos coacervados, teria surgido a unidade básica dos primeiros seres vivos: a célula.

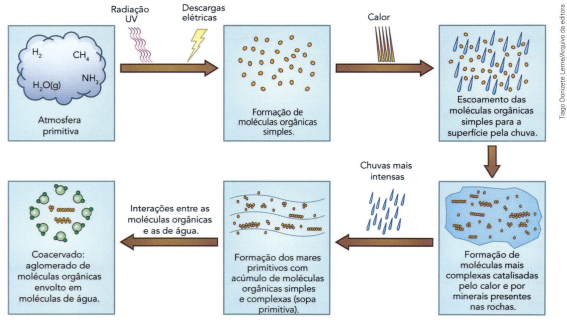

Representação esquemática da teoria de Oparin e Haldane para a origem dos coacervados e, posteriormente, das primeiras formas de vida. Os elementos não estão representados em proporção. Cores fantasia.

Na prática | Investigação

Simulando a formação de coacervados

Em determinadas condições experimentais, proteínas, carboidratos e outras biomoléculas em solução podem formar agregados com propriedades semelhantes aos coacervados da teoria proposta por Oparin e Haldane.

Nesta atividade, vamos simular a formação de coacervados em laboratório, observá-los e avaliar as condições em que se formam.

Material

- Béqueres.
- Pipetas.
- Tubos de ensaio.
- Suporte de tubos de ensaio.
- Papel indicador de pH.
- Lâminas e lamínulas.
- Microscópio óptico.
- Gelatina incolor.
- Goma-arábica.
- Solução de ácido clorídrico 0,1 M.
- Água destilada.

O que fazer

1. Prepare a gelatina: dissolva 1 g de gelatina em 100 mL de água destilada quente, sem ferver.
2. Prepare a goma-arábica: dissolva 1 g de goma-arábica em pó em 100 mL de água destilada quente, sem ferver.
3. Com as pipetas, junte 5 mL de solução de gelatina com 3 mL de solução de goma-arábica em um tubo de ensaio (mistura 1).
4. Meça o pH da mistura 1 com o papel indicador de pH e registre o valor no quadro.
5. Observe uma gota da mistura 1 ao microscópio, registre e ilustre suas observações no caderno.
6. Junte 1 gota de solução de ácido clorídrico 0,1 M à mistura 1 (mistura 2).
7. Agite bem a mistura 2 e verifique se a solução fica turva.
8. Caso não tenha ficado turva, adicione gota a gota a solução de ácido clorídrico 0,1 M à mistura 2 até que fique turva.
9. Meça o pH da mistura 2 e registre o valor no quadro.
10. Observe uma gota da mistura 2 ao microscópio e registre suas observações.

Reflexão

1. Faça o registro de suas observações especificando o pH de cada mistura e se foi observada a presença de coacervados.
2. Relacione a turbidez da mistura à formação de coacervados.
3. Qual é o valor de pH favorável à formação de coacervados?
4. Explique a relação entre as condições simuladas no laboratório e as da Terra primitiva.
5. Qual etapa da teoria de Oparin e Haldane pode ser apoiada pela formação de coacervados em laboratório?

Uma evidência empírica para a teoria de Oparin e Haldane

Em 1953, Stanley Miller (1930-2007) era estudante de Química no laboratório de Harold Urey (1893-1981), pesquisador que recebeu o prêmio Nobel de Química, em 1934. Miller e Urey desenvolveram um experimento que possibilitou simular as condições da Terra primitiva e obtiveram como resultado a síntese de aminoácidos e outros compostos orgânicos, o que corroborou a teoria de Oparin e Haldane sobre a origem da vida.

No experimento, o balão de fundo redondo contém água, que, ao ser aquecida, força o vapor a circular pelo sistema. Em outro balão de fundo redondo, são colocados os gases da atmosfera primitiva: metano (CH_4), amônia (NH_3), hidrogênio (H_2), nitrogênio (N_2), gás carbônico (CO_2) e vapor de água (H_2O). Quando descargas elétricas (raios) atingem esses gases, eles reagem e são produzidos aminoácidos (glicina e alanina, entre outros). Além disso, foi observada a formação de ribose (carboidrato presente no RNA).

Com o experimento, Miller e Urey concluíram que compostos orgânicos simples, proteínas e outras biomoléculas podem ser formados pela reação de gases da atmosfera primitiva na presença de descargas elétricas. Além disso, esse estudo possibilitou uma melhor compreensão de como mudanças no tamanho, na configuração e na organização de moléculas poderiam gerar novas estruturas que permitiriam o isolamento do ambiente, mas preservando algum nível de interação.

Entretanto, posteriormente, novas pesquisas constataram que a atmosfera primitiva da Terra não era, predominantemente, um ambiente redutor (CH_4, NH_3, H_2), conforme sugerido por Oparin e Haldane. Provavelmente, a atmosfera primitiva da Terra era um ambiente oxidante (CO_2, N_2, H_2), capaz de sintetizar uma quantidade insignificante de aminoácidos.

Representação esquemática do experimento realizado por Miller e Urey. Os elementos não estão representados em proporção. Cores fantasia.

Atividades

1. Explique por que não podemos afirmar que os coacervados são seres vivos.
2. De acordo com a teoria de Oparin e Haldane, quais seriam as características da atmosfera primitiva e como teriam se originado os primeiros seres vivos?
3. Como deveria ser o pH nas massas de água onde os coacervados se formaram na Terra primitiva?
4. No caderno, construa uma história em quadrinhos sobre a origem da vida na Terra segundo a teoria de Oparin e Haldane.

A origem das células

A origem da vida teve, como pré-requisito, a existência de moléculas orgânicas simples e complexas capazes de originar uma unidade funcional e interdependente: a célula. Moléculas semelhantes aos lipídios foram componentes fundamentais para a formação das membranas. Como os lipídios não são solúveis em água, eles permitiram a delimitação dos meios interno e externo da célula, o que foi essencial para o seu surgimento e a sua regulação.

Como estudamos, os cientistas acreditam que, há cerca de 3,8 bilhões de anos, originou-se a primeira célula por meio da formação de membranas. Dois milhões de anos após as células se originarem, todos os organismos viventes consistiam somente de uma célula, ou seja, eram unicelulares. Os primeiros seres vivos unicelulares apresentavam estruturas simples com material genético disperso no interior da célula, sendo denominados procariontes. Esses seres habitavam os oceanos primitivos, protegendo-se da radiação ultravioleta do Sol.

Afinal, como as primeiras células evoluíram de simples moléculas orgânicas? Alguns cientistas sugerem que, nos oceanos primitivos, vesículas podem ter sido produzidas por biomoléculas lipídicas, separando os meios interno e externo. As biomoléculas com regiões hidrofóbicas formaram as protocélulas e, posteriormente, os seres procariontes unicelulares.

Além de seres procariontes, atualmente há em nosso planeta organismos com células eucariontes, ou seja, que apresentam material genético compartimentalizado no interior da célula por meio de membranas. Se todas as formas de vida que existem na atualidade tiveram uma origem comum, seria fundamental explicar como, de organismos com células sem núcleo diferenciado, poderiam ter surgido células com essas estruturas.

Ligação de substâncias específicas a proteínas receptoras.

A proteína reveste a face citoplasmática da membrana em uma fossa revestida.

Os conteúdos endocitados estão envolvidos por uma vesícula revestida por clatrina.

Micrografia eletrônica de transmissão do processo de invaginação relacionado à endocitose em uma célula de fígado. Na última imagem, é possível observar que os conteúdos endocitados estão envolvidos por uma vesícula revestida por clatrina. Aumento de cerca de 117 mil vezes.

Com base em evidências indiretas, os cientistas sugerem que aproximadamente há 2 bilhões de anos surgiram os primeiros seres vivos eucariontes.

Uma das explicações propostas para a origem das membranas internas da célula é o modelo da invaginação. A invaginação de membranas é um processo que pode ser observado em alguns organismos e tipos celulares, quando a membrana se expande e engloba moléculas, macromoléculas, grandes partículas ou pequenas células. Assim, propõe-se que a membrana externa da célula de organismos procariontes ancestrais tenha sofrido uma série de invaginações, que teriam originado a membrana que envolve o material genético (invólucro nuclear) e outras organelas no interior da célula. Observe a imagem a seguir.

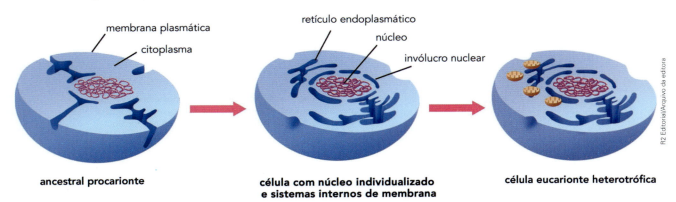

Representação esquemática de célula procariótica originando célula eucariótica. Os elementos não estão representados em proporção. Cores fantasia.

Em uma Terra povoada por seres vivos unicelulares, procariontes e eucariontes, a predação e a competição entre eles começou a aparecer, o que levou os seres a desenvolver estratégias para aumentar a sua chance de sobrevivência; umas das formas foi o surgimento de seres vivos unicelulares coloniais.

Uma colônia corresponde a um agrupamento de células semelhantes. Dessa forma, foi possível aumentar o tamanho do conjunto de seres vivos sem modificar o volume celular e o metabolismo de cada indivíduo. O processo evolutivo dos seres vivos continuou a favorecer colônias de agrupamentos celulares com funções distintas.

Atualmente, encontramos vários seres vivos organizados em colônias, como as algas verdes do gênero *Volvox*. Nelas, as colônias têm um agrupamento celular responsável pela reprodução; e outro, pelo metabolismo sistêmico. Observe a imagem a seguir.

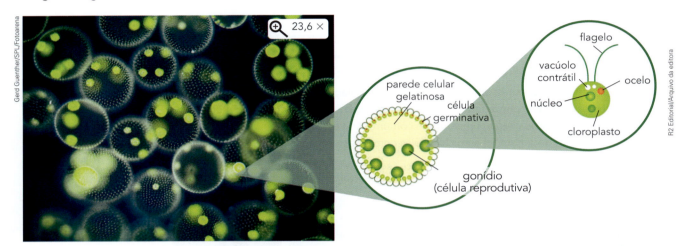

À esquerda, micrografia óptica de algas verdes do gênero *Volvox* sp. O processo de evolução da colônia das algas desse gênero até a estrutura atual demorou, aproximadamente, 200 milhões de anos. À direita, representação esquemática da estrutura da colônia de *Volvox* sp. mostrando as células germinativas e as somáticas. Os elementos não estão representados em proporção. Cores fantasia.

Outro exemplo de seres vivos organizados em colônias é a caravela-portuguesa (*Physalia physalis*), cnidário presente inclusive em praias do Brasil. A caravela-portuguesa é um exemplo de como, em alguns seres vivos que constituíram forma colonial, grupos celulares tornaram-se tão especializados que as células ficaram dependentes umas das outras.

 Pneumatóforo: flutuador com gás carbônico – responsável pela flutuabilidade e pelo deslocamento pelo vento.

 Gastrozooide: pólipo alimentar – realiza as funções relacionadas à alimentação que ocorre extracelularmente.

 Dactilozooide: utilizado para capturar as presas – contém nematocistos (estruturas que causam queimaduras e/ou paralisia nas presas).

 Gonozoide: estrutura reprodutiva composta de diversos tipos celulares.

Representação esquemática de alguns dos diferentes tipos de célula que compõem a colônia da caravela-portuguesa. Os elementos não estão representados em proporção. Cores fantasia.

Ao longo da história da Terra, observou-se um aumento no grau de complexidade dos seres vivos, originando organismos pluricelulares, formados por mais de uma célula. Esse evento levou à formação de mecanismos de regulação que conduziram à diferenciação celular e permitiu aos eucariontes pluricelulares aumentarem de tamanho e se tornarem mais eficientes na obtenção de recursos e na sobrevivência em ambientes específicos.

A endossimbiose e a complexidade evolutiva das células eucariontes

No final da década de 1960, a bióloga estadunidense Lynn Margulis (1938-2011) estudava a estrutura das células, mais precisamente as mitocôndrias. Para Margulis, as mitocôndrias, organelas responsáveis pela geração de energia na célula, eram muito parecidas com bactérias primitivas. Em células vegetais, também era possível observar outra organela semelhante: os cloroplastos. Estes metabolizam compostos inorgânicos em orgânicos utilizando a energia luminosa do Sol.

Essa semelhança levou Margulis a propor que tanto as mitocôndrias quanto os cloroplastos evoluíram a partir de bactérias primitivas.

De acordo com a endossimbiose, as bactérias procariontes ancestrais das mitocôndrias e dos cloroplastos eram seres vivos endossimbiontes, que foram englobados por células eucariontes hospedeiras.

Dessa forma, os procariontes ancestrais e a célula eucarionte hospedeira foram favorecidos por essa interação, e suas chances de sobrevivência no ambiente onde viviam aumentaram. O procarionte obteve proteção e nutrientes fornecidos pela célula eucarionte hospedeira e esta era beneficiada com produtos da fotossíntese (no caso de procariontes que originaram os cloroplastos) e da respiração celular (no caso de procariontes que originaram as mitocôndrias). Com o passar do tempo, ambos os seres vivos, procarionte e eucarionte, estabeleceram graus de dependência tão significativos que passaram a constituir uma única célula, em que não sobrevivem separadamente. Observe a seguir uma representação esquemática das etapas do processo de endossimbiose que originou células eucariontes autotróficas e heterotróficas.

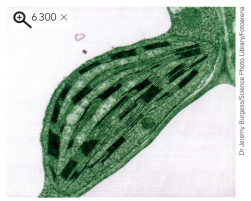

Acima, micrografia eletrônica de transmissão de mitocôndria; e, abaixo, de cloroplasto. Cores fantasia.

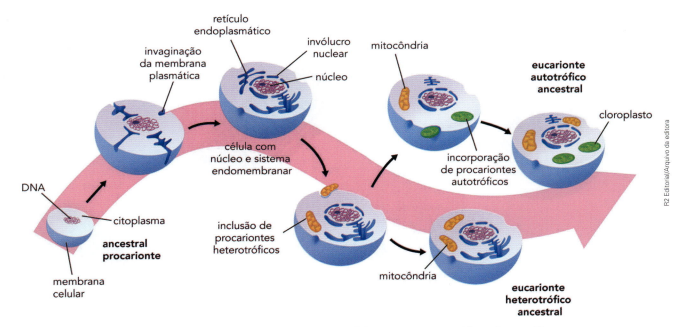

Representação esquemática do processo de endossimbiose que originou células eucariontes autotróficas e heterotróficas. Os elementos não estão representados em proporção. Cores fantasia.

Na prática | Investigação

Evidências da teoria endossimbiótica

Em investigações científicas, as hipóteses devem ser sustentadas com evidências que sejam aceitas pela comunidade científica. Nesta atividade, você vai identificar algumas evidências que embasam a teoria endossimbiótica.

Material

- O quadro a seguir apresenta uma comparação entre células procariontes, eucariontes, mitocôndrias e cloroplastos.

	Procariontes	Eucariontes	Mitocôndrias	Cloroplastos
DNA	Cromossomo único	Cromossomos múltiplos compartimentados em um núcleo	Cromossomo único	Cromossomo único
Replicação	1 se divide em 2	Mitose	1 se divide em 2	1 se divide em 2
Ribossomos	"70 S"	"80 S"	"70 S"	"70 S"
Cadeia de transporte de elétrons	Encontrada na membrana plasmática ao redor da célula	Não encontrada na membrana plasmática ao redor da célula	Encontrada na membrana plasmática ao redor da mitocôndria	Encontrada na membrana plasmática ao redor do cloroplasto
Membrana plasmática	Única com cardiolipina	Única	Dupla com cardiolipina na membrana interna	Dupla
Tamanho (aproximado)	≅ 1-10 mícrons	≅ 50-500 mícrons	≅ 1-10 mícrons	≅ 1-10 mícrons
Aparecimento na Terra	Bactérias anaeróbicas: ≅ 3,8 bilhões de anos. Bactérias fotossintéticas: ≅ 3,2 bilhões de anos. Bactérias aeróbias: ≅ 2,5 bilhões de anos.	Cerca de 1,5 bilhão de anos	Cerca de 1,5 bilhão de anos	Cerca de 1 bilhão de anos

Comparação dos tipos de células.

Observe imagens de células procariontes e eucariontes, da mitocôndria e do cloroplasto.

O que fazer

1. Analise as informações do quadro.
2. Responda às questões do item *Reflexão*.

Reflexão

1. As informações do quadro permitem afirmar que as mitocôndrias e os cloroplastos têm maior semelhança com qual tipo celular?
2. Descreva três evidências que sustentam a endossimbiose proposta por Lynn Margulis.
3. A membrana celular das mitocôndrias e dos cloroplastos é diferente da membrana das células procariontes e eucariontes. Você atribuiria essas diferenças aos aspectos do meio onde vivem ou às funções que desempenham nas células?
4. Para você, qual organela celular (mitocôndria ou cloroplasto) teria surgido primeiro na história evolutiva? Justifique.
5. Qual é a diferença entre seres vivos autotróficos e heterotróficos?
6. Elabore uma definição para endossimbiose.

Os primeiros seres vivos eram heterótrofos ou autótrofos?

Há evidências, como a descoberta de fósseis muito antigos, de que os primeiros seres vivos eram unicelulares e procariontes. Porém, existem divergências quanto ao mecanismo de nutrição. Há cientistas que defendem a explicação de que a célula heterotrófica é capaz de capturar partículas para se nutrir. Outros cientistas defendem a hipótese autotrófica, segundo a qual os seres vivos poderiam sintetizar biomoléculas orgânicas. Nesse caso, não dependeriam de outros seres vivos para se alimentar e, assim, constituiriam a base de cadeias alimentares.

Hipótese heterotrófica

Geralmente, o processo científico costuma considerar que estruturas, processos e organismos mais simples surgiram primeiro e, progressivamente, a complexidade aumentou ao longo da evolução dos seres.

A hipótese heterotrófica baseia-se nesse princípio, sugerindo que a primeira célula que surgiu no planeta Terra se encontrava em um meio rico em nutrientes, em que era possível adquiri-los sem a necessidade de um metabolismo complexo para produzir e degradar substâncias. De acordo com a explicação heterotrófica, as primeiras formas celulares eram simples e obtinham energia por meio da fermentação.

No entanto, a rápida proliferação das primeiras células heterotróficas teria elevado o consumo de nutrientes a tal ponto que ele seria maior que a produção. Nesse contexto de escassez de nutrientes, um organismo que fosse capaz de "produzir o próprio alimento" teria mais chances de sobreviver e de se reproduzir. Assim, surgiram, posteriormente, as células autotróficas, que passaram a produzir as moléculas necessárias para sua sobrevivência, além de consumir o dióxido de carbono e a água do meio e liberar o gás oxigênio.

Hipótese autotrófica

Diferentemente da hipótese heterotrófica, a autotrófica foge da lógica de que processos e as estruturas mais simples se originam primeiro, pois defende que reações metabólicas mais complexas surgiram inicialmente. Por que questionaríamos esse princípio tão importante na construção de explicações de eventos de um passado remoto?

Uma das críticas à hipótese heterotrófica é o estabelecimento da origem dos seres vivos em águas rasas, cuja radiação solar, principalmente a ultravioleta, era intensa.

Esse tipo de radiação praticamente inviabiliza a sobrevivência e a reprodução de seres vivos. Outra questão seriam as constantes descargas elétricas e colisões de asteroides com a superfície terrestre. Assim, diversos cientistas defendem que as primeiras formas de vida teriam se desenvolvido longe da superfície terrestre, em cavernas submarinas. No entanto, como os primeiros seres vivos poderiam realizar fotossíntese sem a presença da energia luminosa? Segundo a hipótese autotrófica, as primeiras formas de vida seriam capazes de produzir as próprias moléculas orgânicas utilizando a energia liberada por reações químicas que envolviam componentes das rochas nas quais viviam.

A fonte de energia dos primeiros seres autótrofos seria proveniente da reação:

$$FeS + H_2S \rightarrow FeS_2 + H_2 + e^-$$

Sulfeto de ferro + Gás sulfídrico → Dissulfeto de ferro (pirita, um mineral comum) + Hidrogênio

Os elétrons liberados pela formação da pirita (FeS_2) poderiam ter sido utilizados na redução de dióxido de carbono (CO_2), formando o ácido succínico:

$$4\,CO_2 + 7\,FeS + 7\,H_2S \rightarrow 7\,FeS_2 + 4\,H_2O + 2\,(CH_2COOH)$$

De acordo com a hipótese autotrófica, inicialmente houve a expansão dos primeiros organismos autotróficos que não utilizam o oxigênio no metabolismo energético, ou seja, são anaeróbicos. Em seguida, ocorreu o surgimento dos primeiros seres heterotróficos anaeróbicos. Os primeiros organismos fotossintetizantes, que transformam a energia luminosa para a produção de moléculas orgânicas, teriam se originado desses organismos heterotróficos. O início da liberação de gás oxigênio para a atmosfera permitiu o surgimento e a sobrevivência de organismos aeróbicos que utilizam o oxigênio no metabolismo energético.

O oxigênio atmosférico e a vida

O surgimento dos organismos autótrofos fotossintetizantes foi responsável pelo início da liberação de oxigênio na atmosfera, alterando sua composição, e pode ser considerado um dos eventos mais importantes na história da vida na Terra.

Em um primeiro momento, a ausência de gás oxigênio contribuiu para o surgimento da vida e a sobrevivência de seres vivos, visto que ele é um elemento extremamente reativo e poderia ter dificultado o processo de formação de biomoléculas simples e complexas. Se na atmosfera primitiva existisse gás oxigênio, isso exigiria das primeiras células um complexo mecanismo para evitar as lesões oxidativas. A ausência da camada de ozônio (O_3) fez com que a constante radiação ultravioleta do Sol estivesse em contato direto com os seres vivos, o que provocou um aumento na frequência de mutações.

Com o aumento da concentração do gás oxigênio na atmosfera, ocorreu o primeiro processo de extinção em larga escala, há aproximadamente 2 bilhões de anos, que levou à extinção dos seres vivos que não tinham mecanismos para evitar a oxidação de suas estruturas e biomoléculas.

Hoje, a maioria dos seres vivos é tolerante ao gás oxigênio em virtude da evolução dos mecanismos de proteção e reparo às lesões oxidativas. Esses mecanismos possibilitam a vida na forma como a conhecemos, além de as moléculas de gás oxigênio terem participado da formação da camada de ozônio (O_3).

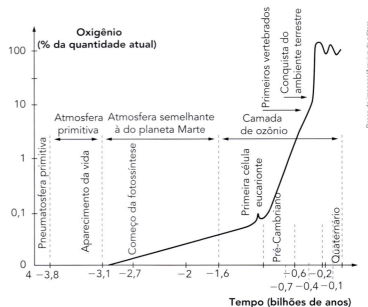

Gráfico do aumento do percentual de oxigênio na atmosfera ao longo do tempo.

Os primeiros seres vivos eram heterótrofos ou autótrofos?

Como estudamos, não há consenso dos cientistas quanto à capacidade ou à incapacidade de os primeiros seres vivos produzirem alimentos, isto é, se eram autótrofos ou heterótrofos. Neste projeto, você e os seus colegas devem realizar pesquisas, selecionar dados e argumentar sobre as primeiras formas de vida, defendendo uma das hipóteses conhecidas.

O que fazer
Parte A – Pesquisa

1. Pesquise as hipóteses autotrófica e heterotrófica de origem dos primeiros seres vivos. Procure evidências que corroborem ou refutem cada uma delas.
2. Faça anotações sobre o que encontrar.
3. Após a pesquisa, elabore um pequeno texto argumentativo posicionando-se a favor de uma das hipóteses.

Parte B – Preparação

1. A turma deve se organizar em três grupos: defensores da hipótese autotrófica, defensores da hipótese heterotrófica e jurados.
2. Em grupos, vocês devem se preparar para o júri simulado.

Grupo da hipótese autotrófica
Em grupo, discutam as evidências que corroboram ou refutam essa hipótese. Construam uma linha argumentativa de modo a convencer os jurados de que a primeira forma de vida era autotrófica. Não se esqueçam de que conhecer bem a hipótese heterotrófica ajuda a questionar as evidências que a refutam.

Grupo da hipótese heterotrófica
Discutam em grupo as evidências que corroboram ou refutam essa hipótese. Construam uma linha argumentativa de modo a convencer os jurados de que a primeira forma de vida era heterotrófica. Não se esqueçam de que conhecer bem a hipótese autotrófica ajuda a questionar as evidências que a refutam.

Grupo dos jurados
Caso tenha ficado no grupo dos jurados, discuta com os colegas ambas as hipóteses.

Parte C – Júri simulado

1. O desenvolvimento do debate deve ser organizado em quatro momentos:
   - fala inicial para cada um dos dois grupos: hipóteses autotrófica e heterotrófica;
   - réplica para cada um dos dois grupos: hipóteses autotrófica e heterotrófica;
   - tréplica para cada um dos dois grupos: hipóteses autotrófica e heterotrófica;
   - resposta aos questionamentos dos jurados.

   Esse ciclo pode se repetir até que as propostas, os dados e os argumentos preparados pelos grupos tenham sido compartilhados. O júri deve permanecer atento às colocações dos colegas e fazer suas anotações.

2. Após o debate, o júri deve se reunir em um espaço reservado. Os estudantes que compõem o júri devem, então, discutir entre si para ponderar e tomar uma decisão sobre o debate. A posição assumida pelo júri deve ser redigida em um parágrafo, justificando a escolha com base nos argumentos que cada grupo defendeu ou refutou.

3. Por fim, a decisão do júri deve ser lida por um de seus membros para toda a turma.

Reflexão

1. Quais são as evidências que corroboram cada uma das hipóteses?
2. Quais são as evidências que refutam cada uma das hipóteses?
3. Depois da realização do júri simulado, você manteve o posicionamento redigido na Parte A? O que o levou a manter essa posição ou a mudá-la?
4. Qual das hipóteses você acredita ser mais aceita pela comunidade científica? Justifique.
5. Analise novamente o gráfico sobre o aumento do percentual de oxigênio na atmosfera ao longo dos anos e estabeleça uma relação entre sua concentração e a diversidade da vida.

O "mundo do RNA"

O "mundo do RNA" (*RNA World*) é uma hipótese proposta pelo físico e bioquímico estadunidense Walter Gilbert (1932-).

Em 1986, Gilbert propôs que o ácido ribonucleico (ARN ou RNA) teria sido o primeiro material genético que surgiu, originado por meio das reações ocorridas na Terra primitiva.

Os defensores dessa hipótese acreditam que o código genético é anterior ao metabolismo na história evolutiva. Nesse sentido, o grande potencial dessa perspectiva é entender como propriedades de reprodução e transmissão de caracteres poderiam ter emergido ao longo da história do planeta Terra. O dogma central da Biologia molecular defende que o DNA sintetiza o RNA, que, por sua vez, forma as proteínas. Na história da origem da vida, a grande questão é quem surgiu primeiro: o DNA, o RNA ou as proteínas.

O DNA tem uma estrutura molecular muito complexa e depende de outras moléculas para conseguir se replicar e sintetizar RNA. Essa é uma das evidências que refuta a hipótese de que o DNA tenha surgido primeiro.

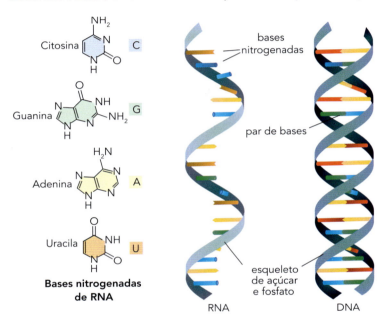

Representação esquemática das diferenças estruturais entre RNA e DNA. Os elementos não estão representados em proporção. Cores fantasia.

Embora as proteínas, como estudamos na teoria de Oparin e Haldane, sejam extremamente versáteis, os defensores do "mundo do RNA" tendem a aceitar que o RNA surgiu primeiro. Um dos fortes argumentos em defesa dessa hipótese consiste no fato de que o RNA pode armazenar informações genéticas e atuar como enzima, catalisando reações.

No entanto, os cientistas que discordam da hipótese do "mundo do RNA" argumentam que as evidências da Terra primitiva não admitem a presença de fósforo na forma insolúvel e, dessa forma, seria impossível formar os nucleotídeos em quantidade suficiente para que o RNA ocorresse.

Atualmente, a maior parte da comunidade científica aceita que a origem do RNA se deu posteriormente ao surgimento da primeira célula, em um momento que as condições do meio possibilitaram a formação de uma molécula relativamente simples estruturalmente, mas com alta complexidade metabólica. Nesse sentido, a ciência ainda tem muito a compreender sobre o material genético das células primitivas.

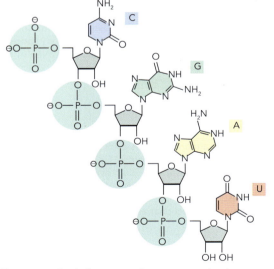

Representação do fragmento da estrutura molecular de RNA. O átomo de fósforo (P) é fundamental para a constituição da molécula de RNA. Os elementos não estão representados em proporção. Cores fantasia.

A teoria celular

O botânico alemão Matthias Schleiden (1804-1881) e o fisiologista alemão Theodor Schwann (1810-1882) propuseram a teoria celular, segundo a qual todos os seres vivos são formados por células. Após a proposição dessa teoria, os cientistas dedicaram-se mais aos estudos das células. De acordo com o médico alemão Rudolf Virchow (1821-1902), uma célula poderia apenas surgir de outra célula preexistente. Uma frase muito famosa desse pesquisador é: "*Omnis cellula ex cellula*" – em português, "toda célula origina-se de outra célula". A teoria celular é composta de três ideias principais:

- Todos os seres vivos são formados por células e pelos seus produtos.
- As atividades fundamentais que caracterizam a vida ocorrem dentro da célula.
- Novas células formam-se pela reprodução de células preexistentes, por meio de processos de divisão celular.

Tendo em vista essas ideias, os vírus seriam seres vivos? Considerados acelulares e parasitas intracelulares obrigatórios, os vírus não apresentam células em sua constituição, mas precisam parasitar uma célula para realizar suas atividades vitais e se reproduzir. Apesar disso, o fato de terem o próprio material genético e a capacidade de utilizar uma maquinaria metabólica de outra célula para produzir novas partículas virais divide os cientistas e não há um consenso sobre a questão.

Exobiologia: existe vida fora da Terra?

Quais são os limites da vida? Seres vivos podem sobreviver a viagens espaciais? Como podemos proteger a vida na Terra? Existem formas de vida em outros planetas? A Exobiologia é uma área que realiza pesquisas sobre a origem, a evolução e a distribuição da vida no Universo e procura responder a essas e a muitas outras perguntas.

Em pesquisas realizadas na Estação Espacial Internacional (EEI), cientistas descobriram que há formas de vida na Terra capazes de suportar as condições do espaço e sobreviver. Os tardígrados, ou "ursos de água", e os liquens são exemplos de seres vivos que sobreviveram no espaço.

Eletromicrografia de um tardígrado. Esses animais são resistentes às intempéries do espaço. Há cerca de 800 espécies no filo Tardigrada; dependendo da espécie, pode medir entre 0,05 mm e 1 mm de comprimento.

O líquen *Xanthoria elegans* sobreviveu às condições do espaço por 18 meses e continuou a crescer quando retornou à Terra. Pode medir até 5 centímetros de comprimento.

Os liquens e os tardígrados passaram meses presos fora da Estação Espacial Internacional e retornaram à Terra vivos. No espaço, os seres vivos são expostos a condições com alta radiação ultravioleta, radiação cósmica, ausência de gases, expressivas variações térmicas, entre outras.

Os seres humanos não são capazes de sobreviver às condições espaciais sem um traje específico. Algumas sementes de plantas também brotaram na Terra depois de um longo período no espaço, mostrando resistência notável e inesperada.

Atividades

1. Em sua opinião, é possível existir vida fora da Terra? Justifique.
2. Explique qual seria a importância de investimentos de milhões de dólares na busca por vida fora da Terra.
3. Na Terra, quais foram os fatores condicionantes para o surgimento da vida?
4. Quais são os instrumentos utilizados pelos cientistas para investigar a existência de vida fora da Terra?
5. Existe uma hipótese para a origem da vida na Terra denominada panspermia cósmica. Pesquise sobre essa hipótese. Você acredita que a panspermia cósmica esclarece o processo de origem da vida na Terra? Justifique a sua resposta utilizando os conhecimentos construídos ao longo desta unidade.

#EnemVestibular

1. (Uerj) A procura de formas de vida em nosso sistema solar tem dirigido o interesse de cientistas para Io, um dos satélites de Júpiter, que é coberto por grandes oceanos congelados. As condições na superfície são extremamente agressivas, mas supõe-se que, em grandes profundidades, a água esteja em estado líquido e a atividade vulcânica submarina seja frequente. Considerando que tais condições são similares às do bioma abissal da Terra, aponte o tipo de bactéria que poderia ter se desenvolvido em Io, e indique como esse tipo de bactéria obtém energia para a síntese de matéria orgânica.

2. (Fuvest-SP) Atualmente, os seres vivos são classificados em três domínios: **Bacteria**, **Archaea** e **Eukarya**. Todos os eucariotos estão incluídos no domínio Eukarya, e os procariotos estão distribuídos entre os domínios Bacteria e Archaea. Estudos do DNA ribossômico mostraram que os procariotos do domínio Archaea compartilham, com os eucariotos, sequências de bases nitrogenadas, que não estão presentes nos procariotos do domínio Bacteria. Esses resultados apoiam as relações evolutivas representadas na árvore:

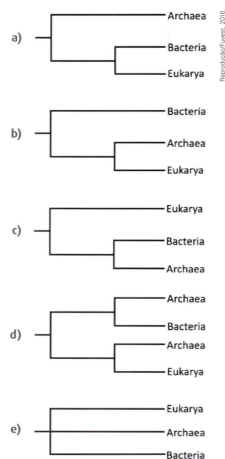

3. (UFPR) Um paleontólogo, após anos de estudos de um determinado sítio de fósseis, resolveu tentar reconstruir a variação do ambiente da região estudada. Conforme sua hipótese, essa reconstrução é possível considerando-se apenas as características das espécies fósseis detectadas nas diversas camadas sedimentares do local e sua datação. Com base no registro de anos de pesquisas na área sumarizado abaixo, elabore uma descrição do ambiente dessa área em cada período registrado, apresentando argumentos que suportem sua decisão, com base nas características biológicas das espécies amostradas.

Camada sedimentar	Data aproximada	Espécies fósseis coletadas
1	30 milhões de anos atrás	Medusas Corais Lulas Poríferos Gastrópodes Equinodermos Peixes ósseos Peixes cartilaginosos
2	20 milhões de anos atrás	Peixes ósseos Camarão Caranguejo de manguezal Ostra Gastrópodes Larvas de insetos aquáticos Aves
3	10 milhões de anos atrás	Peixes ósseos Larvas de insetos aquáticos Aranhas Ácaros Gastrópodes Aves de rapina
4	5 milhões de anos	Insetos adultos Escorpiões Lagartos Aves

4. (Enem)

Uma equipe de paleontólogos descobriu um rastro de dinossauro carnívoro e nadador, no norte da Espanha.

O rastro completo tem comprimento igual a 15 metros e consiste de vários pares simétricos de duas marcas de três arranhões cada uma, conservadas em arenito.

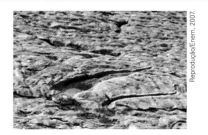

O espaço entre duas marcas consecutivas mostra uma pernada de 2,5 metros. O rastro difere do de um dinossauro não nadador: "são as unhas que penetram no barro — e não a pisada —, o que demonstra que o animal estava nadando sobre a água: só tocava o solo com as unhas, não pisava", afirmam os paleontólogos.

Internet: www.noticias.uol.com.br (com adaptações).

Qual dos seguintes fragmentos do texto, considerado isoladamente, é variável relevante para se estimar o tamanho do dinossauro nadador mencionado?

a) "O rastro completo tem 15 metros de comprimento"
b) "O espaço entre duas marcas consecutivas mostra uma pernada de 2,5 metros"
c) "O rastro difere do de um dinossauro não nadador"
d) "são as unhas que penetram no barro — e não a pisada"
e) "o animal estava nadando sobre a água: só tocava o solo com as unhas"

5. (Enem)

Pesquisadores recuperaram DNA de ossos de mamute (Mammuthus primigenius) encontrados na Sibéria, que tiveram sua idade de cerca de 28 mil anos confirmada pela técnica do carbono-14.

FAPESP. DNA de mamute é revelado. Disponível em: http://agencia.fapesp.br. Acesso em: 13 ago. 2012 (adaptado).

A técnica de datação apresentada no texto só é possível devido à

a) proporção conhecida entre carbono-14 e carbono-12 na atmosfera ao longo dos anos.
b) decomposição de todo o carbono-12 presente no organismo após a morte.
c) fixação maior do carbono-14 nos tecidos de organismos após a morte.
d) emissão de carbono-12 pelos tecidos de organismos após a morte.
e) transformação do carbono-12 em carbono-14 ao longo dos anos.

6. (Enem) Apesar da grande diversidade biológica, a hipótese de que a vida na Terra tenha tido uma única origem comum é aceita pela comunidade científica. Uma evidência que apoia essa hipótese é a observação de processos biológicos comuns a todos os seres vivos atualmente existentes.

Um exemplo de tal processo é o(a)

a) desenvolvimento embrionário.
b) reprodução sexuada.
c) respiração aeróbica.
d) excreção urinária.
e) síntese proteica.

7. (Uece) Fatores ecológicos podem ser divididos em bióticos e abióticos. Sobre esses fatores, é correto afirmar que

a) a presença e a atividade dos seres vivos são fatores abióticos enquanto as condições físico-químicas são fatores bióticos.
b) luminosidade, temperatura, umidade, salinidade e gases dissolvidos na água são exemplos de fatores bióticos.
c) os fatores abióticos necessários, mas insuficientes, para o crescimento pleno de uma população são denominados fatores limitantes.
d) fatores edáficos relacionados à estrutura física e composição química do solo são exemplos de fatores bióticos.

8. (ONC) A taxonomia, ciência que lida com a descrição, identificação e classificação dos organismos é deveras importante para estudarmos e classificarmos os seres vivos em grupos semelhantes.

Um dos mais importantes cientistas da área foi Carlos Lineu, médico sueco que dividiu os seres vivos em reinos durante o século XVIII.

Atualmente, classificam-se os seres vivos em 5 reinos distintos: Protista, Monera, Fungi, Animal e Vegetal.

Quais das seguintes características são importantes para classificarmos um ser vivo como parte do Reino Animal?

a) presença de vida livre e alimentação heterótrofa.
b) presença de simetria bilateral e alimentação autótrofa.
c) presença de coluna vertebral e vida livre.
d) presença de mitocôndrias e alimentação autotrófica.

9. (Uepa)

Todos nós sabemos que nenhum ser vivo consegue viver sem o outro. Nós, humanos, por exemplo, necessitamos de alguns animais e plantas que nos servem de alimento. Entretanto, as relações entre os seres vivos não envolvem apenas a alimentação, alguns utilizam outros como abrigo ou como uma forma de locomover-se, caracterizando empoderamento. Chamamos essas interações de relações ecológicas, as quais são mantidas pelos diferentes grupos de organismos que compõem os grandes **Reinos**.

Texto: Predação. modificado: Acesso: 13/09/2016. Disponível em: http://escolakids.uol.com.br/predacao.htm

Com relação à palavra em destaque, no Texto, leia as características referentes a alguns de seus representantes e relacione a um número correspondente ao reino apresentado.

(1) Vírus   (4) Fungi
(2) Monera   (5) Animalia
(3) Protista

( ) São heterótrofos, o corpo é formado por hifas e tem reprodução por esporos.
( ) Tem parede celular de peptidioglicano e podem ser decompositores ou fotossintetizantes.
( ) Cápsula proteica que envolve material genético.
( ) O citóstoma é uma estrutura de ingestão do Paramécio.
( ) Parede celular formada por quitina.
( ) Alimentação por ingestão e são multicelulares.
( ) Possuem espécies que se locomovem por pseudópodes.
( ) Fecundação interna ou externa com formação de mórula e blástula.
( ) Reprodução através dos ciclos lítico e lisogênico.

A sequência correta é:

a) 4, 5, 2, 4, 1, 2, 5, 5, 1
b) 2, 4, 3, 1, 5, 2, 3, 1, 5
c) 1, 2, 4, 3, 5, 2, 1, 3, 5
d) 4, 2, 1, 3, 4, 5, 3, 5, 1
e) 4, 2, 1, 4, 5, 3, 2, 3, 5

10. (Ufscar-SP)

A relação dos cães com a humanidade teve início há milhares de anos. Considera-se que os cães são possivelmente versões modificadas do lobo-cinzento. Há cerca de 12000 anos, os lobos passaram a utilizar os restos da alimentação humana, ao invés de caçar seu próprio alimento. Gradualmente, passaram a viver junto com os humanos. Ao longo do tempo, mudanças genéticas acompanharam a domesticação do lobo. Hoje, existem diversas raças de cães que podem, potencialmente, intercruzar e produzir descendentes férteis. São, então, pertencentes à mesma espécie biológica, *Canis familiaris*.

Com base no texto, caracterize o conceito biológico de espécie.

11. (UEL-PR) Em um aquário marinho, foram colocados 5 ermitões, 6 anêmonas e 4 peixes. Sabendo-se que os animais de cada grupo pertencem à mesma espécie, é correto afirmar que, nesse aquário, o número de indivíduos e o número de populações correspondem, respectivamente, a:

a) 15 e 3.   c) 3 e 15.
b) 15 e 1.   d) 3 e 3.

12. (Ufam) De um modo geral podemos considerar os seguintes níveis de organização dos seres vivos:

1º Célula ⇒ 2º Tecido ⇒ 3º Órgão ⇒ 4º Sistema ⇒ 5º Organismo ⇒ 6º População ⇒ 7º Comunidade ⇒ 8º Ecossistema

Analise as proposições a seguir e assinale a alternativa correta.

I. Os níveis de organização citados no esquema são comuns a todos os seres vivos durante seu ciclo vital.
II. São obrigatoriamente da mesma espécie os indivíduos que compõem o 6º nível.
III. No 8º nível não ocorre transferência de energia e de matéria, porque neste nível ocorre a extinção das cadeias tróficas.
IV. No 7º nível ocorrem espécies diferentes que estão interrelacionadas pelas necessidades de adaptação e sobrevivência.

a) Apenas I e III são corretas.
b) Apenas II e III são corretas.
c) Apenas II e IV são corretas.
d) Apenas IV é correta.
e) Todas as proposições são corretas.

13. (UFPB) Em nosso planeta, o que distingue a matéria viva da não viva é a presença de elementos químicos (C, H, O, N) que, junto com outros, formam as substâncias orgânicas. Os seres vivos são formados a partir de níveis bem simples e específicos até os mais complexos e gerais. Numa ordem crescente de complexidade, estes níveis têm a seguinte sequência:

a) biosfera, ecossistema, comunidade, população, organismo, sistema, órgão, tecido, célula, molécula.
b) molécula, célula, tecido, organismo, órgão, população, comunidade, ecossistema, sistema, biosfera.
c) molécula, célula, tecido, órgão, organismo, população, comunidade, sistema, ecossistema, biosfera.
d) molécula, célula, tecido, órgão, sistema, organismo, população, comunidade, ecossistema, biosfera.
e) biosfera, comunidade, população, ecossistema, sistema, órgão, organismo, tecido, célula, molécula.

14. (UFMS) A biologia é constituída por diversos níveis organizacionais, o que facilita a compreensão de seu estudo. Com base nessa afirmação, adote o homem como ponto de partida e assinale a alternativa que completa as lacunas do texto abaixo.

Quando o organismo é analisado em detalhe, é possível observar a existência de vários sistemas que permitem sua sobrevivência. Um sistema é constituído por um conjunto de ///////////// que, se vistos em detalhe, revelam camadas sucessivas, sendo cada uma delas correspondente a um ////////////. Os mesmos, quando observados ao microscópio, demonstram a existência de pequenas unidades que se assemelham na forma e na função: as ////////////.

Essas, por sua vez, possuem no seu interior uma certa quantidade de //////////// que, analisados bioquimicamente, mostram em sua composição //////////// que nada mais são que a união de átomos, comuns a todos os seres vivos.

a) moléculas – tecido – células – átomos – moléculas
b) tecidos – órgão – moléculas – átomos – organoides
c) órgãos – tecido – células – organoides – moléculas
d) células – tecido – moléculas – organismo – sistemas
e) organoides – células – moléculas – átomos – sistemas

15. (UFRGS-RS) Há 65 milhões de anos, no final do período Cretáceo, ocorreu a extinção em massa de diversos organismos, entre eles a dos dinossauros. As evidências indicam que esse evento ocorreu em consequência da queda de um asteroide que desencadeou drásticas mudanças climáticas no planeta.

A partir do processo de extinção dos dinossauros, é correto afirmar que

a) os anfíbios, que passaram a habitar a terra firme, expandiram-se.
b) as grandes florestas de samambaias gigantes e cavalinhas de pequenas folhas extinguiram-se, formando os atuais depósitos de carvão mineral.
c) os insetos desenvolveram asas, tornando-se os primeiros seres vivos que podiam voar.
d) os peixes diversificaram-se, surgindo formas mandibuladas.
e) os mamíferos primitivos que sobreviveram à queda do meteoro diversificaram-se e expandiram-se.

16. (Uece) De acordo com as teorias sobre a origem da vida, é correto afirmar que

a) a biogênese representa as teorias que consideravam possível o surgimento da vida a partir de compostos inorgânicos e de outros mecanismos que não sejam a reprodução.
b) a teoria da geração espontânea ou abiogênese considera que os seres vivos surgem somente pela reprodução, indiferente das espécies envolvidas nesse evento.
c) segundo a panspermia, a vida teve origem a partir de seres vivos oriundos de outros locais do cosmo: essa é a teoria mais aceita até hoje em função das comprovadas atividades extraterrestres na Terra.
d) para a teoria da evolução molecular, a vida é resultado da combinação de compostos inorgânicos em moléculas orgânicas simples que se complexaram até atingirem a capacidade de autoduplicação e metabolismo.

17. (Uerj) Considere a hipótese de que o ambiente marinho primitivo, sem oxigênio molecular, onde viveram os primeiros organismos, contivesse moléculas orgânicas produzidas por síntese abiótica. Admita, ainda, que essas moléculas eram por eles decompostas para obtenção de energia.

O tipo de nutrição e a forma de obtenção de energia desses organismos deveriam ser, respectivamente:

a) homeotrófica – oxidação
b) autotrófica – fotossíntese
c) isotrófica – quimiossíntese
d) heterotrófica – fermentação

18. (UFPI) A Terra apresenta uma idade aproximada de 4,5 bilhões de anos, e o aparecimento dos seres vivos nesse planeta, segundo a opinião dos cientistas, causou enormes mudanças. Sobre o tema, assinale as afirmativas com V ou F.

1. Por volta de 4 bilhões de anos atrás, a Terra era envolvida por uma camada de gases chamada de atmosfera secundária, formada apenas por gás carbônico (CO_2).
2. A temperatura elevada da crosta terrestre facilitava a evaporação, a formação das nuvens e as tempestades torrenciais, que foram fundamentais para a formação dos oceanos.
3. Os cientistas admitem que os primeiros seres vivos devem ter surgido a partir de matéria não viva, entre 3,5 e 4 bilhões de anos atrás.
4. Experimentos, como os realizados por Stanley Miller & Harold Urey, dão sustentação à hipótese de que as substâncias precursoras da vida poderiam ter-se formado espontaneamente na Terra primitiva.

19. (UFMT) Sobre a origem dos seres vivos, duas teorias sustentaram uma polêmica nos meios científicos, até fins do século XIX: a teoria da geração espontânea (abiogênese) e a teoria da biogênese. Faça um comentário sucinto sobre tais teorias, explicando também como foi solucionada a polêmica.

#EnemVestibular

20. (Mack-SP) A hipótese heterotrófica sobre o início da vida no planeta Terra propõe que:

a) a vida se diversificou a partir do surgimento dos seres heterotróficos que se alimentavam dos pioneiros autotróficos, pois permitiu o surgimento de uma maior variedade de nichos ecológicos.

b) o primeiro ser vivo obtinha energia através de processos semelhantes à quimiossíntese realizada por bactérias atuais, processo mais simples do que a fotossíntese realizada pelos seres clorofilados.

c) a produção de alimentos envolve processos bioquímicos complexos, o que sugere que o primeiro ser vivo fosse heterotrófico, alimentando-se de moléculas orgânicas produzidas por processos abióticos no oceano primitivo.

d) o primeiro ser vivo era heterótrofo, aeróbico e procarionte, proposta que se justifica pela provável simplicidade da célula primitiva.

e) a vida surgiu de reações químicas complexas, as quais ocorreriam nas condições da Terra primitiva, permitindo à célula primitiva a capacidade de sintetizar seu alimento a partir das substâncias presentes na atmosfera e no oceano.

21. (Vunesp) Segundo a teoria de Oparin, a vida na Terra poderia ter sido originada a partir de substâncias orgânicas formadas pela combinação de moléculas, como metano, amônia, hidrogênio e vapor de água, que compunham a atmosfera primitiva da Terra. A esse processo seguiram-se a síntese proteica nos mares primitivos, a formação dos coacervados e o surgimento das primeiras células. Considerando os processos de formação e as formas de utilização dos gases oxigênio e dióxido de carbono, a sequência mais provável dos primeiros seres vivos na Terra foi:

a) autotróficos, heterotróficos anaeróbicos e heterotróficos aeróbicos.

b) heterotróficos anaeróbicos, heterotróficos aeróbicos e autotróficos.

c) autotróficos, heterotróficos aeróbicos e heterotróficos anaeróbicos.

d) heterotróficos anaeróbicos, autotróficos e heterotróficos aeróbicos.

e) heterotróficos aeróbicos, autotróficos e heterotróficos anaeróbicos.

22. (Unicamp-SP) Na antiguidade, alguns cientistas e pensadores famosos tinham um conceito curioso sobre a origem da vida e em alguns casos existiam até receitas para reproduzir esse processo. Os experimentos de Pasteur foram importantes para a mudança dos conceitos e hipóteses alternativas para o surgimento da vida. Evidências sobre a origem da vida sugerem que

a) a composição química da atmosfera influenciou o surgimento da vida.

b) os coacervados deram origem às moléculas orgânicas.

c) a teoria da abiogênese foi provada pelos experimentos de Pasteur.

d) o vitalismo é uma das bases da biogênese.

23. (UPF-RS) Analise a figura e assinale a alternativa que indica o que é representado nela.

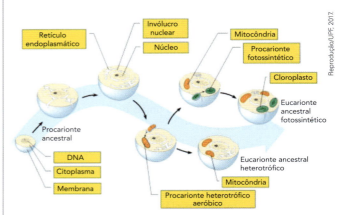

(Disponível em: https://eletrobiologia.blogspot.com/2011/06. Acesso em: 4 set. 2016)

a) O surgimento das células procariotas.
b) A teoria celular.
c) A teoria da endossimbiose.
d) A teoria da abiogênese.
e) A origem da vida.

24. (ONC) Um aluno do nono ano estava estudando uma lâmina de microscopia durante a aula prática de ciências. Este material foi produzido após a coleta de água de um rio contaminado, havendo então uma grande variabilidade de microrganismos.

O aluno perguntou aos colegas se aquelas células visualizadas eram de bactérias. Um dos colegas, então, explicou que aquelas células eram de eucariontes, não podendo ser classificadas como bactérias.

Qual das alternativas a seguir contém características que são exclusivas dos eucariontes e que, portanto, corroboram a afirmativa do colega?

a) presença de ribossomos, parede celular, DNA.
b) presença de mitocôndria, envelope nuclear, complexo golgiense.
c) presença de DNA, complexo golgiense, retículo endoplasmático.
d) presença de membrana plasmática, ribossomos, proteínas.

25. (Fuvest-SP) Em artigo publicado no suplemento Mais!, do jornal *Folha de S.Paulo*, de 6 de agosto de 2000, José Reis relata que pesquisadores canadenses demonstraram que a alga unicelular *Cryptomonas* resulta da fusão de dois organismos, um dos quais englobou o outro ao longo da evolução. Isso não é novidade no mundo vivo. Como relata José Reis: "[...] É hoje corrente em Biologia, após haver sido muito contestada inicialmente, a noção de que certas organelas [...] são remanescentes de células que em tempos idos foram ingeridas por célula mais desenvolvida. Dá-se a esta o nome de hospedeira e o de endossimbiontes às organelas que outrora teriam sido livres".

São exemplos de endossimbiontes em células animais e em células de plantas, respectivamente,

a) aparelho de Golgi e centríolos;
b) centríolos e vacúolos;
c) lisossomos e cloroplastos;
d) mitocôndrias e vacúolos;
e) mitocôndrias e cloroplastos.

26. (UFRGS-RS)

Adaptado de: DOTT, R., PROTHERO, D. Evolution of the Earth. New York: McGraw-Hill, 1994.

O gráfico apresenta a variação do nível de oxigênio na atmosfera em função do tempo.

Sobre o gráfico e os eventos nele assinalados, é correto afirmar que

a) três bilhões de anos antes do presente não havia vida devido à escassez de oxigênio.
b) o evento 1 corresponde aos primórdios do surgimento da fotossíntese.
c) a respiração celular tornou-se possível quando os níveis de O_2 na atmosfera atingiram uma concentração próxima à atual.
d) o evento 2 refere-se à formação da camada de ozônio.
e) o evento 3 dá início à utilização da água como matéria-prima para a produção de oxigênio.

27. (Unicamp-SP) Uma das hipóteses mais aceitas para explicar a origem das mitocôndrias sugere que estas organelas se originaram de bactérias aeróbicas primitivas, que estabeleceram uma relação de simbiose com uma célula eucarionte anaeróbica primitiva.

a) Dê uma característica comum a bactérias e mitocôndrias que apoie a hipótese citada.
b) Qual seria a vantagem dessa simbiose para a bactéria? E para a célula hospedeira?
c) Que outra organela é considerada também de origem simbiótica?

28. (Vunesp) Os procariontes diferenciam-se dos eucariontes porque os primeiros, entre outras características:

a) não possuem material genético.
b) possuem material genético como os eucariontes, mas são anucleados.
c) possuem núcleo, mas o material genético encontra-se disperso no citoplasma.
d) possuem material genético disperso no núcleo, mas não em estruturas organizadas denominadas cromossomos.
e) possuem núcleo e material genético organizado nos cromossomos.

29. (Fuvest-SP) Quais as diferenças existentes entre células procarióticas e eucarióticas quanto a núcleo e citoplasma?

30. (Unesp-SP) Considere a tabela:

Organelas	Tipos de células em que estão presentes	Componentes da organela, também presentes no núcleo celular	Função na célula
1	Animal e vegetal	3	Respiração celular
Cloroplastos	2	DNA e RNA	4

a) Indique os termos que podem substituir os números 1, 2, 3 e 4, de modo a estabelecer correspondência com suas respectivas colunas e linhas.
b) Indique duas características de cada uma das organelas que permitem levantar a hipótese de que elas tenham se originado de bactérias que há milhões de anos associaram-se a outras células em uma relação mutualística.

#Multiplicar

Ao longo desta unidade, foram analisados métodos e modelos utilizados pela ciência para explicar a origem da vida. Para isso, partimos de uma pergunta mais ampla: **O que é vida?** A partir dela, você conheceu diferentes explicações sobre a origem da vida ao longo da história da Ciência e teve de interpretar evidências capazes de sustentar algumas propostas e refutar outras.

Tão importante quanto adquirir o conhecimento científico é difundi-lo, fazendo com que esse conhecimento aprendido, construído por "várias mãos" ao longo da história, seja passado adiante. Veja a seguir um trecho que reproduz essa ideia.

> A divulgação científica tem um papel importante para que a população adquira conhecimento sobre Ciência e conheça o quanto ela está presente em seu entorno, e uma das maneiras de ampliar este conhecimento é realizar atividades para divulgar a mesma. Neste sentido é preciso ampliar e melhorar a qualidade da divulgação científica [...], objetivando que esta contribua para um maior interesse da população, especialmente os jovens, pela Ciência e para a criação de uma cultura científica em nosso país. Entre os desafios para que esta realidade de popularização da informação científica ocorra está a necessidade de que tal informação apresente um linguajar coloquial, entretanto sem deixar de conter rigor na seleção das informações científicas bem como nas terminologias técnicas empregadas.
>
> [...]
>
> VII SEPE. Ciência e Química em foco. *Anais do SEPE* – Seminário de Ensino, Pesquisa e Extensão da Universidade Federal da Fronteira Sul. V. III, 2017.

Como diz o trecho, para que o conhecimento científico alcance de forma significativa e atraente outras pessoas, é preciso refletir sobre o formato da divulgação e o público-alvo. Com uma linguagem adequada à faixa etária, fica mais fácil conectar e despertar o interesse de jovens para as informações acerca de temas complexos, como os científicos, por exemplo.

Ciência em quadrinhos

Para treinar essa habilidade, nesta atividade você deverá retomar os conhecimentos aprendidos ao longo da unidade e apresentá-los a partir da produção de uma História em Quadrinhos (HQ).

Atualmente, esse gênero é bastante utilizado para retratar temas científicos, a história de personalidades das ciências e mesmo para o ensino. Veja nas imagens a seguir alguns exemplos.

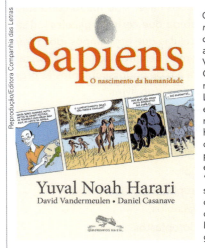

Capa de *Sapiens: o nascimento da humanidade*, de Yuval Noah Harari, adaptado por David Vandermeulen e Daniel Casanave, selo Quadrinhos na Cia. (Companhia das Letras), 2020. Nesta série em quadrinhos, o autor reconta a história da humanidade com o auxílio de alguns personagens pitorescos, retratando, entre outros assuntos, "como um reles primata se tornou 'governante' do planeta Terra, capaz de dividir átomos, viajar à Lua e manipular o código genético da vida".

Página do *Guia Mangá de Física Mecânica Clássica*, de Hideo Nitta, editora Novatec, 2010. Nesta obra voltada para o ensino de Física clássica, o autor aborda conceitos complexos, como deslocamento e impulso, movimento parabólico e a relação entre força, massa e aceleração, a partir de situações cotidianas vividas pela personagem Megumi, tudo isso por meio da divertida linguagem dos mangás.

A *breve história da evolução das plantas* é um belíssimo trabalho dos autores Maria J. da Silva Nery e Saulo F. S. Nery, editora EditAedi/UFPA, 2020. A HQ foi desenvolvida como parte de uma sequência didática para estimular o trabalho com esse gênero em sala de aula.

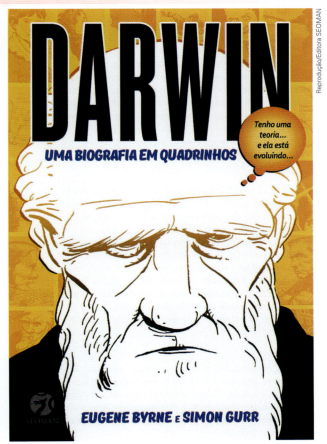

Capa do quadrinho *Darwin: uma biografia em quadrinhos*, de Eugene Byrne e Simon Gurr, editora Seoman, 2016. A obra conduz o leitor a uma viagem ao passado para conhecer as aventuras físicas e intelectuais de Charles Darwin e o contexto do mundo científico do século XIX.

Veja a seguir algumas obras que abordam assuntos relacionados às Ciências da Natureza. Se possível, acesse o catálogo de editoras que possuem publicações de HQs e mangás relacionados ao tema.

- HQ completa: *Breve história da evolução das plantas*, de Maria J. da Silva Nery e Saulo F. S. Nery, editora EditAedi/UFPA, 2020.
  https://livroaberto.ufpa.br/jspui/handle/prefix/909
- Estude Matemática e Ciências com História em Quadrinhos!. Catálogo de mangás científicos da editora Novatec.
  https://novatec.com.br/manga.php
- Trecho da HQ *Genética e DNA em quadrinhos*, de Mark Schultz, ilustrado por Zander Cannon e Kevin Cannon, editora Blucher, 2011.
  https://www.google.com.br/books/edition/Gen%C3%A9tica_e_DNA_em_quadrinhos/2eyyDwAAQBAJ?hl=pt-BR&gbpv=1&printsec=frontcover
- Trecho da HQ *Química Geral em quadrinhos*, de Graig Criddle, ilustrado por Larry Gonick, editora Blucher, 2013.
  https://www.google.com.br/books/edition/Qu%C3%ADmica_geral_em_quadrinhos/wDS6DwAAQBAJ?hl=pt-BR&gbpv=1&printsec=frontcover

Agora é a sua vez! Com os colegas, pensem em uma forma atrativa e acessível de explicar a origem da vida na Terra na linguagem das HQs. Vocês terão liberdade para pensar em todos os elementos que constituem uma HQ: roteiro, elementos da linguagem verbal e não verbal, personagens, tempo, lugar e desfecho. Porém, ao longo do enredo, duas questões devem estar obrigatoriamente presentes:

- Como os cientistas fazem para investigar formas de vida do passado?
- Como os cientistas pensavam que eram os primeiros seres vivos da Terra e por que eles pensavam isso?

O que fazer

1. Formem grupos de trabalho de até 4 pessoas.
2. Pensem no público-alvo que gostariam de atingir para definir a linguagem e as características das ilustrações que vão compor a HQ. Após decidirem, escolham um dos perfis a seguir.

#Multiplicar

Para quem você vai contar essa história?

Público infantil

Fique atento aos elementos visuais da sua HQ! Traços simples, com poucos detalhes e muitas cores, podem facilitar o desenvolvimento da história e o engajamento desse público. Invista nos personagens, diversificando suas características físicas de modo que todos os leitores se sintam representados.
Muito cuidado com estereótipos, representações violentas e linguagem imprópria.

Jovens

Essa é fácil, o público-alvo é você mesmo! Pense nas suas preferências ao ler uma HQ: o traço, a linguagem, as características das personagens, etc. Os mangás costumam fazer sucesso entre esse público.
Uma boa estratégia para engajar esse público é desenvolver histórias paralelas. Por exemplo: durante uma aula de Ciências da Natureza cujo tema é evidências da origem da vida (**história principal**), um estudante precisa lidar com os sentimentos ocasionados pela possibilidade iminente de uma mudança de cidade (**história secundária**).
Cuidado com estereótipos, representações violentas e linguagem imprópria.

Adultos

Evite representações e situações muito simples. Supõem-se que leitores maduros tenham maior capacidade de abstração, portanto, pode-se utilizar o sentido figurado da linguagem, além de textos mais densos e com vocabulário mais técnico, se necessário. Pitadas de humor ao longo das cenas são sempre bem-vindas!

3. É preciso saber desenhar para criar uma HQ? Não! A HQ é uma linguagem que pode ser apenas visual ou mista (visual e verbal). Não é preciso dominar as técnicas do desenho para criar boas histórias em quadrinhos. Todos são capazes de desenhar formas simples ou mesmo os famosos "bonecos palitos", que podem fazer bem essa função. Além disso, imagens recortadas de revistas ou pesquisadas na internet podem apoiar o aspecto visual da criação. Se a opção for criar o quadrinho em um meio digital, existem diversas ferramentas com versões pagas e gratuitas que podem ajudá-los a compor personagens e cenários com maior facilidade. O sucesso do quadrinho depende da boa narrativa visual, portanto, pensem com cuidado no roteiro e no seu estabelecimento quadro a quadro.

Ferramentas digitais para a criação de HQs

Atualmente, muitas ferramentas digitais com versões gratuitas e pagas podem auxiliar na produção ou na finalização de histórias em quadrinhos. O Pixton, por exemplo, é uma ferramenta que permite criar e compartilhar HQs com diferentes opções de enquadramento, personagens e expressões. O Storyboard That oferece diversos cenários e personagens prontos para suas criações. O Canva e o Genially são ferramentas genéricas, ou seja, não são específicas para construção de quadrinhos, mas podem ser utilizadas para esse fim.

- Pixton: https://www.pixton.com/;
- Storyboard That: https://www.storyboardthat.com/pt;
- Canva: https://www.canva.com/pt_br/;
- Genially: https://genial.ly/.

Acesso em: 20 maio 2022.

4. Além de ter uma boa ideia para contar a história, a elaboração dos quadrinhos envolve alguns conceitos básicos para a representação de ações, falas, cenários, etc.

5. Conversem com o professor e reservem uma data para a apresentação do trabalho. Vocês poderão organizar um "Salão de Quadrinhos" para os grupos apresentarem suas produções. Ao final, organizem-se em uma roda para conversarem sobre o processo de ideação da história e sua produção, bem como sobre as dificuldades encontradas. Não se esqueçam de fazer a divulgação do evento nos murais e redes sociais da escola.

6. Por fim, criem um repositório físico ou virtual para abrigar as HQs criadas e pensem em formas de divulgação para o público geral, além da comunidade escolar. *Posts* coordenados em redes sociais e/ou notas no jornal da escola ou do bairro são boas formas de começar a divulgação.

Reflexão

1. No início da unidade, na seção #TáNoFeed, você e seus colegas fizeram pesquisas e responderam a questões sobre o tema da unidade: **origem da vida na Terra**. Retome suas respostas, comparando as ideias descritas naquele momento com os conceitos e aprendizagens construídos ao longo da unidade, e que você utilizou no roteiro da sua HQ. Escreva um registro que expresse os principais pontos que mudaram no seu entendimento acerca da origem da vida na Terra e dos esforços dos cientistas para reconstruir essa história.

2. Sobre a produção da HQ feita pelo seu grupo, responda aos itens a seguir.

    a) A partir dessa experiência, como você avalia essa estratégia de divulgação de conteúdos científicos?

    b) Na sua opinião, o trabalho final atendeu à expectativa do público-alvo?

    c) Como você avalia a sua atuação na produção da HQ? Esteja atento a aspectos como: trabalho em equipe; divisão das tarefas; pesquisa; qualidade final do material produzido; divulgação do material; etc.

Unidade 1

#EnemVestibular

1. A
2. A
3. E
4. E
5. A
6. C
7. D

8. **a)** Pela definição de velocidade média, temos:

$$v_m = \frac{\Delta x}{\Delta t} \Rightarrow v_m = 1{,}5 \text{ km/s}$$

b) Neste caso, a_r é constante, e o movimento descrito é uniformemente variado. Logo:

$$\Delta x = x_0 + v_0 t + \frac{at^2}{2} \Rightarrow \Delta x = \frac{a_r t^2}{2}$$

$$a_r = \frac{2\Delta x}{t^2} \Rightarrow a_r = 10 \text{ m/s}^2$$

9. **a)** Entre a criança e o escorregador existe uma força de contato, que é a força normal F_N, exercida pela superfície sobre a criança.
$F_N = mg \cdot \cos 30° \Rightarrow F = 270$ N

b) Para o módulo da aceleração da criança, vamos analisar o plano inclinado sem atrito:
$R = ma$
$R = P$ sen $30°$
Como $P = m \cdot g$, obtemos:
$a = g$ sen $30° \Rightarrow a = 5$ m/s²

10. Suponha que a força de atrito, f_{at}, esteja orientada como na figura a seguir.

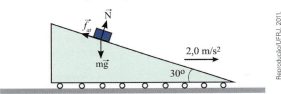

Uma vez que o corpo se move com aceleração horizontal para a direita de módulo igual a 2,0m/s², a força resultante $\vec{F}$ que atua sobre o bloco é horizontal, para a direita e tem módulo igual a 4,0N. Decompondo as forças ao longo dos eixos horizontal e vertical (orientados para a direita e para cima, respectivamente) e usando os valores $\cos 30° = \frac{\sqrt{3}}{2}$ e sen $30° = \frac{1}{2}$, podemos escrever: $-f_{at}\frac{\sqrt{3}}{2} + \frac{N}{2} = 4$ e $-20 + N\frac{\sqrt{3}}{2} + \frac{f_{at}}{2} = 0$.

Multiplicando a primeira equação por $\sqrt{3}$ e subtraindo o resultado da segunda, obtemos $2f_{at} = -4\sqrt{3} + 20$. Usando a aproximação raiz de 3 ≈ 1,7, obtemos $f_{at} = \frac{-6{,}8 + 20}{2}$, ou seja, $f_{at} = 6{,}6$ N. Como o valor obtido para f_{at} foi positivo, o sentido suposto para $\vec{f}_{at}$ é o correto. Logo, a direção de $\vec{f}_{at}$ é paralela ao plano inclinado e seu sentido é de subida.

11. Utilizando a lei de Snell que relaciona o índice de refração com o ângulo de incidência da luz, tem-se, na superfície da fibra ótica que
$n_{ar} \text{sen}\theta = n_{fibra} \text{sen}\phi$
sendo θ e ϕ os ângulos medidos em relação a normal à parede lateral da fibra ótica. A reflexão total ocorre quando o ângulo θ da luz refratada no ar é igual a 90°, e a expressão acima fica
$n_{ar} = n_{fibra} \text{sen}\phi_{RT}$

Com o valor dado de $n_{fibra} = 1{,}224$, temos que $\text{sen}\phi_{RT} = \frac{n_{ar}}{n_{fibra}} = 0{,}816$

Portanto $\phi_{RT} = \text{arc sen } 0{,}816$ (ou $\text{sen}^{-1} 0{,}816$) = 54,7°
O ângulo que o feixe faz com o eixo da fibra é igual a 90° − ϕ_{RT} = 35,3°.
Para determinar o ângulo máximo θ com que o feixe deve entrar no início da fibra, vamos aplicar novamente a lei de Snell, agora na superfície no início da fibra. O ângulo da luz refratada deve ser medido agora a partir da direção do eixo da fibra.
$n_{ar} \text{sen}\theta_{max} = n_{fibra} \text{sen}(90° - \phi_{RT})$
Assim,

$\text{sen}\theta_{max} = \frac{n_{fibra}}{n_{ar}} \text{sen } 35{,}3° = 0{.}707$.

Portanto,
$\theta_{max} = \text{arc sen } 0{.}707 = 45°$

12. E
13. C
14. E
15. B
16. E
17. E
18. D
19. A
20. E
21. C
22. C

Unidade 2

#EnemVestibular   p. 166

1. Poderiam se desenvolver bactérias autotróficas em Io. A energia para a síntese de matéria orgânica poderia ser obtida a partir da oxidação de substâncias inorgânicas.
2. B
3. Os fósseis de 30 milhões de anos atrás refletem espécies tipicamente marinhas, portanto o ambiente deveria ser marinho de água aberta. Os de 20 milhões de anos refletem um ambiente de transição, estuarino, pois apresentam espécies de ambientes aquático marinho e continental; a presença de aves, ostras e caranguejos de manguezal dá suporte para concluir que se trata de um ambiente costeiro marinho. Larvas de insetos aquáticos indicam que exista um aporte de água doce no sistema. Há 10 milhões de anos, a fauna já é composta de espécies tipicamente de ambiente continental, de água doce. Ácaros e aranhas são associados principalmente a ambientes terrestres. A presença de peixes ósseos e larvas de insetos indica que se trata de um ambiente aquático. A presença de aves de rapina caracteriza ainda mais a proximidade do ambiente terrestre. Por fim, há 5 milhões de anos, uma fauna com escorpiões, lagartos e insetos adultos caracteriza um ambiente tipicamente terrestre.
4. B
5. A
6. E
7. C
8. A
9. D
10. Espécie pode ser definida como grupo de indivíduos que, em condições naturais, podem se acasalar e gerar descendentes férteis.
11. A
12. C
13. D
14. C
15. E
16. D
17. D
18. 1 – F. Como vimos nesta unidade, há 4,5 bilhões de anos a atmosfera não era formada apenas por gás carbônico, mas por uma mistura de gases.

    2 – V. As temperaturas eram elevadas, o que favorecia tempestades torrenciais.

    3 – V. As teorias mais aceitas supõem que os seres vivos teriam se originado de reações entre gases atmosféricos inorgânicos e descargas elétricas, favorecendo a formação de moléculas orgânicas, que se uniram posteriormente formando proteínas e seres vivos rudimentares.

    4 – V. As teorias mais aceitas estão de acordo com os experimentos de Miller e Urey e supõem que os seres vivos teriam se originado de reações entre gases atmosféricos inorgânicos e descargas elétricas, favorecendo a formação de moléculas orgânicas, que se uniram posteriormente formando proteínas e seres vivos rudimentares.
19. A teoria da geração espontânea propunha que seres vivos surgiam espontaneamente a partir de matéria não viva. Essa teoria foi aceita até meados do século XIX, quando a teoria da biogênese propôs que todos os seres vivos se originam, necessariamente, de outros preexistentes, por meio da reprodução. Os experimentos de Louis Pasteur corroboraram para a aceitação dessa segunda teoria, solucionando a polêmica.
20. C
21. D
22. A
23. C
24. B
25. E
26. B
27. a) Mecanismo semelhante de síntese proteica; capacidade de autoduplicação; presença de DNA circular; cadeia respiratória presente na membrana interna.

    b) As bactérias teriam maior proteção e aproveitariam alguns nutrientes da célula hospedeira, enquanto esta utilizaria a energia (ATP) fornecida pela bactéria.

    c) O cloroplasto.
28. B
29. Quanto ao núcleo: eucariontes têm material genético envolto pelo envelope nuclear. Nas células procariontes não existe envelope nuclear nem um núcleo propriamente dito. Quanto ao citoplasma: os eucariontes apresentam organelas com membranas, como retículo endoplasmático, complexo golgiense, mitocôndrias e lisossomos. Essas organelas estão ausentes nos procariontes.
30. a) 1 – Mitocôndria; 2 – Vegetal; 3 – DNA e RNA; 4 – Fotossíntese.

    b) Tanto a mitocôndria quanto o cloroplasto têm os próprios DNA, RNA e ribossomos e sintetizam algumas de suas proteínas; têm sistema de autoduplicação; são delimitados por dupla membrana.

Lista de siglas das atividades extraídas de provas oficiais

Enem: Exame Nacional do Ensino Médio
Fuvest-SP: Fundação Universitária para o Vestibular (São Paulo)
UPM-SP ou Mack-SP: Universidade Presbiteriana Mackenzie (São Paulo)
ONC: Olimpíada Nacional de Ciências
PUC-RJ: Pontifícia Universidade Católica (Rio de Janeiro)
Udesc: Universidade do Estado de Santa Catarina
Uece: Universidade Estadual do Ceará
UEL-PR: Universidade Estadual de Londrina (Paraná)
UEMG: Universidade Estadual de Minas Gerais
Uepa: Universidade Estadual do Pará
Uerj: Universidade Estadual do Rio de Janeiro
Ufam: Universidade Federal do Amazonas
UFBA: Universidade Federal da Bahia
UFES: Universidade Federal do Espírito Santo
UFF-RJ: Universidade Federal Fluminense (Rio de Janeiro)
UFG-GO: Universidade Federal de Goiás
UFMS: Universidade Federal do Mato Grosso do Sul
UFMT: Universidade Federal do Mato Grosso
UFPA: Universidade Federal do Pará
UFPB: Universidade Federal da Paraíba
UFPI: Universidade Federal do Piauí
UFPR: Universidade Federal do Paraná
UFRGS-RS: Universidade Federal do Rio Grande do Sul
UFRJ: Universidade Federal do Rio de Janeiro
Ufscar-SP: Universidade Federal de São Carlos (São Paulo)
UFU-MG: Universidade Federal de Uberlândia (Minas Gerais)
Unesp-SP: Universidade Estadual Paulista (São Paulo)
Unicamp-SP: Universidade Estadual de Campinas (São Paulo)
UPF-RS: Universidade de Passo Fundo (Rio Grande do Sul)
Vunesp: Fundação para o Vestibular da Unesp